世界经济周期视野下

金融不良资产
处置机制研究

姜涛——著

RESEARCH ON
THE DISPOSAL MECHANISM OF
FINANCIAL NON-PERFORMING
ASSETS FROM THE PERSPECTIVE OF
WORLD ECONOMIC CYCLE

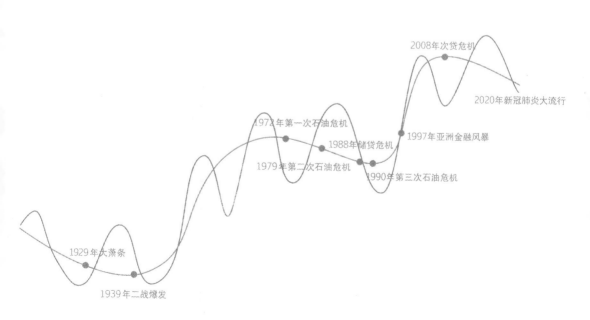

2008年次贷危机

2020年新冠肺炎大流行

1973年第一次石油危机

1988年储贷危机

1997年亚洲金融风暴

1979年第二次石油危机

1990年第三次石油危机

1929年大萧条

1939年二战爆发

经济管理出版社
ECONOMY & MANAGEMENT PUBLISHING HOUSE

图书在版编目（CIP）数据

世界经济周期视野下金融不良资产处置机制研究/姜涛著 .—北京：经济管理出版社，
2022.4

ISBN 978-7-5096-8399-6

Ⅰ.①世…　Ⅱ.①姜…　Ⅲ.①金融业—不良资产—资产管理—研究　Ⅳ.①F830.2

中国版本图书馆 CIP 数据核字（2022）第 062683 号

组稿编辑：郭丽娟
责任编辑：郭丽娟　白　毅
责任印制：黄章平
责任校对：张晓燕

出版发行：经济管理出版社
　　　　　（北京市海淀区北蜂窝 8 号中雅大厦 A 座 11 层　100038）
网　　址：www. E-mp. com. cn
电　　话：（010）51915602
印　　刷：唐山昊达印刷有限公司
经　　销：新华书店
开　　本：720mm×1000mm/16
印　　张：15
字　　数：269 千字
版　　次：2022 年 7 月第 1 版　　2022 年 7 月第 1 次印刷
书　　号：ISBN 978-7-5096-8399-6
定　　价：88. 00 元

序

近些年来，在经济增速趋缓、产业结构调整、贸易摩擦加剧、新冠肺炎疫情冲击等多重因素叠加影响下，我国的金融不良资产率一路攀升。商业银行的不良率从 2011 年的 0.96% 上升至 2020 年的 1.96%。2021 年第一季度，我国商业银行不良贷款率为 1.8%，不良贷款余额为 27883 亿元；第二季度不良贷款率为 1.76%，不良贷款余额为 27908 亿元。① 如果再算上各种非银行金融机构，我国金融不良资产的余额将更多，比率将更高。这些情况日益为关心中国经济的人们所瞩目。

或许有人认为，金融不良资产是银行等金融机构的问题，和普通人的工作生活没有什么关系，但事实并非如此。现实生活中，无论企业、个人还是政府，从事经营、消费、投资等经济活动都离不开资金。如果自有资金不足，常见办法之一就是向银行等金融机构借贷。这样一来，企业、个人或政府作为借款者，银行等金融机构作为贷款者，彼此就结成了债务和债权关系。如果借款的债务人能够按照约定到期还本付息，金融机构能够兑现债权如期收回贷款并获得利息收入，那么这次债务债权关系就终结了，这时的资金的流转链条就是完整顺畅的，这笔资金所涉及的资产就是良性的。但是如果债务人不能如期还本付息，金融机构不能收回贷款，那么站在债权人立场上说，这笔资金所涉及的资产就属于不良资产。不同国家在不同时期界定不良资产的标准和范围有较大差异。例如，2019年 4 月中国银保监会发布实施的《商业银行金融资产风险分类暂行办法（征求意见稿）》规定，无论担保措施是否充分，逾期 90 天以上的金融资产属于"次级类"；逾期 270 天以上的金融资产属于"可疑类"，逾期 360 天以上的金融资产属于"损失类"，这三类都被归于金融不良资产的范畴。此时，债权人为了保护自己的合法权益，国家为了盘活依然有价值的社会财富，就要采取法律法规允许的各种手段处理不良资产，这项工作被称为金融不良资产处置。

---

① 中国银行保险监督管理委员会网站，http://www.cbirc.gov.cn/cn/view/pages/ItemDetail.html?docId = 1001063&itemId = 954&generaltype = 0.【2021 年 8 月 10 日登录】

金融不良资产的形态五花八门，有实物类（如房产、土地、设备等），有股权类（如作为股东投入的资本金或经营而形成的股东权益等），还有债权类（如对外享有的债权等），其中既有有形资产，也有商誉、知识产权等无形资产。这些资产固然仍有相当价值，但是它们之所以被贴上"不良"的标签，被视为"实际价值低于账面价值"[①]，是因为：一方面，金融不良资产构成了债权人的损失，如果不良率累积到一定程度，甚至极有可能引发系统性金融风险，导致整个社会陷入经济灾难；另一方面，更是意味着企业、个人、政府等债务人要么因为收入减少、经营困难，要么由于负债过多、杠杆过高，最终都入不敷出，无法履行还债契约，严重到一定程度，将会导致企业倒闭、员工失业、个人信用破产、政府债务危机。在经济下行压力不减、外部环境趋于恶化、世界经济复苏乏力、国内外需求疲软不振、全社会负债率居高不下等严峻考验面前，金融不良资产问题的严重性愈发凸显。

我之所以为一部专业性很强的学术著作做序，并花费笔墨介绍这些常识，意在申明金融不良资产问题并非只与金融工作有关，就本质而言也与企业经营、个人收入、政府债务有内在联系；金融不良资产问题应是与宏观政策、政府部门、金融机构、企业领域、社会公众等方面关系重大的课题。完全可以说，金融不良资产指标是企业、个人乃至政府部门经营状况、收入水平的试金石，是金融风险的风向标，在现代经济中居于要害地位。

正因为金融不良资产关乎国计民生，影响经济安全和社会稳定，所以很多国家成立了专门机构致力于处置金融不良资产。美国肇始于1989年，日本发端于1993年，我国起步于1999年，迄今已历经二三十年。

虽然各国的此类机构较好地发挥了处置金融不良资产、防范和化解金融风险等作用，但是实践先行、理论滞后，学术性研究一直比较薄弱。金融不良资产的发生机理是什么？与宏观经济的周期性波动有何关系？金融不良资产的处置对于熨平经济周期能够起到什么作用？在逆周期操作时，金融不良资产处置与货币政策、财政政策等常规手段相比可以扮演何种角色？在金融不良资产处置行业中，国有主体与非公主体的关系、政策性与市场化等的关系如何处理？凡此种种问题，在我国的学术界和实务界尚缺乏系统性、全面性、整体性、深入性的研究。

姜涛博士在其博士学位论文基础上整理付梓的这部《世界经济周期视野下金融不良资产处置机制研究》，就是我国学者推出的足以弥补上述缺憾的第一

---

① 巴曙松，杨春波，陈金鑫. 中国不良资产管理行业的发展新趋势［J］. 当代金融研究，2018（3）：38-46.

部力作。

我认为，姜涛博士的这部新作有以下几个突出特点：

第一，不是就事论事，亦非仅看眼前，而是把金融不良资产处置问题置于宏大的空间和时间坐标中考量。在空间上，把金融不良资产问题置于国民经济以及世界经济的宏观体系之中分析；在时间上，把金融不良资产问题置于世界经济周期性波动的动态背景之下探究。局部从属于整体、微观融汇于宏观。通过普遍联系地、发展变化地看问题，该书成功地跳出了金融不良资产之窠臼，在认识论上达到了一个别开生面的高度和广度。

第二，较清晰地揭示了金融不良资产周期性变化与宏观经济、世界经济周期性波动的负相关关系。当经济处于上行期，要素价格和产品价格高涨、企业景气度提升、房地产火热、信贷供应扩张时，金融不良资产率通常较低；而当经济转为下行期，要素价格和产品价格回落、企业景气度降低、房地产萧条、信贷供应紧缩时，金融不良资产率会明显攀升。

第三，较有说服力地阐明了金融不良资产处置的功能定位是熨平经济周期波动的减震器和解压阀、财经疾患的医疗者和修理工，其核心目标是与财政手段、货币手段等政策举措相配合，作为经济调控的有效工具。即在经济衰退和萧条期，纾缓下行压力，消释危机能量；在经济过热阶段，降低膨胀幅度、抑制泡沫生成，从而为宏观调控的工具箱增添了新武器。

第四，较有针对性地提出了一系列政策建议。例如，国家有必要通过专项立法，规范金融不良资产处置，并在行政和司法的过程中实现政策的一贯性；建立健全跨周期的处置制度，营造长效性的处置机制；深化市场化改革，积极引导非公主体作为国有主体的有益补充，充分调动社会性力量投资金融不良资产处置；等等。

姜涛博士能够出色地完成这些学术研究任务，一是得益于他丰富的实践经验，二是他好学上进、不懈努力。自 2007 年起，他一直供职于资产管理公司，在金融不良资产处置的第一线摸爬滚打，迄今已达十几年，见证并亲历了我国金融不良资产处置的制度建设和行业发展的大部分进程，积累了丰富的处置工作实操经验。这使他很好地避免了空谈理论的通病，有了鲜活的真情实感。

姜涛于 2015 年考取我的博士研究生之后，不仅按照培养计划要求认真听课、勤于读书，而且积极地参与了我负责的中国政法大学金融不良资产研究中心的几乎所有学术活动。在该中心推出的一系列政策性研究成果中贡献了智慧和力量。例如，《关于深化金融不良资产处置市场化改革的意见和建议》（2016 年 4 月得到时任中共中央政治局委员、国务院副总理马凯同志批示)、《关于明确最高人民法院关于审理涉及金融不良债权转让案件工作座谈会纪要适用范围 完善不良资产处置立法的建议》(业内称为"海南会议纪要",2016 年和 2017 年连续两次在全国人民代表大会上由张红健等 15 名全国人大代表联名作为议案提交),他都是课题调研的主要成员。这些科研工作为他写作毕业论文打下了很好的基础。

可以说,该书依托作者丰富的实践工作经验,运用经济学基本理论,既有宏观的世界经济周期视野,又有微观的金融不良资产处置方案,语言平实,通俗易懂;学术价值和实践指导作用兼备,理论思考与对策性主张并存,把我国金融不良资产处置的研究工作推进到了一个新层面。相信该书对于经济和金融部门的政策制定者、监管工作者、实务工作者等有一定的参考价值,对于既深受周期性波动考验又亟须平衡债务和发展的企业家们,亦不乏帮助。

是为序。

中国政法大学商学院教授、博士生导师
金融不良资产研究中心主任
李晓
2021 年 8 月 12 日于北京蓟门桥畔

前　言

　　金融不良资产状况是经济发展的一面镜子。通过对金融不良资产历史数据、现实情况和未来预测的研究，可以从一个独立的角度观察经济发展的脉络和趋势。同时，我们也可以从经济发展的视角观察金融不良资产的发展变化情况。在政府没有成立金融不良资产专门处置机构之前，金融不良资产作为一种金融现象，自有金融之时便伴随产生。但当其作为金融现象时，仅仅是对经济发展情况从数据指标上进行反馈，并不能发挥影响经济发展的主观能动性。随着经济发展积累到一定程度，金融在经济中发挥的作用越来越巨大，金融不良资产的影响力也随之越来越重要。当金融不良资产积累形成系统性金融风险时，通过专门机构，采取专业化手段进行管理和处置，以发挥影响经济发展趋势的功效势在必行。特别是经济运行至经济周期的底部时，政府无法容忍金融企业自行处置其不良资产，也无法承受因金融不良资产处置缓慢而造成经济复苏难以启动的负面影响。由此，以政府主导建立的金融不良资产处置行业应运而生。

　　美国为应对 20 世纪 80 年代末的储贷危机，于 1989 年颁布《金融机构改革、复苏和加强法》，成立了专门处置金融不良资产的重组信托公司（Resolution Trust Corporation，RTC），开启了由专门机构处置金融不良资产的先河。日本自 20 世纪 90 年代初泡沫经济破灭后，于 1993 年成立了由民营金融企业投资成立的共同债权买取机构（Cooperative Credit Purchasing Company，CCPC），于 1995 年设立东京共同银行，接管陷入破产困境金融企业的全部资产。1999 年，日本存款保险机构合并东京共同银行与住宅金融债权管理机构两家公司，成立了国有整理回收机构（The Resolution and Collection Corporation，RCC）。同年，中国在《政府工作报告》中明确提出成立资产管理公司负责处置金融不良资产。并在其后的一年间，陆续成立了中国信达资产管理公司、中国华融资产管理公司、中国东方资产管理公司和中国长城资产管理公司。至此，世界上 GDP 总量最大的三个国家都分别成立了政府主导的专门机构，处置本国的金融不良资产。

　　虽然金融不良资产行业出现的时间并不长，但其工作效果却十分显著。通过研究金融不良资产行业出现以后和之前金融不良资产与经济发展的相关数据，我们发现，在金融不良资产行业出现之前，政府通过货币政策和财政政策干预经济发展，通过逆操作熨平经济周期非正常波动，促进经济趋势持续向上。而金融不良资产在此期间基本上是随着经济周期的波动而波动的，且其波动的方向是相反的。由于金融不良资产的波动与经济周期的波动有一定时间上的延迟性，所以，金融政策的制定者难以通过观测反映金融不良资产状况的数据指标来预警经济周期的波动，也就无法通过对金融不良资产状况的研究制定有利于经济发展的政策措施。而金融企业出于自身利益考虑，当发现经济周期波动的预兆时，往往进行顺周期的行为。即：当经济上行时，加大信贷力度，向实体经济提供更多的流动性；而当经济下行时，收紧信贷窗口，向实体企业收回贷款，从而减少市场的流动性。这种顺周期的行为与政府逆操作的货币政策和财政政策方向是相反的，所以造成抵消了货币政策和财政政策效果的不利后果。而金融不良资产行业出现后，由专门机构将金融不良资产从金融企业中转让出来进行专业处置。政府可以运用资金和金融不良资产处置政策手段直接调节金融不良资产的状况，从而呈现出金融不良资产周期波动的可控性，以及由此而带来的通过有效处置金融不良资产平抑经济周期波动的有利局面。近三十年来，虽然经济周期发展过程中也出现过几次较大的危机，造成了经济周期出现剧烈的负面波动，同时产生了数额巨大的金融不良资产，但由于金融不良资产行业的存在，很快消化了因经济周期波动而产生的金融不良资产，所以金融不良资产曲线是较为平缓的。与之相对应的是，经济在遭受冲击后，能较快地走出低谷，恢复到正常的发展趋势。可见，金融不良资产处置政策是可以独立发挥作用的，且可以配合政府的财政政策和货币政策，并弥补这两类政策的不足。

本书通过收集和查阅金融不良资产相关数据资料以及学术成果，将其置入相应国家经济周期波动的状况以及世界经济周期发展变化的大环境中予以观察和研究，得出了以下结论：经济周期与金融不良资产密切相关；当金融成为经济重要部分时，经济周期波动也成为了产生金融不良资产的最重要原因；通过观察经济周期波动的指标，我们可以预测金融不良资产的发展趋势；通过制定金融不良资产政策影响金融不良资产处置效果，可以反作用于经济周期，达到平抑经济周期波动、促进经济趋势持续向上发展的效果。由于金融不良资产处置有如此重大的作用，且其行业形成至今时间非常短，行业研究还较为缺乏，本人作为投身于此行业十余年的从业者，有志于从事此项研究工作。恰逢本轮世界经济周期正在经历由衰退期转向萧条期，此后的三十年，将逐步过渡到下一轮世界经济周期的复苏期和繁荣期，而中国正在经历由高速经济发展区间转入中速经济发展区间的调整。"两个一百年"之间的三十年，将是中国适应中速经济发展后的新周期。世界经济周期巨变和中国经济周期调整的双重因素叠加，可以预见将产生前所未有规模的金融不良资产。而如何处置好这些金融不良资产，世界各国凭借现有的金融不良资产处置经验和机制都有所不及。本书试图通过对美国、日本、中国既往金融不良资产处置经验的研究，并研判当前以及未来经济发展的状况，提出符合世界经济发展需求的金融不良资产处置理念和机制。通过研究，最终得出的结论为：金融不良资产处置需要树立的核心目标就是平抑经济周期波动。政府应以立法的方式将金融不良资产处置规范化，并在行政和司法的过程中实现该政策目标的一贯性。通过严格金融监管，使金融企业按照标准将体内的不良资产风险进行识别和上报。政府根据金融不良资产真实情况和发展趋势的预判，结合经济周期所处的阶段，采取适度的金融不良资产处置方式。在经济上行期间，可以由金融企业自行分散处置不良资产，鼓励市场化金融不良资产处置主体进行金融不良资产投资和处置。在经济下行期间，要引导金融企业尽快将不良资产转移，交由专业机构进行集中处置。在此期间，要以政府主导设立的国有金融不良资产处置机构为主，资金应由政府提供支持，采取跨周期的处置方式，有计划、有步骤地处置金融不良资产。同时，应当引导市场化主体作为国有主体的补充，充分利用社会资金投资金融不良资产，并运用市场化手段终端处置金融不良资产，最终达到化解金融风险、减轻债务负担、优化资源配置、构建诚信环境的金融不良资产处置功能定位。

目　录

第一章　绪论 ……………………………………………………………… 1

第一节　选题背景及研究意义 …………………………………………… 1

一、选题背景 …………………………………………………………… 1

二、研究目的和意义 …………………………………………………… 3

第二节　文献研究与评述 ………………………………………………… 3

第三节　研究思路与研究方法 …………………………………………… 8

一、研究思路 …………………………………………………………… 8

二、研究方法 …………………………………………………………… 9

第四节　创新与不足 ……………………………………………………… 10

一、创新之处 …………………………………………………………… 10

二、不足之处 …………………………………………………………… 10

第二章　概念界定与相关理论 …………………………………………… 11

第一节　概念界定 ………………………………………………………… 11

一、经济周期与金融周期 ……………………………………………… 11

二、金融不良资产 ……………………………………………………… 22

第二节　相关理论 ………………………………………………………… 37

一、经济周期理论 ……………………………………………………… 37

二、金融周期理论 ……………………………………………………… 40

三、金融不良资产处置理论 …………………………………………… 42

本章小结 …………………………………………………………………… 45

第三章　经济周期与金融不良资产处置之间的关系 …………………… 46

第一节　经济周期波动是金融不良资产产生的原因之一 …………… 46

一、 经济周期不同阶段金融不良资产余额和不良率的变化 ……… 46

二、 经济周期波动引发金融不良资产的原因 ……… 47

三、 影响金融不良资产产生的其他原因分析 ……… 48

第二节 经济趋势和周期与金融不良资产趋势和周期相逆 ……… 51

一、 经济趋势与金融不良资产趋势方向相逆 ……… 52

二、 经济周期与金融不良资产周期波动的方向相逆 ……… 53

三、 经济周期与金融不良资产周期相逆结果的显现具有延迟性 ……… 54

第三节 金融不良资产处置是平抑经济周期波动的又一利器 ……… 58

一、 增强金融企业抗风险能力 ……… 58

二、 释放被限制的金融资金支持实体经济发展 ……… 59

三、 提高社会整体资源利用效率 ……… 60

四、 利用社会投资实现资产供需平衡 ……… 61

第四节 金融不良资产处置可以弥补财政和货币政策的不足 ……… 62

一、 财政和货币政策在经济下行期间的调控效果有限 ……… 62

二、 财政和货币政策在抑制经济过热中的力度难以把握 ……… 64

三、 政府可通过金融不良资产处置引导市场主体进行
投资和消费 ……… 64

四、 在经济上行期间进行金融不良资产处置对经济的
副作用很小 ……… 65

五、 金融不良资产处置政策可以一以贯之 ……… 65

本章小结 ……… 67

第四章 金融不良资产处置国际比较
——以美日为例 ……… 68

第一节 美国经济周期中金融不良资产处置情况 ……… 68

一、 美国三次金融不良资产大爆发与经济周期的联系 ……… 69

二、 美国两大典型危机时期金融不良资产处置策略 ……… 84

三、 美国金融不良资产处置策略对他国的启示 ……… 96

第二节 日本经济周期中金融不良资产处置情况 ……… 104

一、 日本近三十年两个阶段经济周期与金融不良资产的联系 ……… 110

二、 日本1993年以后的金融不良资产处置策略 ……… 120

三、 日本金融不良资产处置策略对他国的启示 ……… 129

本章小结 ……………………………………………………………… 135

第五章　中国金融不良资产处置 ………………………………… 137

第一节　中国金融不良资产处置在近两个经济周期中的情况 ……… 138
一、1999~2010 年金融不良资产情况 …………………………… 138
二、2011~2020 年金融不良资产情况 …………………………… 142

第二节　中国金融不良资产处置行业的主体构成 ………………… 145
一、政策性主体 …………………………………………………… 145
二、市场化主体 …………………………………………………… 146

第三节　中国金融不良资产处置方法 ……………………………… 148
一、资产转让 ……………………………………………………… 148
二、债务重组 ……………………………………………………… 150
三、诉讼执行 ……………………………………………………… 150
四、债转股 ………………………………………………………… 151
五、资产证券化 …………………………………………………… 151
六、破产清算与重整 ……………………………………………… 152
七、核销 …………………………………………………………… 153

第四节　两轮经济周期下中国金融不良资产处置的经验与问题 … 154
一、强化国有主体的政策性目标和处置能力 …………………… 156
二、无差异主体间的垄断竞争影响处置速率 …………………… 157
三、金融不良资产供给状况不利于行业发展需求 ……………… 159
四、金融不良资产处置政策和法律滞后于市场现状 …………… 160

本章小结 ……………………………………………………………… 164

第六章　金融不良资产处置机制策略选择 …………………… 166

第一节　平抑经济周期波动理念下金融不良资产处置功能定位 … 167
一、化解金融风险 ………………………………………………… 168
二、减轻债务负担 ………………………………………………… 171
三、优化资源配置 ………………………………………………… 172
四、构建诚信环境 ………………………………………………… 174

第二节　构建政府主导和市场化协同配合的金融不良资产处置机制 … 176
一、明确政策性主体与市场化主体的职责划分 ………………… 177

二、鼓励市场化主体作为政策性主体的补充参与市场竞争 ·········· 181

三、以监管标准引导市场需求导向 ····························· 184

第三节 完善金融不良资产处置法律体系 ····················· 190

一、形成金融不良资产处置法律体系 ·························· 191

二、做好金融不良资产处置法律体系与其他法律的衔接 ·········· 193

本章小结 ··· 194

第七章 结论与展望 ······································· 196

第一节 结论 ··· 196

第二节 展望 ··· 197

参考文献 ··· 199

附录1 ··· 213

附录2 ··· 216

后 记 ··· 218

第一章 绪论

第一节 选题背景及研究意义

一、选题背景

经济周期和金融周期与金融不良资产密切相关。20 世纪末期，金融危机在以美国为主导的西方世界频繁爆发。和经济周期的关注点有所不同，金融周期更加重视金融政策运用效果和金融不良资产处置状况对经济发展产生的实质影响。金融不良资产处置行业作为保证实体经济平稳健康发展的"清道夫"以及金融系统良性运行的"稳定器"，其所担负的使命和发挥的作用越来越为各国政府所重视。金融不良资产产生的最主要的原因是受经济周期波动的影响。研究表明，不良率与 GDP 增长率高度负相关，与失业率高度正相关。在经济上行期间，金融不良资产相对较少，风险可控；在经济下行期间，金融不良资产相对增加，风险增大。而金融不良资产处置效果的不同，也反向影响经济周期波动的波幅大小以及走出经济低迷时间的长短。

结合世界主要经济体中国、美国和日本最近六十年来的经济周期和金融不良资产数据来看，两者之间具有较为明晰的关联性。如果说基钦 3~5 年短经济周期是从就业情况、物价指标和生产指标三个方面分析存货投资的问题，那么朱格拉十年左右的中周期可以考察一个国家或经济体在此周期内的经济发展变化情况；康德拉季耶夫 50~60 年的长周期可以通过引领世界经济发展的主导国家和主导产业两个方面观察世界经济周期的变化。本轮世界经济周期从 20 世纪 80 年代开始，由信息和通信技术革命为发端，将在 2030~2040 年前后由生物和基因技术革命为动力进入一个新的世界周期。最近的一个中周期是从 2010 年开始的，这十年间，世界经济增长趋势呈现出扩张性的特点。截至 2019 年，世界经济已经有连续超过十年年均3.7%的增速了。① 然而，时间进入2020年，世界经济进入另一个新的中经济周期。受新冠肺炎疫情的冲击，世界经济周期进入衰退期不可避免，下一个中经济周期，世界经济增长率难以恢复年均3.7%的增速。②

根据中国银保监会发布的数据，商业银行不良贷款余额和不良率自2013年开始呈现明显的持续上升趋势。截至2020年9月末，中国商业银行不良贷款余额为2.8万亿元，不良率为1.96%。为改善此状况，相关部门采取了金融不良资产证券化、债转股、增加地方资产管理公司数量并增大其处置权限的积极措施，然而收效并不显著。这一点，从近年来商业银行每年处置数千亿乃至上万亿元不良资产后，不良贷款余额仍居高不下可以得到证明。而据中金、高盛、波士顿咨询等机构预测，中国官方披露的数据未能体现中国商业银行真正的不良率，潜在不良贷款率应为8%~10%。据此测算，中国商业银行系统潜在的不良资产在10万亿元以上。从更广的视角看，商业银行不良贷款只是金融不良资产的一部分。近年来，中国非银行金融机构快速发展③，但由于非银行金融机构风险控制能力比较薄弱，业内普遍认为其不良率要高于商业银行。如不断出现的P2P公司倒闭事件，坏账是主要原因之一，其产生的经济和社会负面效应不容忽视。2020年8月16日，中国银保监会主席郭树清指出：2019年中国银行业新形成2.7万亿元不良贷款，并且由于新冠肺炎疫情对经济的影响，造成金融资产质量下降，金融不良资产将在未来的一段时间内持续暴露，故要求金融企业和不良资产处置机构尽最大可能加快处置不良资产。

由于中国经济自2010年以后结束了长达三十年的高速增长，换挡进入中高速增长的经济新常态。又经过了十年的周期，即将进入第二个经济新常态下经济周期以及金融不良资产周期，其受世界经济周期和金融周期影响越来越大。在目前世界经济周期背景下，研究金融不良资产处置的功能和效果，试图通过改善和提高金融不良资产处置理念以及机制，达到熨平经济周期、促进经济发展的目的，这是本书主要的研究背景。

---

① 其中，美国、欧盟和日本分别实现了平均2.3%、1.6%和1.3%的平稳增长，而金砖国家中国、俄罗斯、印度、巴西分别实现了平均7.7%、1.9%、6.8%和1.3%的增速。

② 研究者认为2020年全球经济可能大幅度下跌，再现2008~2009年国际金融危机时情形的预测已经成为现实。

③ 根据人民银行发布的数据，2020年6月末社会融资规模存量为271.8万亿元，其中40%为对实体经济发放的人民币贷款之外的融资方式，这一数据甚至还不包括新兴互联网金融的借款存量。

二、研究目的和意义

因金融不良资产累积可能引发金融系统性风险，并加剧经济周期向下波动的幅度，所以研讨如何有效处置金融不良资产尤为重要。对于金融不良资产进行妥善处置，有利于防范和化解金融风险，有利于减轻实体经济的债务负担，有利于促进社会资源优化配置，有利于构建诚信的市场环境。如果金融不良资产不能得到有效处置，将极有可能累积成为诱发区域性、规模性、系统性重大金融风险的因素，对国家经济全局造成深刻的负面影响。结合世界主要国家处置金融不良资产的经验和教训，我们发现，金融不良资产处置又好又快的国家，往往能够很快走出经济低谷，保持经济稳定增长。诸如美国近代几次经济危机中金融不良资产的处置以及中国 1999～2009 年十年间的金融不良资产处置，效果都非常好。而日本由于金融不良资产处置步伐缓慢，造成自泡沫经济破灭后经济长期在低迷状态徘徊。2016 年 1 月，李克强总理主持国务院常务会议，重点强调了"从根本上支持银行加大不良贷款处置速度"。这是对金融不良资产处置工作的要求，也是在中国内外变局中，面对经济下行的严峻压力应当采纳的有效对策。

研究世界主要国家经济周期与金融不良资产处置的互动关系，确定金融不良资产处置的功能是熨平经济非正常波动，促进经济发展趋势长期向上。通过界定金融不良资产的范围，分析金融不良资产产生的原因，考量中国处置金融不良资产的历史经验并与他国的处置方法进行比较研究，提出适应当前中国经济形势和世界经济周期状况的金融不良资产处置理念、机制、方法以及规则，从而指导中国金融不良资产处置，为世界各个国家有效处置金融不良资产提供参考，这是本书的研究目的和研究意义。

第二节　文献研究与评述

目前，各个国家学者对于金融不良资产处置探索成果不断更新，这些探索主要集中于处置原则、处置体系、不同处置方式的抉择等几个不同的视角。[①] 笔者

---

① 其中，资产处置方式按资产变现分为终极处置和阶段性处置。终极处置主要包括破产清算、拍卖、招标、协议转让、折扣变现等方式；阶段性处置主要包括债转股、债务重组、诉讼及诉讼保全、以资抵债、资产置换、企业重组、实物资产再投资完善、实物资产出租、实物资产投资等方式。

认为，相较于在处置不良资产方面拥有成熟经验的西方国家，中国处置金融不良资产还处在不断摸索的阶段，处置原则和处置体系的完善和合理与否直接取决于处置方式的实践摸索及国外经验的吸取，因此，对具体处置方式的研究绝不仅仅是就事论事，而是有见微知著效果的。

国外学者对不良资产的研究要远远早于国内，其中，有的学者从较为宏观的层面展开了不良资产对经济造成的积极和消极影响的研究，如早在 20 世纪 30 年代，Fisher（1933）的"债务—紧缩理论"中就提出了高额的不良资产会对经济增长产生影响。后来，Obstfeld（1996）的金融危机模型也相继进行了深化研究，认为经济衰退以及经济的增速下降、金融危机等都与金融不良资产比率的高低有着密切的联系。针对这些问题，一些学者也提出了相应的解决策略，如 Mitchell（2001）从宏观层面详细论述了银行和监管部门如何在放任金融不良资产随着市场运行自然消化、通过专业的金融不良资产管理公司进行管理和由金融企业自行核销这三种政策机制中进行选择。Byung-Tae Kim（2003）通过对韩国银行业的金融监管改革政策进行研究，提出了定型化的国际标准对于银行体系监管的不同影响和外资银行在金融危机以后如何能被更有效地监管等。Steave Cheol（2002）认为把资本市场优势最大限度地发挥出来，其中最可行的方法就是打包出售或者证券化，以灵活多变的方法实现对不良资产的盘活，以此来最大限度地控制不良贷款率。也有学者从产生不良资产的主体方进行研究和分析，如 Ball 和 Feltenstein（2001）基于数据库建立起了一个总体均衡的模型，目的是在各个方面探寻银行不良资产形成的根源以及危害等。Jimenez 和 Gabriel（2005）通过对西班牙银行体系的金融不良资产状况进行研究后发现，国家的 GDP 增长率以及实际利率等多个因素都会对不良资产率产生相应的影响。

由于发达国家在处置不良资产方面经验丰富，所以借鉴与比较式的研究就格外多，如吴继甫（2009）从银行不良资产成因、监管体系以及政府干预的宏观层面对中美银行处置不良资产进行了全面的比较分析；李慧（2012）针对中国不良资产的现实状况、形成的根本原因和直接原因、处置全过程中应特别注意的问题，提出客观借鉴日本处置不良资产的经验；胡炜（2013）通过对日本、美国不良资产特色处置方式进行研究，认为证券化手段将会成为中国国有商业银行不良资产处置的主要方法；朱辉、朱晓晨（2015）通过对国外不良贷款情况和处置方法进行研究，也提出了资产证券化的处置方法，并就此阐述了运作的步骤，如建立专门的抵押证券发行机构、政府提供必要的资金支持以及健全和完善证券化法律法规。

一些学者对处置不良资产的方式进行了多种分析。这当中有对影响不良资产处置条件进行分析的，如金大鹏等（2001）认为不同的资产处置方式意味着评估对象、评估方法和评估的价值类型不同，会直接造成评估结果的差异化。也有对不良资产处置中的清算方法进行研究的，如宏立权（2006）在论文中提出了在金融不良债权的评估中使用假设清算法测算该项不良债权的价值。由于假设清算法是要剔除掉无效资产和无效负债的，因此，其主要是关于非经营性的资产、拨付的土地以及查封的资产是不是都是无效资产认定的研究。在具体的处置方式上，各方学者也展开了详尽的分析，如胡建忠（2009）提出了可以在进行金融不良资产处置中采取悬赏的方式，负责处置不良资产的债权人可以把因悬赏支付的费用纳入自身的财务成本中，借助社会力量解决金融不良资产处置中普遍存在的信息不对称问题。此外，也可将悬赏的业务委托给独立的第三方。但同时他也强调采用悬赏办法处置资产范围应受到限制，原则上应是政策性破产以外的其他特定资产。从案例视角展开对不良资产处置的研究是具有较强实用价值的，熊建国（2010）等就对具体的资产管理公司处置不良资产进行了深入的研究。通过对目标资管公司的商业化不良资产的处置进行实证分析，并据此归纳出了一整套完善方法，如利用金融资产交易所处置不良资产、利用资本市场处置不良资产等。魏丹（2013）针对金融企业不良资产的处置定价等问题展开了比较深入的探讨和研究。[①] 当然，也有学者对不同不良资产处置方式的效果进行了比较评价，如王凤玲等（2011）对不同不良资产处置方式以回收率作为标准进行了比较分析，在没有考虑外部条件如 GDP 等因素的情况下，基于 Loss Metrics 数据库抽样数据分析发现，对金融不良资产进行处置时，采用诉讼追偿方式的处置方式所能够获得的回收率最高，采用申请破产清算的方式可获得的回收率最低。在所有的不良资产处置方式中，债务重组、诉讼追偿和资产转让这三种处置方式的回收率是比较高的。也有学者将不同的处置方法进行归类分析，如韦健、缪宏杰（2017）的研究可以认为是对前人研究的结合，他们将处置不良资产划分为三种技术模式以展开分析，即集中处置模式、分散处置模式和混合处置模式。这三种模式体现着前人的研究，如他们在集中处置中就又重提证券化，指出打包不良资产后采用证券化和出售给第三方的形式；在分散处置中则提出要根据对象和性质的客观情况制定科学合理的处置方法；而混合处置方案则体现出了平衡的特征，也就是说综合了集中处置与分散处置的各种优势并且平抑、消解了

---

① 例如，通过对国内不良资产的处置状况进行分析，基本确定了影响不良资产定价的因素，并认为不良资产选择定价方法一定要把其特殊性考虑进来，不同评估对象需要采用与之相适应的处置定价模型。

两者各自的劣势。

关于不良资产处置方面的研究也是学者们比较关注的一个点，尤其是对银行不良资产的处置更是文献颇多，因此分析的内容也更为详尽，如徐建鹏（2008）为了解释中国商业银行不良资产处置的内部动因，对银行资产结构、财务状况、资金周转与运行效益关系进行了定量分析；王献伟（2015）还从中国较为复杂的经济结构、不同企业的性质特点、银行的角色定位和政府职能的积极转化等角度清晰阐述了中国的银行不良资产产生机理，并在此基础上提出改进建议和增进措施。

不同的宏观环境条件也决定了处置不良资产策略的不同。在这方面，现有文献中既有对国外不同宏观环境变化对不良资产处置影响的分析，也有对中国因宏观环境变化而对不良资产处置影响的分析。如罗洪波、夏翰、冯诗杰、饶丽（2016）通过对美国两次金融危机中大规模不良资产处置经验进行分析得出结论，在1989~1994年处置不良资产中，美国运用三个新机构用以配合不良资产处置①；而在政府实际操作层面，则综合运用低利率的宽松货币政策、积极的财政政策以及创新性的金融不良资产处置政策应对经济下行期间的衰退问题；② 而2008~2013年美国对不良资产处置又采取了新的措施，如通过降息和购买债券的方式为金融市场注入流动性，推出问题资产救助计划（TARP）、公私合营投资计划（PPIP）以及分析不良资产的经营管理业务等。在此基础上结合中国不良资产处置的现实情况，作者提出了中国在处置不良资产方面的举措。郭志国、贾付春（2017）对中国两轮不良资产处置周期进行了比较分析，认为两轮中的第一轮不良资产处置主要为打包、打折、打官司这三种方式，第二轮不良资产的处置方式则更为多元，同时提出未来不良资产处置的新策略③。

在互联网普遍应用的今天，对于不良资产处置依托互联网的研究自然也是越来越被学者们关注。侯亚景（2016）利用社会生产理论深刻阐释并分析当前不良

---

① 美国在此期间通过了《金融机构改革、复兴和实施法案》，同时设立储贷机构保险基金（SAIF）、储蓄机构监督局（OTS）、重组托管公司（RTC）。

② 如增提贷款损失准备金冲销贷款损失、推行"好银行—坏银行"模式，以及实行债券转让或一揽子出售。

③ 即通过设立特殊机会基金模式，放大资本量；通过债转股、债务重组等方式，运用投行思维对资产进行改良，将产业资本和金融资本紧密结合，参与非金融机构的债务化解工作，在供给侧结构性改革方面发挥更大的作用；积极践行"互联网+不良资产"模式，争取网络理财平台的低成本资金，拓宽融资来源，并积极与新兴互联网资产处置平台合作，引入互联网思维，拓宽资产处置渠道。同时，积极打造不良资产生态圈，打造信息共享平台实现深度合作，在信息共享、业务协同方面开展深入抱团合作；积极与中介机构、资产处置服务商建立合作关系，提升处置效率。

资产产生的根本原因，除却启动不良资产证券化以及债转股等传统处置不良资产的方式外，还提出打造"互联网+"的不良资产处置平台的新方式。"互联网+"时代确实为处置不良资产提供了无限的可能和巨大的平台，但由于发展过程中制度未能及时跟进，还是产生了很多问题。叶文辉（2016）和陈阳（2017）认为"互联网+不良资产处置"业务仍处于初步的摸索阶段，存在着业务资质严重匮乏、重要的目标客户的定位模糊、基本的信息公开披露不充分，以及将不良资产的处置当作可替代性较强的、非标准化的业务等问题，因此针对上述问题提出确认"互联网+"背景下金融不良资产处置的基础性政策：应积极建设专业化的不良资产处置平台，并通过构建层次多元但标准统一的金融不良资产专门交易市场，提高金融不良资产的流转效率。

总体而言，国内外对于金融不良资产处置的研究是不够充分的，基本上都是从法学或经济学的一个方面对现实存在的问题进行研究，而缺乏综合性、整体性的研究。从目前查阅到的国内资料来看，其论述的金融不良资产的范畴仍然主要停留在金融不良资产或金融不良债权上，未归纳不能实现预期收益的金融资产，同时也没有将陷入破产困境的金融机构持有的全部资产纳入考量范围。从国外的情况来看，美国的处置方式主要是通过专门机构，如 RTC 接收陷入破产困境的金融企业，对这些被接管金融企业的全部资产进行分类处置，但没有对正常金融企业的不良资产如何处置进行管理，这主要取决于不同国家之间对于金融机构管理的规则不同。而本书则侧重于考虑中国金融与国际接轨更加紧密以后，金融不良资产处置的规则设定，也应当借鉴国外的成功经验，未雨绸缪，进行综合考量和规划。

现有文献对于金融不良资产处置的意义，也就是其功能定位虽有所研究，但没有进行深入探讨。笔者认为，当金融不良资产处置能够形成一个十万亿元以上规模的行业时，应当对于其功能定位加以认真研究，这样才能围绕功能定位进行规则的制定。原有文献研究 2000 年以后第一批金融不良资产处置时，提出了适合当时环境的功能定位，即全面盘活国有银行不良资产、大力支持国有企业改革，以此来化解不确定的、难预料的金融风险，但这与当前的经济形势已经有不适应的地方。本书将立足于当下以及未来，提出符合普遍规律的金融不良资产处置功能定位和机制选择。文献对于金融不良资产处置的传统手段和创新方式均作出了阐释，但未提出在何种情况下应当优先运用何种方式进行处置，也缺乏各种方式具体适用条件的论述。笔者由于从事金融不良资产处置工作十余年，接触过各种处置方式，也与同业人士就各种处置方式的优劣和适用条件进行了探讨和研究，故将从实用效果的角度有针对性地分析各种处置方式，提出在各种经济环境中应优先使用何种处置方式的建议。

第三节　研究思路与研究方法

一、研究思路

本书的研究思路如图 1-1 的所示。

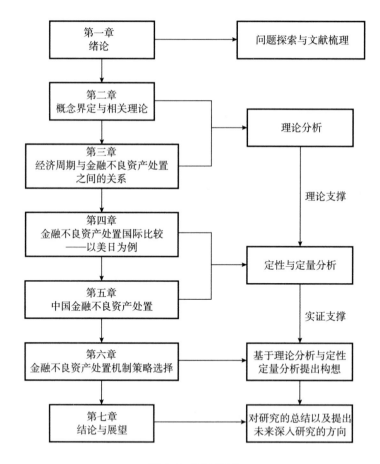

图 1-1　研究思路

二、研究方法

1. 文献分析法

通过收集国内外关于经济周期、金融周期、金融不良资产处置的理论文献资料，在认真阅读的基础上进行研究，观察和分析现阶段关于金融不良资产处置与经济周期关系的研究状况，从中发现空白理论区域或新形势下适应实践的可发展理论区域，从而用自己的观点加以研究和阐述。参考的主要文献为美国、日本、中国这三个国家的理论资料。

2. 定性分析法

笔者从事中国金融不良资产处置已有十年以上的经验，并一直致力于中国金融不良资产的理论研究工作。通过笔者的实践工作，结合与业界专业人士的探讨、沟通，并参加各类关于金融不良资产的学术活动，根据对国外历史经验和数据资料的分析，对中国金融不良资产处置在未来的发展趋势以及得到有效处置需要具备的条件进行分析，做出自身的预测并提出建议。

3. 案例分析法

通过分析国内外处置金融不良资产的成功以及失败案例，得出各种方式在处置金融不良资产中优劣势的判断，以及在何种情况下应优先使用何种方式的建议。案例的来源：国外的主要包括美国和日本，中国则重点分析诸如债务重组、批量转让、诉讼执行、债转股、资产证券化等处置手段的具体案例，从而得出相关结论。相关案例尽量选择笔者直接参与的项目进行分析，同时选择国内外具有典型意义的案例。

4. 比较分析法

比较分析法是本书主要的分析方法，比较的对象主要为美国和日本，同时对欧洲国家、韩国等处置金融不良资产的经验和方法进行研究，对于各个国家各种处置方法在该国产生的效果进行分析，并结合中国的实际情况，讨论相关方式在中国是否适用以及如何有效适用。重点评价中国在处置金融不良资产过程中形成的经验和方法，与国外经验和方法之间的共通之处以及差异，探讨在中国特色环境下，如何借鉴国外的现有经验，发展出适合中国自身的金融不良资产处置方式。

第四节 创新与不足

一、创新之处

（1）将经济周期、金融周期、金融不良资产周期这三个周期之间的联系和作用进行系统研究，提出可以通过有效的金融不良资产处置弥补财政手段和货币手段在熨平经济周期、促进经济发展长期趋势向上方面的不足。

（2）对于金融不良资产处置行业应当肩负的使命和功能定位予以明确。通过化解金融风险、减轻实体经济债务负担、优化社会资源配置效率、提高市场诚信水平四个方面的功能定位，最终实现熨平经济周期的使命。

（3）提出中国金融不良资产在金融不良贷款的基础上，应学习国外经验，适当予以扩大，既包括陷入破产困境的金融机构持有的全部资产，也包括正常金融机构持有的不能实现预期的问题资产。

（4）提出金融不良资产处置行业应区分政策性主体和市场化主体。政策性主体是经济肌体的"公立医院"，其特征一是常态化加强建设，二是强调非营利的公共事业属性。市场化主体参与金融不良资产处置则以效率优先，金融企业和政策性主体通过向市场化主体让利把金融不良资产快速消化掉，保持经济体系的长久健康，而不是使金融不良资产长期在金融体系内空转，累积金融风险。

二、不足之处

（1）关于如何协调政策性金融不良资产处置主体与市场化金融不良资产处置主体之间的关系，共同在处置金融不良资产过程中发挥作用方面的论证，由于实践经验较少，且目前中国政策性主体采取的金融不良资产处置方式仍然是以商业化为主，笔者观点在成熟性上有待提高。

（2）由于在经济下行周期中，市场上资金供应量少，资产需求量小，因流动性缺乏而造成金融不良资产大量累积的问题，除了提出募集跨周期的资金持有金融不良资产待经济进入上行阶段再行处置的"用时间换空间"方法外，未能提出更加有效的消化金融不良资产的解决办法，而一旦经济长期处于低迷状态，大量累积的金融不良资产没有资金能够容纳，仍然有造成金融系统性崩溃的风险。

第二章　概念界定与相关理论

　　经济发展过程中的周期性波动是一种常态化的经济现象。由于能通过经济周期判断一个国家的经济发展变化趋势和其中重复出现的特征，进而从更深入的维度分析理解现时的经济运行态势，从未来的角度判断经济发展的趋势，也使其一直都被经济学界作为焦点研究。不过，随着经济运行新态势的发展，新的具有典范性的事件与具有典范性的特征不断显现出来，现有的理论已经不能够合理地解释新现象的源头，以往的政策调控效果也越来越不那么灵验了。特别是基于经济周期理论进一步研究金融不良资产处置，就更加需要在吸收经典理论范式有效经验的基础上，破除其中陈旧的、不符合未来经济发展趋势的刻板经验与理论，在经济发展新兴特征与陈旧无效理论经验的矛盾冲突中辩证地发展符合未来经济发展趋势的理论，识别并把握经济发展变化的客观规律，为宏观经济调控政策提供富有预见性的、符合未来经济发展趋势的、坚实的理论基础。不过，任何新理论和新观点都需要界定清晰相关概念与理论方能深入展开，否则概念的无限延伸都会推倒研究的结论。所以，本章将阐明经济周期、金融周期以及金融不良资产的相关概念与内涵，梳理相关理论研究，从而为本书后续深入探讨和研究做好坚实的铺垫。

第一节　概念界定

一、经济周期与金融周期

　　周期是指某一现象在一段又一段的时间范围内有规律地重复发生的状态。经济周期即体现经济发展主要指标的经济增加率在一定期间内围绕长期经济增长趋势有规律地上下波动的状态。经济周期是自成体系的有规律性的经济现象，其形成和发展受多种因素的影响，其运动过程也影响到其他多个方面。本书主要研究经济周期与金融不良资产形成和处置之间的关系，试图找到两者之间的关联性，并总结出相关规律，为更好地防范和处置金融不良资产提供建议和依据。

（一）经济周期

经济周期（Business Cycle），又称商业周期。经济发展总趋势会在一段时间内重复出现一定的特征，表现为有规律的经济扩张或经济收缩。GDP（增长）和CPI（通胀）指数通常反映了国民宏观经济活动的市场表现，其波动情况亦是衡量经济周期的主要指标。除了前述两个指标，也需关注其他在特定时期内重复、频繁出现、具有前瞻性的要素，尤其是在国民经济陷入滞胀的时期。[1]

各经济学派在发展研究经济周期的过程中逐渐形成了众多不同的理论流派，观点很不相同，论证方法与阐释角度各异。经济周期理论研究最早开始于19世纪，早期时候的经济周期研究只是做了大概的因果性阐述。哈伯勒（1963）认为经济周期理论研究发展的初级阶段主要可以划分为四种理论，即纯粹的货币经济理论、非理性的过度投资理论、消费者动力不足理论、心理研究理论，此后逐步向计量经济学等实证研究与理论研究方向发展。古典经济周期研究学者大多认为经济不存在普遍的、周期性的危机；凯恩斯认为经济发展的兴盛与衰败是市场经济内部各种可控与不可控、可预测与不可预测的变量相互影响、相互作用的必然结果；萨缪尔森和梅茨则提出了经济周期的线性发展模型。不过也有学者提出了相悖的观点[2]，20世纪80年代中期开始，以Hansen（1985）等为代表的实用派经济商业周期理论兴起，该理论认为多种随机因素相互影响作用造成了经济波动，该波动经过市场传播被放大，是多种随机因素与市场传播复合作用的结果。以Prescott（1997）等为代表的商业周期理论认为国民经济具有纯波动的特征[3]，此后，这个模型与凯恩斯学派的理论研究模型逐渐地进行了融合，并最终使其得到了进一步完善，从而奠定了现代经济周期的研究基础。

一般而言，国家的经济发展目标都是要促增长，即实现总产出持续增长，为了实现这一目标，国家调动社会资源并鼓励经济个体努力工作，所以国家的长期经济增长预期是一条向上的直线。在正常环境下，随着人口的增长和技术的进步，这种长期经济增长预期是可实现的。当然，由于各个国家的资源禀赋和人口增长条件以及技术进步的基础并不相同，这条向上直线的陡峭程度是不一样的，

---

① 彭文生．从经济周期到金融周期［J］．金融市场研究，2017（10）：14.

② 希克斯、卡尔多和哥德文则持相反观点，认为经济周期的发展符合非线性模型分析研究得出的结论。

③ 即时间序列各阶矩特征在经济发展趋势的部分被消除，其采用了数字化国民宏观经济总量时间序列的数据，选择了合适的滤波算子处理等研究方法。

也就是说各个国家的长期发展速率是不一样的。甚至有些国家从长期来看，也出现了经济增长趋势下降的情况。但由于整个地球资源禀赋尚未被开发到极限，仍然有总产出增长的空间，大多数国家的长期经济增长趋势是向上的，所以世界经济自人类社会发展出经济现象以来，其长期经济增长预期以及趋势都是一条向上的曲线。然而，长期发展预期以及趋势总体是向上的，并不代表在任何一段时间内，实际经济增长效果都是向上的。

从一国而言，每一段时间内的社会环境、自然环境以及经济环境都是随着该段时间内实际发生的政治、经济、自然、人文事件的出现而呈现出不同的状态，由此而产生的每一段时间内的经济发展结果都是不同的。我们考察经济发展的一项主要指标是 GDP 增长率，一个国家如果长期以来 GDP 增长率是正值，则其长期发展趋势是向上的。但如果看每年的 GDP 增长率，则有可能出现当年增长率小于上年的情况，甚至出现增长率是负值的情况。以中国为例，1961 年 GDP 增长率是-27.27%，1962 年是-5.58%，其后在 1967 年、1968 年、1976 年还出现过三次 GDP 负增长，而从 1977 年至今，GDP 增长率都保持正值（见图 2-1）。在 20 世纪八九十年代，以及 21 世纪的头十年，虽然这期间也出现过较低的增长率，如 1981 年、1989 年、1990 年等，但大多数时间，中国的 GDP 保持了高速的增长。自 2011 年降到两位数以下后，中国的 GDP 迄今增长率增速出现了逐年下降的趋势。[①] 美国自 1961 年至今的 GDP 增长率中，1974 年、1975 年、1980 年、1982 年、1991 年和 2009 年出现过负增长，其余年份均为正值，最高达到 7.2%（1984 年），其余多数在 2% 左右（见图 2-1）。日本自 1961 年开始到 21 世纪初的近四十年中，分别在 1974 年、1993 年、1998 年、1999 年、2008 年、2009 年出现负增长，其余年度均为正值，最高达到 12.8%（1968 年），20 世纪 90 年代以前，大部分为 5% 左右，而从 20 世纪 90 年代至今，绝大多数年份没有超过 2%（见图 2-1）。

---

① 国内最初对经济周期的认识基于马克思主义经济学。改革开放以后，国内学者对中国宏观经济波动的研究主要集中在两个方面：一是对改革开放以后中国宏观经济波动的特征研究；二是对每一次经济波动成因的研究。在全国"经济周期与中国经济增长转型发展 2011 高峰论坛"中，与会代表一致认为，改革开放三十多年来，中国经济的发展具有中周期的特征，周期平均为 8~10 年，GDP 平均增速为 9.5%。部分学者也对我国本轮经济周期的波动特征进行了研究并做出了相关预测，刘世锦（2014）指出，本轮经济增长在 2010 年达到高点，之后开始回落，近期内要提防短周期与中长周期同向叠加而产生的增长速度快速下滑。

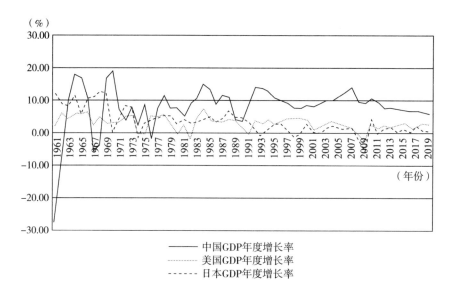

图 2-1 1961~2019 年中国、美国和日本 GDP 年度增长率对比

资料来源：中国国家统计局，http：//www. stats. gov. cn/；美国商务部，https：//www. commerce. gov/；日本内阁府，https：//www. cao. go. jp/statistics/index. html。

比较三国自 1961 年以来的数据（见图 2-1），可以看到，各国经济总量总体上呈现为一条向上的曲线，若把一个短期限内经济发展的实际效果放到一个长趋势中去比较，会出现一条围绕向上曲线蜿蜒前进的曲线，该曲线呈螺旋式特征，而该螺旋模式的每一个环，都呈现出有规律的、重复出现的状况（这种有规律和可重复是频率不同、细节不同的），该现象就是一国的经济周期。这种经济周期可以是一年中的四季，也可以是三年、五年、十年甚至更长。只要其对比的参照物是一条更长的中心线，则其自身必然表现为蜿蜒地围绕中心线上下起伏的曲线。将各个国家的曲线进行加总平均，就会出现一条围绕世界长期经济发展趋势中心线上下波动的曲线，即世界经济周期曲线。另外，自 20 世纪 80 年代以来经济全球化获得极大发展，全球化使各个国家、地区的经济活动在世界范围内相互交织，国民经济兴盛与衰败联系日益密切，世界范围内各个国家、地区的经济发展与变化周期也具有相似性，各国经济周期因为经济的可传导性，呈现出经济周期波动的同步性。所以观察世界经济周期可以通过观察世界主要经济体的经济周期，特别是主导国家的经济周期来进行研究。故考量世界主要经济体的经济周期即可了解到世界经济周期所处的状态。本书主要选取美国、日本、中国这三个世界 GDP 排名前三的国家的经济周期与金融不良资产形成和处置之间的关系进行比较研究，即形成了世界经济周期与金融不良资产形成和处置之间关系的普适性观点。

除经济周期以外，有周期特性的现象还有很多，如日升月落、夏热冬寒的自然周期，政权更迭、制度变迁的社会周期。而与经济周期较为接近且相互之间的影响较为直接的有生产资料周期、企业发展周期、房地产周期、信贷周期以及金融不良资产周期。生产资料周期是指生产资料的价格围绕其价值的上下波动。企业发展周期是指作为市场主体的参与者企业而言，每一个企业都有发展的规律，即围绕着自身长期平均收益率上下波动的阶段性收益率是一条蜿蜒的曲线。而由于企业个体差异非常大，每一家企业的发展周期都是不同的，但全部同类型企业的发展周期相加可以形成行业的发展周期，所有行业的发展周期相加基本等于经济周期。房地产周期属于一种特定的行业周期，因为其作为一个行业以及其产出品存在的时间较一般行业更长，且在经济总量中所占比例较大，故相比其他行业，特别是新兴行业更具有典型性，和其他周期之间的影响也更大。房地产周期的核心指标是围绕着一国房地产平均开工率上下波动的阶段性开工率曲线。信贷周期也被称为资本市场周期，其与一般企业周期不同，主要是指金融企业提供给其他市场主体的债务资本数量，每一个阶段的数值围绕平均数值上下波动而形成的曲线。金融不良资产周期是指围绕金融机构在一个较长的时段内平均不良资产余额或不良率这条中心线上下起伏而形成的曲线。这些周期之间相互联系并相互作用，由于这些联系和影响是有规律可循的，且可以通过手段和工具对曲线的发展趋势施加影响，所以各个国家均致力于研究其规律，并实施有利于趋势向好的预期发展的措施。例如，自中央银行和货币制度建立以来，经济学家的研究不断聚焦在信贷周期和经济周期之间的联系和相互作用上，[1] 研究认为，信贷具有"金融加速器"效应：当经济发展处于上升与兴盛时期，该效应以放大杠杆的形式呈现，在经济下滑和衰退的时期，该效应会进一步加速经济下沉的速度与程度。还有很多学者[2]也从多维度论证了该效应。不完全资本市场理论解释了银行信贷的顺周期特点。信贷双方的信息不对称情况限制了银行的信贷行为，商业银行在国民经济开始呈现出疲软态势的时期倾向于限制信贷规模。因为商业银行更加注重其信贷是否可以得到按时、全额的偿付，更加偏好收紧及缩小其信用贷款

---

① 从事这方面研究的主要有 Kiyotaki 和 Moore（1997）、Bemankeetal（1999）、Jerman 和 Quiadrini（2009）、Gertler 和 Kiyotaki（2010）等。

② 如 Zeldes（1989）、Jappelli 和 PaGano（1989）、CampBell 和 Mankiw（1989）、Carroll 和 Dunn（1997）等。

的规模，造成风险较低，甚至没有风险，同时有机会获利的项目也难以获得其必需的金融资金（Katalin Mero，2002）。银行的信用贷款内部即具有顺经济周期的特征，该特征加剧了宏观经济向上波动情况的发生[①]。Bikker 和 Hu（2002）分析了 26 个 OECD 国家银行信用贷款在 1979~1999 年间的审批与发放数据，其研究结论与国际清算银行研究 OECD 中的 10 个发达国家相关情况的结论是一致的。生产资料周期、企业发展周期和房地产周期与经济周期也存在相对同步的正相关性，在经济周期上行期间，生产资料的价格走高，企业发展曲线和房地产曲线也处于上行阶段，在经济周期下行期间，生产资料的价格下跌，企业的景气程度和房地产开工率等各项指标也都是比较低的。所以，可以大致认为，经济周期、生产资料周期、信贷周期、企业发展周期、房地产周期都是正相关的。其长期发展趋势的曲线有赖于资源禀赋被开发出来的总量具有上升空间以及技术水平的提高，总体而言，从迄今为止以及未来一段较长的时间来看，都是向上的。而从短期波动曲线来看，由于总需求的变化、政策实施效果、特定自然和社会事件的影响，会出现较为同步的起伏。且由于该曲线是围绕长期发展趋势的曲线波动，所以迄今为止以及未来一段较长的时间，会呈现总体向上的态势。但是，通过研究发现，金融不良资产周期不同于其他周期，其与经济周期之间呈现出逆相关的状态，当经济上行、生产资料价格高涨、企业景气、房地产火热、信贷供应扩张时，金融不良资产率往往是较低的；而当经济下行、生产资料价格回落、企业普遍不景气、房地产萧条、信贷供应紧缩时，金融不良资产率是逐步攀升的。同时，由于经济发展的长期趋势曲线是向上的，所以对应的长期金融不良资产曲线则应当是向下的。这可以从金融机构的抗风险能力和风险管理水平逐步提高、社会总财富逐步积累从而消费能力逐步提高、实体企业的经营管理水平以及诚信程度逐步提高、市场化程度越高所以产生经济转轨的概率和摩擦的损失越来越小等方面加以论证。既然金融不良资产周期与经济周期等其他周期在长期发展趋势和短期波动规律上都是逆相关的，我们就可以通过研究经济周期以及相关周期与金融不良资产周期形成和处置之间的关系，找到处置金融不良资产的好方法，用以熨平波动，使经济发展和金融不良资产的短周期更加贴合于长期发展趋势，较少地出现大幅偏离预期的震荡情况。

----

① 国际清算银行（BIS，2001）对经济合作与发展组织（OECD）中的 10 个发达国家进行了研究，BIS 通过研究前述 10 个国家在 1979~1999 年的银行信贷相关数据发现，当国民经济发展处于上升、增长阶段时，银行倾向于加快审批、发放信贷的速度；而当经济开始呈现下滑、衰退趋势时，银行信贷的审批与发放速度及规模明显有所下降，该特征使银行信贷在经济衰退期成为拉低宏观经济向下波动的重要因素。

经济周期是一种可以看到并且能够测定的经济波动现象，它存在于市场经济国家中，以商业活动为载体，以公司企业为市场主体组织运行经济活动①。社会生产活动一旦投入经济发展膨胀与收缩的交替运动过程中，市场经济机制则会不断重复这一交替发展的运动。国民经济发展活动最初呈现出不规则的状态，常常以偶然的现象出现，然而随着经济市场的发展与完善，经济市场的发展逐渐呈现出正周期的趋势。工业经济和机械化发展到一定程度，会对国民经济产生根深蒂固的、决定性的影响；随着经济全球化的发展，对外经济贸易活动早已超出一国之界；世界市场逐渐扩散、渗透至新大陆、澳大利亚与亚洲，当世界范围内众多国家均已走入全球化市场时，从这时起，经济活动开始出现了在一定时间范围内重复出现、具有一定规律性的周期。经济发展变化的周期相隔数年，经常以具有普遍性、破坏性的经济危机而告终。该类经济危机既是一个国民经济活动周期运行的终点，同时也是另一个新周期运行的起点。迄今为止，世界范围内不存在两个完全相同的经济发展与变化周期。从通俗意义来讲，经济周期有时也会被称作商业周期，是一种经济商业活动和公司企业组织活动的发展和运行周期。经济发展指数是商业周期的重要测量因素，景气循环指数则是被用来描述商业周期的有力工具。经济发展与变化周期的阶段性特征常常被市场主体与研究者描述为像四季更替一样，四季分明。经济发展变化周期的更迭常常表现出国民经济发展中经济活动收缩与经济活动扩张机制更替的特征，彼此循环往复、周而复始，经济活动的收缩与扩张机制是国民经济发展变化的周期性运转过程中的一种规律性现象。

而对于世界经济周期的界定，笔者认为虽然它和前述出现在每个国家的经济周期有一定的联系，但并不是各个国家经济周期的叠加效应表现出的更大范围的经济周期，世界经济周期应该是由某个时期的某个主要国家的经济周期所引领，即世界经济周期也是与这个引领国的周期所对应的，而其他国家出现的不同经济周期只相当于这个引领国或者说世界经济周期的子浪而已。回顾历史（见图2-2）我们可以发现，英国在第一次工业革命开始后便作为引领国带动了一百多年的世界经济周期运行，而随后的引领者则为美国。当然，英国和美国的这个引领交替过程并非是一蹴而就的，而是有一个数年的过渡过程。种种趋势已经表明中国有

---

① 美国经济学家 A. 伯恩斯和 W. 米切尔曾在文章《测定商业周期》中对经济周期的概念进行界定，该定义已成为经济周期概念的经典定义。马克思在《资本论》中亦对经济的周期性活动进行了简要释明，其在第一卷中作出了如下阐述：它"正如天体一经投入它们的轨道就会无限期地围绕着它们的轨道旋转一样"。

可能将是继美国之后下一个世界经济周期的引领者，而当下则正处在过渡的过程中。

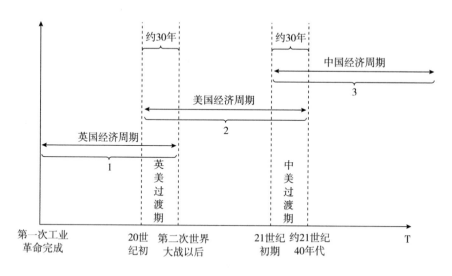

图 2-2 工业革命后世界经济周期引领交替示意图①

注：1 表示英国所引领的第一次世界经济周期；2 表示美国正在引领的第二次世界经济周期；3 表示中国接替美国所引领的第三次世界经济周期。

（二）金融周期

金融周期是金融活动运行过程中呈周期性波动的现象，主要受一国整体的金融变量在经济运行过程中扩张与收缩的影响。Borio 认为，一国内民众认知水平与社会资源约束之间的相互影响作用是引起金融活动呈现出周期性波动的主要原因。民众认知水平主要是指国民对于金融资产风险和价值的认知水平。周期性波动的主体在金融活动中与经济活动中有相同的部分，也有其特殊性，主要表现为宏观经济运行常常体现在经济周期中，而微观经济层面的商业活动与金融市场的波动情况主要体现在金融周期中。金融周期与经济周期一样，可以划分为四个阶段：复苏、繁荣、衰退、萧条。国民经济活动的扩张与收缩情况在经济活动周期与金融活动周期处于趋同趋势时被放大，在二者相背离时国民经济活动的扩张与收缩幅度相对较小。

---

① 这里之所以将英国引领的经济周期作为第一次世界经济周期，是因为在工业革命以前，自地理大发现以来世界各国也展开了各种各样的跨国贸易，如欧洲的海上贸易、亚洲的丝绸之路等，但从严格意义上来说，这些还称不上是真正的全球联动的贸易，工业革命后全球联动的贸易才真正意义上发生了。

（三）金融周期与经济周期的关系

金融和经济活动之间密切联系的观点由来已久。2008 年金融危机之后，基于对危机的反思，金融周期对经济周期的影响再次成为研究热点。较之早期的研究，危机后的相关研究从更普遍的面上关系和更深层次的传导机制等方面，将该领域的研究推向了一个新的阶段。总体而言，这些研究为包含金融周期的宏微观分析以及纳入金融周期考虑的政策调控提供了重要的理论和实证支撑。

在面上关系的研究中，不少学者例如 Borio 等[1]经过研究表明，金融活动存在明显的顺周期性，如果经济衰退发生在金融周期的收缩阶段，则衰退的程度会明显更大。Claessens 等[2]在研究金融周期的主要因素时选取了若干指标进行衡量，并认为房地产价格、二级市场中的股票价格、银行及其他金融主体的信贷总额是反映金融周期变化的主要因素，且金融周期与经济周期在不同的市场发展变化阶段存在着较强的关联关系，其中房地产行业的价格波动往往会加剧或延缓国民经济发展的走向，如在国民经济处于下行状态时，房地产市场中的泡沫破裂会加剧经济状况的下滑；在国民经济处于复苏状态时，房地产市场中的泡沫破裂会延缓经济复苏的进程。Levanon 等[3]通过构建"信贷领先指标"分析了金融周期对经济周期的预测作用，研究结果表明，信贷领先指标对经济衰退具有很好的预测能力，其预测效果明显优于传统的货币供应量指标。Antonakakis 等[4]的研究表明，金融周期的发展和变化会在较大程度上影响银行等与金融机构信用贷款活动相关变量的周期性波动，该类信用贷款活动与经济周期的发展变化相关性较弱，同时经济周期的重大发展和变化与金融周期的重大发展与变化几乎不会受到房地产市场价格的影响，考虑到宏观经济活动中金融变量处于动态变化中，其分布成分有所不同，相关监管机构在制定监管政策时应考虑前述金融变量的变化趋势与相关成分。Ma 等[5]将金融周期纳入四次方程模型中，用以探讨金融周期与货币政

① Borio C., Drehmann M. Assessing the risk of banking crises: Revisited [J]. BIS Quarterly Review, 2009 (3): 29-46.

② Claessens S., Kose M., Terrones M. How do business and financial cycles interact? [J]. Journal of International Economics, 2012, 87 (5): 178-190.

③ Levanon G., Manini J., Ozyildirim A., et al. Using financial indicators to predict turning points in the business cycle: The case of the leading economic index for the United States [J]. International Journal of Forecasting, 2015, 31 (2): 426-445.

④ Antonakakis N., Breitenlechner M., Scharler J. Business cycle and financial cycle spillovers in the G7 countries [J]. Quarterly Review of Economics and Finance, 2015, 58 (C): 154-162.

⑤ Ma Y., Zhang J. Financial cycle, business cycle and monetary policy: Evidence from four major economies [J]. International Journal of Finance & Economics, 2016 (21): 502-527.

策的联动作用，研究表明，金融周期的冲击在经济波动中，特别是金融非稳定期间扮演着关键角色。Shen 等①认为金融周期与经济周期之间具有关联关系，该种关联关系可以通过考察金融活动周期的相关指数来获得，研究发现金融周期的频率更低，上升期长于下行期，且金融周期领先于经济周期。从国内文献来看，邓创等②认为宏观经济活动的发展变化会受到金融周期波动的影响，其通过时变参数向量自回归模型分析了前述宏观经济发展变化与金融周期间的关联关系，研究结果显示，中国金融周期的长度大致为 3 年，且存在扩张周期长、收缩周期短的非对称性特征。荆中博等③的研究强调了房地产市场风险的周期性特性及其前瞻性测度。马勇等④基于 11 个代表性金融变量，通过在总供给与总需求方程中分别纳入金融因素分析了金融变量和实体经济之间的关系，其基于中国季度数据的研究结果显示，金融变量与实体经济变量之间存在着普遍关联关系，且金融变量相对于实体经济变量而言具有不同程度的领先性，这为基于金融周期的前瞻性宏观调控提供了重要依据。陈雨露等⑤认为金融周期可以按照高速发展膨胀时期、下滑衰退时期与平稳发展正常时期划分为三个基本阶段，其基于 68 个经济体 1981~2012 年面板数据的研究发现，金融周期的平稳运行是经济增长和金融稳定的重要基础，金融周期的高速发展膨胀时期和下滑衰退时期都会对经济发展或者金融稳定造成严重的负面影响，除此之外，金融周期波动的上升还会削弱一个国家的经济增长势头，从而间接增加发生金融危机的概率。

在"金融周期—经济活动"传导机制的研究方面，金融周期可以通过多种渠道影响经济活动，包括家庭资产负债表渠道、企业投融资渠道和公共债务渠道等。首先，从家庭资产负债表渠道来看，Reinhart 等⑥认为，导致危机复苏缓慢

① Shen C. , Ren J. , Huang Y. , et al. Creating financial cycles in China and interaction with business cycles on the Chinese economy [J]. Emerging Markets Finance and Trade, 2018, 54 (13): 2897-2908.

② 邓创，徐曼. 中国的金融周期波动及其宏观经济效应的时变特征研究 [J]. 数量经济技术经济研究，2014 (9): 75-91.

③ 荆中博，王乐仪，方意. 风险溢出、周期性与中国房地产市场系统性风险 [J]. 当代经济科学，2019 (5): 11-23.

④ 马勇，李镕洋. 金融变量如何影响实体经济：基于中国的实证分析 [J]. 金融评论，2015 (1): 34-50.

⑤ 陈雨露，马勇，阮卓阳. 金融周期和金融波动如何影响经济增长与金融稳定？[J]. 金融研究，2016 (2): 1-22.

⑥ Reinhart C. M. , Rogoff K. S. This time is different: Eight centuries of financial folly [M]. Princeton: Princeton University Press, 2009: 110.

的重要原因之一是债务人的去杠杆过程导致了家庭部门长期的低支出行为。Jorda 等①发现，2008 年国际金融危机的先行现象是许多国家的家庭抵押债务升高。Krishnamurthy 等②也发现，当房屋价格下降时，部分家庭的资产与负债情况出现恶化，在具有抵押债务的家庭与使用高倍数财务杠杆的家庭中恶化表现得更为明显，此时家庭会倾向于削减不必要的财务支出与消费活动，进而使国民实体经济的活跃度与经济总量受到不利影响。Mian 等③研究金融危机前已经经历过房地产价格不合理上涨与抵押贷款急剧上升地区的横截面数据发现，该类地区的经济在危机期间都发生房价的暴跌以及实体经济活动的大幅削弱。该研究证明国民经济处于危机时期时家庭的消费支出、国民的就业情况与实体经济的活动量、活跃程度等要素与家庭净资产的下降具有关联关系，作者的研究为衡量以家庭为单位的资产负债表提供了有力的数据支撑。

其次，从企业投融资渠道来看，Gao 等④指出，一般而言，当金融周期处于繁荣阶段时，信贷增速过快将大幅降低企业的融资约束和融资成本，使企业更倾向于通过债务融资来获得投资资金；而当金融周期由繁荣走向衰退时，大幅下降的信贷增速将使企业面临无法预期的高融资约束，进而使债务融资渠道受限。这将造成两方面后果：一是企业无法有效获得新债务资金来偿还旧债，导致债务风险不断积累；二是企业无法对可能获得更好收益的项目追加投资，导致企业收益下降。这两种影响反映至宏观层面，就出现了金融周期过冷导致宏观经济增速进入低迷期，并伴随金融风险不断积累。此外，还有一些研究表明，在金融周期由繁荣转向衰退的过程中，由于不同类型的企业面临的融资约束变化具有很大差异，因此其债务风险的反应也具有异质性。Figueroa 等⑤构建了一个引入企业贷

① Jorda O. , Schularick M. , Taylor A. Macro-financial history and the new business cycle facts ［R］. NBER Working Paper, No. 22743, 2016.

② Krishnamurthy A. , Muir T. How credit cycles across a financial crisis? ［R］. NBER Working Paper, No. 23850, 2017.

③ Mian A. R. , Sufi A. The effects of fiscal stimulus: Evidence from the 2009 ［R］. NBER Working Paper, No. 16351, 2010.

④ Gao X. , Xu S. The role of corporate saving over the business cycle: Shock absorber or amplifier? ［R］. Bank of Canada Staff Working Paper, No. 59, 2018.

Mulier K. , Schoors K. , Merlevede B. Investment-cash flow sensitivity and financial constraints: Evidence from unquoted European SMEs ［J］. Journal of Banking and Finance, 2016, 73 （12）: 182-197.

Drobetz W. , Haller R. , Meier I. The impact of liquidity crises on cash flow sensitivities ［J］. The Quarterly Review of Economics and Finance, 2017, 66 （11）: 225-239.

⑤ Figueroa N. , Leukhina O. Cash flows and credit cycles ［J］. Journal of Banking and Finance, 2018, 87 （2）: 318-332.

款逆向选择的动态理论模型，揭示了信贷周期通过影响企业贷款行为来影响经济周期的内在机制。在该模型中，由金融周期所带来的融资逆向选择和企业债务风险过高会导致过度的债务扩张，从而加大经济下行风险。

最后，从公共债务渠道来看，考虑到金融市场、实体经济和公共财政密切相关，越来越多的研究开始讨论金融周期对公共债务周期的影响。根据国际货币基金组织（International Monetary Fund，IMF）[①] 的研究，国民经济财政支出与收入是否处于健康状态，可以通过动态债务/GDP 进行衡量，国家的公共债务在金融发展与变化的周期中会受到动态债务/GDP 的分子或分母变化的影响。经济学家Budina 等[②]认为，名义债务也会受到金融发展变化周期直接性的或间接性的影响，直接影响包括银行等金融机构在信贷活动活跃并累积了一定资产之后有为银行等金融机构纾困的需要；间接影响则包含一定的关联机制的传导，主要指金融市场对实体经济造成的传导效应，如金融经济处于衰退时期时，风险的溢价往往更高，银行等金融机构偏向缩小其信贷活动规模，国民消费活动与市场投资活动减少，进而导致国民经济总需求处于下行趋势，收入则面临着永久性减少的状况，最终引起公共债务的增加。金成晓等[③]对中国的金融周期和财政可持续性之间的关系进行了分析，发现当处在萧条期的时候，传统国民经济在经历经济周期修正与调整后的财政余额要远远少于处在金融周期修正与调整后的财政余额，而当国民经济的财政余额在经过金融活动中性产出缺口和潜在可能发生的产出体量的修正与调整后，金融周期对财政收入与支出的精确性判断和可预见性有所提升。

二、金融不良资产

（一）概念的界定

金融不良资产是指实际价值低于账面价值的金融资产[④]。金融不良资产行业则是美国在应对储贷危机的过程中而产生的。由于发生了金融危机，市场产生大量的不良资产，严重影响了市场的稳定，给国民经济带来很大的冲击。当时美国政府为处理金融机构所积累的不良资产，组建了重组信托公司（RTC），主要目

① IMF. From banking to sovereign stress: Implications for public debt [R]. IMF Policy Paper, 2015.

② Budina N., Gracia B., Hu X., et al. Recognizing the bias: Financial cycles and fiscal policy [R]. IMF Working Paper, No. 15/246, 2015.

Crowe C. W., Igan D., Dell'Ariccia G., et al. How to deal with real estate booms: Lessons from country experiences [J]. Journal of Financial Stability, 2013, 9 (9): 300-319.

③ 金成晓，李梦嘉. 金融周期对我国财政可持续性影响研究 [J]. 财政研究，2019 (3): 93-103.

④ 巴曙松，杨春波，陈金鑫. 中国不良资产管理行业的发展新趋势 [J]. 金融市场，2018 (3): 38-46.

的是高效并且有针对性地化解和盘活不良资产。自此开始，全球各个国家和地区陆续出现了应对不良资产的机构以稳定国家的金融体系，不良资产管理行业就此诞生。而金融不良资产，也被称为金融不良债权，是一个国家经济发展过程中由于信贷规模不当扩张导致的必然产物。本书对金融不良资产的定义为：金融企业持有的不符合其约定预期的，按照金融业监管规则和标准，应当被认定为不良的投资品，以及陷入破产困境的金融企业持有的全部有形资产和无形资产。

金融不良资产的认定，不仅仅取决于金融企业本身预期的偏差，往往各个国家监管机构都会对这种偏差设定具体的标准，达到该标准的，即使金融企业不将其视为不良资产，但实际上仍然具有将其纳入不良资产范围的必要性。各个国家与地区划分了不同的不良资产界定标准，如《商业银行金融资产风险分类暂行办法（征求意见稿）》在 2019 年 4 月 30 日由中国银保监会制定发布，银保监会要求其监管范围内的金融公司与企业重新划分金融资产的类别，划分依据为其监管范围内的金融公司与企业的金融资产所承担的不同风险等级。[①] 此外，该征求意见稿还引入了交叉违约认定不良的标准[②]。但是，任何刚性的金融不良资产认定标准在特定情况下都有进行调整的需求。如在不同的经济周期中，认定不良的标准严格程度应当有所不同，从而在不同阶段实施不同的政策工具。又如一些特定情况或者特定时期内要进行一些特定的调整。2020 年初，中国暴发新型冠状病毒肺炎疫情，期间有多个省市的银保监局，如江苏、上海、黑龙江等地，提出疫情防控期间提高不良贷款监管容忍度，部分企业因受到疫情的影响暂停了公司经营活动，暂时失去了收入来源，该类企业贷款若出现逾期 90 天以上的情况，监管部门不强制要求金融机构将该类企业的贷款纳入不良。

一般而言，金融企业不能支付到期债务，就陷入了破产困境，或者金融企业约定的债务偿还期并未到达，但由于该金融企业出现了信用危机事件，引发了储户等资金提供方的挤兑，要求金融企业偿还未到期的债务，如果金融企业不能兑现债务，就会因为现金流断裂而陷入破产困境。金融企业在陷入破产困境的特定

---

① 例如逾期 90 天以上的金融资产，无论担保措施是否充分，一律列入次级类；逾期 270 天以上的金融资产列入可疑类；逾期 360 天以上的金融资产列入损失类。这三类都属于金融不良资产的范畴。将逾期超过 90 天的金融资产归入不良，符合《审慎处理资产指引——关于不良暴露和监管容忍的定义》的标准。另外，该征求意见稿还依据会计准则，要求将资产减值达到 40%的金融资产归为可疑类；资产减值达到 80%的金融资产归为损失类。

② 该标准指非零售债务人在各金融机构的债务已经出现违约情况，违约时间已经超过 90 天，且违约超过 90 天以上的债务已经超过该非零售债务人总债务 5%以上时，其他金融机构均应将对应债务人的资产至少归入次级类。非零售债务人在一家金融企业的债务中有 5%被认定为金融不良资产的，则该金融企业针对该债务人的全部债权均应认定为金融不良资产。

情况下，其面临被救助、托管、兼并重组、破产清算等，此时，其丧失了对持有全部资产的管理和处分权，而需要由其他主体进行管理和处置。这些全部资产包括金融企业持有的全部投资品，包括购买或者租赁的经营场所形成的物权或者租赁权，对外享有的债权，作为股东投入的资本金和经营而形成的股东权益，因劳动合同而对聘用人员要求付出劳动的权利，因组织和经营形成的组织价值以及商誉、长期客户关系、技术等有价值的资产，这些资产有的是有形资产，有的是无形资产。金融企业的特点决定了其无形资产具有较大的价值，所以对于陷入破产困境的金融企业来说，简单的破产清算会大大贬损其无形资产的价值，进行重整，使该主体得以存续是较好的处置方式，这一点在本书第六章中将进行详细论述。关于金融企业的破产，各个国家法律都有相关规定①。

中国对于金融企业破产没有另行制定专门的破产法，在适用一般公司企业规定的同时通过另行设置特别法律法规用以指导、规范金融企业的破产活动，中国《企业破产法》《商业银行法》《信托投资公司管理办法》《证券法》《保险法》等多部法律法规对此均设置了相关规定。②可见，对于金融企业的破产，在申请人主体、破产条件、处理方式和分配顺位上都有一定的特殊规定。从严格意义上说，1999年1月广东省国际信托投资公司的破产是中国第一例破产法意义上的金融企业破产，其开创了中国金融企业也能够破产清算的先河。而符合破产条件的金融企业则比实际进入破产清算程序的金融企业要多。其中银行破产案例至今仅有一例，即1998年海南发展银行被中国人民银行宣布关闭，海南发展银行的关闭未依照公司企业本应遵循的破产清算程序处理，迄今为止，海南发展银行的关

---

① 例如，德国专门制定金融企业破产法，美国适用普通企业破产法。

② 中国《企业破产法》第一百三十四条第一款规定：商业银行、证券公司、保险公司等金融机构有本法第二条规定情形的，国务院金融监督管理机构可以向人民法院提出对该金融机构进行重整或者破产清算的申请。国务院金融监督管理机构依法对出现重大经营风险的金融机构采取接管、托管等措施的，可以向人民法院申请中止以该金融机构为被告或者被执行人的民事诉讼程序或者执行程序。中国《商业银行法》第七十一条规定：商业银行不能支付到期债务，经国务院银行业监督管理机构同意，由人民法院依法宣告其破产。商业银行被宣告破产的，由人民法院组织国务院银行业监督管理机构等有关部门和有关人员成立清算组，进行清算。商业银行破产清算时，在支付清算费用、所欠职工工资和劳动保险费用后，应当优先支付个人储蓄存款的本金和利息。中国《信托投资公司管理办法》第十四条规定：信托公司不能清偿到期债务，且资产不足以清偿债务或明显缺乏清偿能力的，经中国银行业监督管理委员会同意，可向人民法院提出破产申请。中国银行业监督管理委员会可以向人民法院直接提出对该信托公司进行重整或破产清算的申请。中国《证券法》第一百四十三条规定：证券公司违法经营或者出现重大风险，严重危害证券市场秩序、损害投资者利益的，国务院证券监督管理机构可以对该证券公司采取责令停业整顿、指定其他机构托管、接管或者撤销等监管措施。中国《保险法》第一百四十四条规定：保险公司损害社会公共利益，可能严重危害或者已经危及保险公司的偿付能力的，国务院保险监督管理机构可以对该保险公司实行接管。

闭仍未结束，尚有大量债权人未能够得到受偿。

然而在学术界和社会实践中，围绕着金融不良资产的内涵与外延，形成了一系列的名词或表述。本书对以下与金融不良资产相关的表述进行辨析，并就以下词汇在本书中出现时代的含义加以说明。

1. 不良资产

当人们提到不良资产的概念时，大多数情况下是在讨论金融类不良资产。不良资产涵盖的范围更加广泛，金融类不良资产其实是不良资产的下位概念，其包括金融不良资产和非金融不良资产，其主体范围并不仅仅是指金融企业，而应该涵盖所有的经济组织以及自然人。其概念为所有不符合持有者取得该资产时经济预期的投资品，以及持有者本身陷入破产困境，无法按照预期实现该资产价值的全部资产。根据上述定义，不良资产主要包括以下三类：

第一类是金融不良资产，上文已经对其内涵进行了表述，故在此不再赘述。

第二类是非金融企业以及自然人持有的不符合持有者取得该资产时经济预期的投资品。这类资产诸如房地产开发企业没有如期开发完成的烂尾楼，生产服装的企业未能收回的销售款，农民种出的不被市场所接受的果实。其与金融不良资产的区别在于主体上不属于特定金融企业，资产也不属于金融产品。其产生的危害由于没有金融属性，故一般比较分散且数量不大，不会因为集聚效应对经济社会生活产生重大影响。另外，要区分投资品和消费品。居民取得的用于消费的，没有投资属性的资产不属于不良资产的范畴，如用于居住的住宅，满足消费需求的食品、服装、车辆等。从物理属性上都属于资产，人们对其价值和用途也有预期，并且也会发生不符合预期的情况，这类资产被归为消费品。在属于消费品时不被归入不良资产的范畴，但当持有这些消费品的主体陷入破产困境时，则有些消费品也可能列入不良资产的范畴被处置。

第三类是持有资产者本身陷入破产困境时，其没有能力也没有机会按照原计划经营、使用、处分其占有的资产并取得预期收益。根据破产法精神，需要将其全部资产变现用于偿还债务，对于社会而言，则需要通过对这些资产的处置，使社会资源配置到效率更高的主体中去。对于自然人能否破产，各个国家的法律规定有所不同，如美国破产法把自然人纳入其中，而中国目前的破产法仅针对企业。所以在中国，只有破产企业的破产财产可以被认定为不良资产，自然人则不存在此种情况。这部分不良资产是有可能和金融不良资产发生重叠的，当这类不良资产持有人面对的债权人是金融企业时，甚至部分或全部资产都是金融企业债权的抵押、质押物时，其既属于持有者的不良资产，也是金融不良资产对应的标的物。

2. 不良贷款

不良贷款是金融不良资产的下位概念，是金融不良资产中最主要也是最基础的一部分。在某些情况下，可以把金融不良资产和不良贷款视为一个范畴。如中国的四大金融资产管理公司，设置该四大公司的主要目的是有效处置该时期国有银行内部陷入不良状态的贷款。中国的金融不良资产处置行业，也正是从处置不良贷款开始的。商业银行的不良贷款仍然是中国占比最大的金融不良资产来源。在中国，金融不良资产一词所对应的英语名词是 Non-performing Loans（NPL），直译为未履约贷款，即不良贷款。可见，银行的违约贷款是金融不良资产的最初形态以及最主要组成部分。对于不良贷款，各个国家以及国际组织均有较为明晰的定义，认定的标准主要分为根据会计准则以及由监管部门制定标准这两类模式。这两类模式对于不良贷款的认定存在差异，但这种差异随着国际金融交流的深入正在逐步趋同。欧洲国家主要以会计准则作为不良贷款的划分标准。在2014年以前，其会计准则对于不良贷款的认定特别强调"损失的已经发生"，即只有已经被确认发生损失的贷款，才被认定为不良贷款，但是违约并不等于损失，更无法确定当前情况下的违约会造成贷款多大程度的损失，以及在时间经过以后，是否损失的程度会发生变化。这种只考虑当下已经发生损失而不考虑可预见的损失风险的认定标准，不能够全面地识别不良贷款风险，不利于运用金融政策处置真实存在的不良贷款风险。故国际会计准则在2014年由国际会计准则理事会进行了修订。《国际财务报告准则第9号——金融工具》于2014年7月发布，该准则在会计处理准则中新增加了预期信贷损失项目，延展了不良贷款的认定标准，将标准从"已经发生的损失"修订为"预期损失"。以美国为代表的大多数国家实行由银行监管部门根据审慎原则制定标准的方式来对贷款进行分类。银行监管部门根据贷款不能实现预期收益的程度将全部贷款划分为五级[1]，不良贷款则专门指的是五级贷款中的次级、可疑以及损失类贷款，应当根据预期损失的程度计提损失和拨备。

然而，各个国家之间对于何种贷款应当被认定为次级、可疑和损失的标准各有不同。一些银行为了逃避监管，也倾向于把不良贷款归入正常和关注类，而不愿意暴露风险。基于此，巴塞尔委员会致力于统一不良贷款的划分标准，通过颁布相关规范与指引文件指导不良贷款的定义与划分。例如，在《问题资产的审慎处理要求——不良资产风险暴露的定义和容忍度指引（征求意见稿）》中，不

---

① 这五级分别为正常、关注、次级、可疑和损失类贷款。

良贷款是指"逾期 90 天以上的、具有重大信用风险的，或符合《巴塞尔协议Ⅱ》第 452 款规定的贷款。即当银行确认若非采取追偿措施，如处置抵押物，债务人可能无法足额偿还债务时；或债务人在银行等金融机构的实质性信贷活动逾期超过 90 天以上时；上述两种情况发生其中一种或两种均同时发生时，债务人在银行等金融机构的信贷被视为违约。如果贷款方违背了其与银行等金融机构协议或以任何形式约定的在该机构可以预支的最高限额，或银行等金融机构就该贷款方最新核定的可贷款授信额度低于该信贷主体在银行等金融机构目前可以贷出的余额，那么该贷款方所有超过在该银行等金融机构最高可以贷出的限额部分将被认为构成逾期；当贷款方发生了国际会计准则认定的损失；或贷款方已经陷入逾期，同时银行等金融机构提供证据证明：若不处置抵押物将造成贷款无法获得本息全额受偿，在该类情况下，无论逾期多久，均将该类贷款视为不良贷款"。根据该指引，将逾期时间以及预期损失结合国际会计准则的损失情形，为各个国家监管部门制定各自的标准提供了指导性意见，有利于国际金融风险的识别和防范。中国财政部在 1993 年颁布了《金融保险企业财务制度》，直至 1998 年均按此制度将贷款划分为正常、逾期、呆滞和呆账四个种类。不良贷款包括未按照借款合同约定期限偿还的逾期贷款，逾期超过两年的呆滞贷款或虽未满两年但经营停止、项目下马的贷款，按照财政部有关规定确定已无法收回的呆账贷款。这种分类实行了十年以后，已经不适应当时的中国银行业发展要求。

2007 年，银监会颁布了《贷款风险分类指引》，其规定，当贷款方能够如约履行信贷合同，没有充分理由怀疑该信贷无法按时、足额获得清偿的情况下，该类贷款为正常贷款。当贷款方虽然尚有能力在信贷到期时如约偿还合同约定的贷款本金与利息，但是可能存在一些会对偿还贷款本息不利的影响因素，该类贷款被认定为关注类贷款。当贷款方按照合同如期足额还款的能力出现明显的问题时，即依靠贷款方正常的经营活动收入已经无法偿还该贷款的本金与利息或通过执行贷款方相关财产、执行担保的情况下，贷款仍然无法获得足额的清偿，会发生一定程度的损失时，该类贷款被认定为次级贷款。当确定贷款方完全没有办法按时、足额地偿还贷款的本金与利息，即使执行担保，也注定将会对银行等金融机构造成较大损失的贷款，则被认定为可疑类贷款。在放贷方采取一切合法的、能够采取的必要措施与法律程序后，贷款的本金与利息仍然无法获得清偿，或者只能收回相较放贷时极少数的金额时，该类贷款被认定为损失类贷款。次级、可疑和损失类贷款合称为不良贷款。

综上可见，虽然每个国家都对不良贷款的认定标准进行了专门的规定，但随着时间的推移，认定标准是处于不断变化当中的，这与该国所处的经济周期背景和经济环境是密切相关的。同时，对于不良贷款的认定标准，可以参照适用于其他金融企业所持有的资产，符合该认定标准的，均可以被认定为金融不良资产。

3. 坏银行

坏银行是相对于好银行而存在的。当银行（或者其他金融企业）能够正常经营时，无所谓好银行或坏银行之分。当银行出现了较多的不良资产，影响其正常经营时，有一种处理方式是把该银行中的金融不良资产剥离出来，组成一家新的机构专门处置这些剥离出来的金融不良资产。这种以剥离出来的金融不良资产组建的新机构就被称为坏银行，而被剥离了金融不良资产以后存续下来的原有银行就被称为好银行。通过分离好银行和坏银行，可以防止金融不良资产的风险不确定性污染银行中其他正常资产，使原银行的股东和客户能够更加清晰地了解该银行的经营状况和资产情况，从而维持原银行的存在和发展，避免原银行逐步陷入破产困境。剥离出来的金融不良资产对于原银行而言，属于风险损失确定化，而对于接收金融不良资产的坏银行而言，通过对该类资产的重新评估，确立了资产价值的新预期，可以通过专业化的处置手段实现新的预期，将金融不良资产"优良化"。所以坏银行持有的并非坏资产，而是经过资产价值预期调整以后的正常资产。

一般而言，坏银行由政府筹措资金设立。如美国 2008 年的不良资产处置计划（Troubled Asset Relief Program）的核心就是由美国政府建立不良资产市场，并通过发债融资的方式为购买金融行业的不良资产提供资金援助。中国的四大全国性金融资产管理公司以及绝大部分地方金融资产管理公司，其出资人主要是国有主体，用于收购金融企业不良资产的很大一部分资金也是由政府财政提供的。国有资产的介入，使金融不良资产从金融体系中剥离的效率大幅提高，同时也提振了市场信心，有利于稳定金融市场。但正如德国前总理默克尔反对设立国有的"坏银行"时所提出的理由：国有资产是由纳税人纳税而形成的，应当用于全体人民的福祉，而不应该仅仅为个别银行的不良资产买单。银行的股东和经营者不遵守市场秩序，错误地经营银行，并享有了银行产生的盈利。当银行产生不良资产时，却不由银行的股东和经营者承担责任，反而由应属于全体人民的国有资产承担责任，显然是不公平的。可见，对于设立坏银行的主体以及资金来源或者说定价存在着争议，但如果能够解决这些争议，则设立坏银行处置金融不良资产，不失为一种行之有效的模式，这一点在后续部分将进一步展开论述。

4. 特殊金融资产

从上述金融不良资产相关的表述中可以看出，从文意上看，金融不良资产是贬义的，代表着金融企业所厌恶出现的资产。其实，金融不良资产还有一些其他的表述，如问题资产、风险资产、有毒资产等，均带有贬义。中文的用语与日本语是一样的，有些则是翻译自英语，如 Non‐performing Loan、Troubled Asset、Toxic Asset 等，同样都带有贬义。这种语义上的否定性并非仅止于书面，而是实际影响到了金融不良资产的处置。

首先，金融企业不愿意看到自身资产被认定为不良资产，因为这不仅意味着该部分资产不能如期依约实现其价值，还要确定损失，同时要进行拨备，使其他资产不能正常使用。不良资产数量绝对值和不良率的升高，意味着对该金融企业经营能力的负面评价，既对金融企业整体形象产生影响，也直接影响相关工作人员的业绩。当不良资产数量和不良率超出警戒线时，还可能影响该金融企业的市场信心，发生挤兑等重大风险，而这种风险的蔓延有可能引起整个区域甚至整个国家乃至国际的金融系统性风险。所以，出于厌恶风险的本性，金融企业倾向于隐藏不良资产的真实情况。

其次，当金融企业对外处置不良资产时，该贬义的定义，使收购不良资产的主体受到限制，很多机构和个人望而却步，不利于形成充分竞争的市场环境，使金融企业在处置不良资产时只能面对有限的交易对象，无法体现资产的真实价值。

最后，当不良资产的持有方向债务人进行追索时，由于该词性的贬义，也造成了债务人自身评价的下沉，将自身归入诚信缺失的主体行列，不能够正确地依据自身能力偿还债务，而诱发了债务人采取侵害债权的方式逃避债务的行为。同时，负责裁决或执行的司法或仲裁人员，也会倾向于把该类案件归入次级案件，不按照处置一般案件的标准进行处理，造成此类案件的大量沉淀，无法及时有效地得到解决。而实际情况是，这类资产需要通过及时识别、尽早从金融企业中隔离、真实定价、高效处置，使偏离了正常轨道的资产重新回归正常，保持整个金融肌体的健康以及整个经济社会的良性发展。故笔者赞同将金融不良资产重新定义为特殊金融资产，即相对于一般金融资产而言，金融企业持有的不符合其预期，按照金融业监管规则和标准，应当被认定为特殊资产的，以及陷入破产困境的金融企业持有的全部资产，均归属于特殊金融资产。因为特殊这个词是中性的，表示处于非常规状态，而这种状态下的资产需要用特别的规则予以特殊对待，这种对待不一定是对原资产持有者的负面评价，也不一定是对债务人的负面评价，更非对资产本身的负面评价，而仅仅是一种中性的特殊状态。这样的表述，有利于金融企业根据自身经营状况判断识别和揭示风险，并用自身认为有效的方式处置特殊资产；有利于立法以及监管机构制定专门规则指导和监督金融企业妥善处置特殊资产；有利于更多的市场化主体参与特殊金融资产市场；有利于公众以及相关行政和司法人员正确看待特殊金融资产。

然而，局限于惯性，本书仍然使用金融不良资产的概念，而非称之为特殊金融资产。这是考虑到与其他文献之间的共通性以及读者既有概念的一致性，但笔者呼吁中国立法机构制定《特殊金融资产处置法》，通过立法的形式将该概念定型化，若得以实现，则本书此处可作为与未来立法建议之呼应。

（二）认定金融不良资产的标准

由于需要运用多种工具处置金融不良资产，所以要把金融不良资产从金融资产中识别出来。各个国家对于金融不良资产的认定都有具体的标准。主要从以下三个方面制定标准：

1. 主体方面

金融不良资产的持有方可以分为原始持有方和继受持有方。继受持有方的主体范畴可以被限定为金融企业，也可以是任意主体。在实践当中，绝大多数国家是允许一般性主体通过资产交易等方式成为金融不良资产的继受持有方的。而金融不良资产的原始持有方，则应当被限定为金融企业。没有被认定为金融企业的企业所产生的不良资产，不应当被归入金融不良资产中，但是否可以参照金融不良资产处置的相关规定，则应当根据不同的状况予以考虑，因为金融企业和一般企业虽有不同的性质，但金融不良资产和一般企业的不良资产对于整个经济系统而言，是相互关联且互为影响的。处置金融不良资产的过程中，不可避免会牵涉到其他企业的资产和负债。在制定金融不良资产的处置规则时，应当将整个经济环境中所有主体进行综合考量，使金融不良资产的处置有利于整体经济，这对所有经济主体而言都是公平、效率的。认定哪些主体属于金融企业，各个国家都有标准，应当根据经济发展的现实状况，把符合金融企业标准的主体通过明确的规定纳入金融企业的范畴中，从而对其产生的不良资产加以规制。

2. 不符合预期

不符合预期有两个维度，一个是时间维度，另一个是价值维度。时间上，一方面，金融企业持有的资产需要在一定的时间达到后产生预期收益，而在该时间达到时未能实现预期收益，即逾期。逾期的时间越长，则资产应被归入更低级别的不良中。另一方面，在认定不良时，对于逾期一般有一个容忍期，即在该时间内，虽然发生了不符合预期的情形，但仍不归入不良中。如中国要求金融企业将逾期90天以上的贷款全部纳入不良。也就是说，中国的监管机构将90天作为容忍期，在容忍期内不要求金融企业必须将发生逾期的资产归为不良，但是这个容忍期应该是可以调整的，不同的金融企业可以在监管机构的标准之下制定更为严格的时间期限，或没有被监管明确要求的企业可以制定较为宽松的时间期限。另外，虽然没有到原来约定的期限，但债务人明确表示将不履行约定，或者有明确的证据（如债务人破产、擅自处置与履约密切相关的资产等）可以确定债务人将不能履行约定，也可以提前认定该资产为不良。

关于价值维度，也可以称为损失维度，即金融企业原本对于资产收益的预期可能受损的程度。一般而言，以资产投入本金的损失为基础，以中国为例，规定预期损失比例 30%~50%，属于次级类不良；预期损失比例 50%~75%，属于可疑类不良；预期损失比例 75%~100%，属于损失类不良。同样地，对于预期损失在一定容忍范围内的资产，也不认为是不良，如预期损失比例不超过 5% 的，虽有可能发生损失，但该部分资产仍归为关注类，不属于不良。

3. 金融企业陷入困境

金融企业在经营过程中，自身发生重大危机，可能出现资不抵债、不能清偿到期债务等困境时，达到了一定的条件，该金融企业被认定为不良金融企业，其所持有的全部资产都应纳入金融不良资产进行处置。金融企业在何种条件下，其持有的全部资产应纳入金融不良资产？一般认为，由于金融企业自身持有了较大量的金融不良资产，造成其自有资产不足以承受因其持有金融不良资产而遭受的损失，出现了陷入破产困境的情形时，或者金融企业出现了严重的违规经营事件，应当按照法定程序予以破产、重整、重组、托管等，由破产管理人或托管人处置其持有的全部资产，用于偿还其负债。如果金融企业仅是由于经营决策上出现问题，需要更换管理层或股东，而其自身并未达到需要丧失对自身资产的管理和处分权时，或者由于政府以及其他机构的救助，使其脱离了破产的困境，则无须将该金融企业的全部资产纳入金融不良资产进行处置。

（三）金融不良资产的根源

1. 信用抑制

信用抑制，意为因银行信用在整个信用市场上处于绝对垄断地位从而导致其他信用种类缺失，最终影响信用市场供求平衡的情形。相较于其他信用种类，银行信用天然具有低风险的优势。因此，在信用抑制的市场环境下，其他信用种类丧失了生存和发展的空间，最终逐渐形成信用关系单一化的市场现象。与此同时，中国的高储蓄率源自"钱都存进银行"的观念，使市场上大部分资金流向银行，其他信用种类缺乏资金支持，从而导致中国信用抑制现象的加剧。有一个现象可以佐证以上观点，在中国，国债利率往往高于银行存款利率，而出现此种现象的原因当然并非国债受偿风险要高于银行存款，而是银行信用在市场中甚至拥有压倒国家信用的能量。以商业信用为例，在中国经济发展道路中，起初在经济短缺时期就形成了银行信用压制商业信用的局面，从而导致商业体系中信用风险逐渐累积，最终形成链条混乱的结局，而信用资源发展的方向往往是从市场上资金充足方流向资金匮乏方。在中国，往往是国有企业有机会能够最大限度地获取银行信贷资源，优先成为市场中的资金充足方；而其他类型企业譬如民营控股企业则起步较晚、前期资金匮乏，在与资金充足的国有企业进行交易时，若遇经济周期导致市场整体经济水平下滑，则会导致风险集中爆发。由此可见，银行信用抑制不仅会形成市场链条混乱的局面，还将倒置整体信用关系，最终导致风险爆发。同时在中国，一级债券市场发展空间小，相关产品类型单一，企业直接融资难度大，这同样是银行信用抑制所致。

2. 信用替代

银行信用抑制作用导致各种市场危害结果，但其并不一定导致信用本身缺乏。在社会主义市场经济发展过程中，由于计划式经济周期的存在，市场中整体信用供给量也会呈现出周期性爆发式增长的现象。周期性大幅增长的信用需求与单一的银行信用之间的矛盾往往通过信用替代来缓解，即无论何种类型的信用需求，源头上都是通过银行贷款解决，只不过方式上分为直接和间接而已。举个例子：市场中风险最大的商业项目，其资金往往不是来源于市场主体的积累，而是从银行贷款所得。信用替代，意指不同信用种类间彼此转化，从供求关系角度来看，即表现为需求方可以不受市场环境变化影响获得信用供给。这种现象在市场中也非常常见，例如"脱媒现象"，就是信用供给方跳出传统金融中介而直接对接供求双方，减少融资成本，提高效率，优化供求关系的一种模式。只不过在当下银行信用抑制的大环境中，信用替代也呈现出单一化发展的趋势，即仅由银行信用代替其他信用的趋势。

3. 风险转嫁

与信用替代相近的另一个概念是风险转嫁。尽管不同信用种类的特性和风险点并不一致，然而在银行信用抑制和国内信用代替模式的作用下，周期性爆发出的道德风险也往往由银行买单，具体表现即为信贷风险。由于中国市场中信贷风险不断累积，导致最受依赖、最稳定的银行业安全性骤降。而且，金融风险的特征在于，最终爆发的风险并非是累积过程中每个风险点的单纯汇总，由于内部风险之间存在相互作用，风险积累的过程实质上呈现出"螺旋式"。结合整体市场环境和金融风险爆发的特点，为保证市场整体金融秩序稳定，这就给银行从业人员带来了更大的挑战。银行业需要不断改良风险防范工具并兼顾识别内外部产生的不同种类风险，才能避免金融不良资产的发生。中国在社会市场经济发展的过程中，为防范金融风险的发生，尝试过诸多类型的工具，但最终由于金融监管体系及信贷业的特征，主要工具类型仍然以融资为主。然而，实际上周期性地剥离金融不良资产并不是解决银行风险的根本办法，同时其他信用种类工具由于受到银行抑制作用的影响又很难分散市场上的金融风险，因而最终往往还是由银行承担了不断积累的风险。因此，即使国家一直努力尝试开发其他种类工具以降低金融风险的发生，但由于银行抑制和风险转嫁在本质上无法避免，不良率依旧会继续提高。

4. 贷款业务中的内部性提高

除此之外，贷款业务中的内部性①提高同样是导致不良债权产生的根本原因之一。造成此现象的原因有三：首先是市场主体在存在风险的情况下签署了意外性合同；其次是该市场主体无法完美识别当下时刻的监控成本；最后是银行在做贷款业务时本身产生了识别风险的成本。内部性提高则由以下四个方面导致：

第一，本质上中国市场并未形成过统一的信用观念。在公有制经济为主的漫长过程中，由银行直接向市场主体提供融资的模式很难发生根本改变，因此市场主体对银行信贷的依赖心理无法消除。国人长期受到这种融资模式的熏陶，导致社会普遍存在拖欠银行信贷的特殊道德现象，最终导致不良债权的不断形成。由于产业和信贷周转的周期性以及企业获得信贷的冗杂程度，拖欠贷款的可能性将很难消除。更坏的结果则是市场主体为躲避信贷严格的审查流程，会创造各种间接模式躲避审批和监管，导致银行化解风险的难度大大增加。另外，企业拖欠银行贷款也是市场个体对宏观政策走向的博弈手段。客观上由于中国曾经实施过"豁免贷款"或"债转股"等可以视为免除企业债务的决策，由此企业为了稳定自身财务水平，就可能会选择拖欠贷款的战术，以降低未来的融资成本。由此可见，拖欠贷款的行为并非单纯由道德和经济因素造成，其发生的根本原因在于市场整体信用制度的不健全。

第二，伴随资本市场进一步发展，信息不对称的逆向选择引起金融服务消费者品质降低的问题。市场主体的信息不充分及信息不对称是内部性问题的重要原因，存在借贷需要的客户往往利用信息优势做出不利银行的逆向选择行为。中国资本市场的迅猛发展更是客观上为贷款客户的逆向选择行为提高了可能性。从微

---

① 内部性指交易者所经受的但没有在交易条款中说明的交易的成本和收益。

观层面举例：中国国务院对上市额度做统一规划，各省级单位可以获得一定的上市指标及额度，其在做上市推荐时，在基于带动地方经济发展而优先考虑优质企业外，还会优先考虑推荐区域内规模、品质、实力中等的企业上市。究其原因，首先，上述企业满足上市的指标及额度要求。其次，优质企业本身已具备相当的规模效益，上市后对当地政府的边际效益有限，但是综合实力较差的企业又存在收益低、影响差、风险抵御能力差等负面效应，因此中等实力企业较容易获得青睐。最后，企业上市后已通过募集股本获得充沛资金，且受限于资产负债的监管要求，因此贷款需求非常有限，那么本区域信贷市场中的中等品质以上的借贷主体骤减，整体的信贷违约提高。

第三，由通货紧缩引发的意外性合约问题。自 20 世纪 90 年代以来，中国的消费结构出现剧烈变化，产业资本投资的收益率基本呈现逐年递减的趋势，其不确定性逐渐增强。20 世纪 90 年代末至 21 世纪初出现通货紧缩，银行信贷市场外部风险增大，笔者在此运用下述模型进行理论阐述：项目投资中，A 企业向 B 银行贷款 P，约定利率为 I，1 年期贷款，A 投资 1 年以后获得回报价值 V_1 的概率为 n，回报价值 V_2 的概率为 $1-n$，且

$$V_1 > P(1+i) > V_2 \qquad\qquad (1-1)$$

预期利润 E 公式表述为：

$$E = V_1 n + V_2 (1-n) - P(1+i) \qquad\qquad (1-2)$$

$$E = 0 \qquad\qquad (1-3)$$

"E=0" 为 A 向 B 清偿借贷的边际条件。此时，A 企业向 B 银行借贷，B 要求 A 的投资回报数值多于 $P(1+i)$，本合约称为意外性合约。B 对 A 的投资利润预期为 $n[V_1-P(1+i)]$，所得多于 0 时，授信可以受偿。该合约内部性为 A 仅获得投资回报 V_2 时的损失 $(1-n)[V_2-P(1+i)]$，在本条件下授信较难清偿。若 B 银行意识到合约内部性的风险成本，往往选择通过协商取得风险溢价（Premium）或提出担保条件。如果协商成本高于内部性损失，B 与 A 将终止交易。

意外性合约与宏观经济发展及经济周期问题息息相关，因此其经常表现出周期性爆发的特征。针对 1877 年经济危机中银行大量倒闭的现象，Minsky 阐述了"金融体系脆弱性"理论，若银行未能通过降低信贷规模的方式规避外部性风险，则经济衰退周期开始时，高风险的借贷主体将骤增。银行在现有运行体系中，无法同时扮演投资人和宏观调控者的角色，无法自由调控信贷资产比重，无法轻易退出信贷业务，进而表现出"银行资产财政化"的特点。

第四，授信的委托代理机制问题。大中型银行建立分行的目的在于延展其服

务范围。由于职能定位的差异，总行与分支行在信贷放发中存在信息不对称导致的委托代理问题。在不良贷款的发生过程中，总行无法判断下级行是否存在寻租行为，分支行也无法了解总行的监控成本。总行作为委托方，在付出相应管理成本时希望降低业务风险，属于风险厌恶型。分支行作为受托方或代理方对信贷业务负责，属于风险中立型。

笔者用下列公式表述分支行的效用函数：

$$A = A(E, R) \tag{1-4}$$

A 代表整体效用，E 代表信贷业务中分支行"工作努力程度"，R 表示可供调配的信贷资源。E、R 均与效用 A 正态分布，呈现正相关关系。E 的决定性因素为现有的薪酬福利，但是现阶段银行薪酬福利是分级定额工资加上一定福利，与业绩关联度较低，因此现分配机制下对职业经理人的激励不足，E 的表现数值有限。当分支行贷款规模缩小、权限降低时，A 数值降低。分支行在回收贷款工作中努力程度提高得到的边际效益低于或等于信贷资源减少带来的边际损失，较可能大规模发生贷款不催的症结。为抑制寻租行为提高分支行的工作努力程度，实行了具备相当强制性的贷款责任终身制，但是受限于客观风险及有限的薪酬激励，职业经理人往往选择"惜贷"的避险策略。在银根紧缩时，"惜贷"行为加剧了信贷市场的收缩。

（四）金融不良资产的危害

金融不良资产的产生和累积，扰乱了原本按照预期运行的经济秩序，有害于整个社会经济肌体的健康，其危害主要体现在以下四个方面：

1. 损害金融企业利益

金融企业持有的资产发生不符合预期的情况，则无法按照原规划实现收益，并将面对资产发生损失的后果。此外，由于资产无法按照预期转化为特定的形式，如债权不能通过偿还转化为资金，就打乱了金融企业将该部分资产用于下一个经营的规划。也就是说，这部分资产不能继续按照金融企业的规划产生新的预期收益。同时，按照金融业监管规定，产生不良资产之后，应当根据最低的标准来提取损失准备金，以防止该部分资产实际损失后，金融企业本身风险的扩大。① 也就是说，如果有一笔一千万元的银行贷款被认定为损失类不良贷款，则

---

① 根据中国《银行贷款损失准备计提指引》，对于没有被纳入不良资产的关注类贷款，计提损失准备金的比例为贷款金额的 2%；对于次级类贷款，计提损失准备金的比例为贷款金额的 25%；对于可疑类贷款，计提损失准备金的比例为贷款金额的 50%；而对于损失类贷款，计提损失准备金的比例为贷款金额的 100%。

对于该银行而言，不仅这一千万元贷款无法如期收回，也不能用于继续放贷，同时还要计提一千万元损失准备金，该部分准备金也不能用于放贷。作为金融企业而言，一方面贷出的资金无法产生收益，且面临遭受损失的风险；另一方面又不能通过继续放贷产生收益弥补损失，而且金融企业的资金也是由储户提供的，金融企业需要向储户支付利息，不能放贷的部分就要承受期间内的利息损失。上述损失将侵蚀金融企业的自有资本和偿债能力，一旦积累到资不抵债或者难以支付到期债务的情形，金融企业就会陷入破产困境。即使尚未达到破产困境的条件，对于金融企业而言，金融不良资产直接减少了金融企业的利润和资本。所以金融企业从天然上是厌恶不良资产的，其是直接受害方，金融不良资产属于金融企业自身经营失败的一项重要指标。

2. 累积形成金融风险

上面所说的是单一金融企业的损害，而单一金融企业的损害累加，就是整个金融行业的损失。金融行业与一般行业相比具有一定的特殊性和重要性，其自有资产只是持有资产的一小部分，更多的是金融企业向社会的负债。从宏观上说，金融就是连接社会整体储蓄和主要投资以及部分消费的媒介，且通过金融企业的工作，将社会资源进行优化配置。金融不良资产的大量存在，不仅直接损害金融体系中金融主体的资产安全，也威胁到整个社会的经济安全，影响整个社会经济是否能够顺畅高效地运转。所以，从危害的程度上来说，金融风险比一般行业风险大，从危害的传导性上来说是加强的。如果大量金融不良资产不能得到及时有效的处置，则对于金融行业的信用会发生直接影响，各个国家乃至世界历史上所发生的金融危机（如美国的次贷危机、欧洲金融危机、日本金融危机）都是来自金融不良资产累积到一定程度而产生的金融体系信用危机。

健康的市场环境需要市场主体遵循诚信原则，而诚信的基石在于有约必守。然而，金融不良资产的产生是由于违约，虽然违约的原因有很多，并不一定是合同相对方的主观非诚信造成的，但不可否认的是，有一部分违约确实是由于债务人诚信缺失而造成的，而这种诚信缺失产生的金融不良资产，如果不能得到有效的处置，使不诚信的债务人取得了利益（该部分的利益即金融企业损失的一部分），则会对社会其他债务人起到极坏的示范效应，从而造成社会整体诚信水平的下降。而社会诚信水平的下降，将造成市场经济最重要的软要素的缺失，对内经济难以发展，对外增加交易成本。中国金融不良资产产生的高峰期是 20 世纪80 年代到 90 年代，出现严重的三角债问题，其中诚信缺失是很关键的因素。

3. 妨碍实体经济健康发展

金融不良资产的累积，不仅直接损害金融行业及金融企业，也直接影响实体经济的发展。第一，产生金融不良资产后，金融企业可向实体经济提供的贷款必然减少，包括因为违约而不能收回的资金和计提损失准备金的资金，以及因为信心不足而引发的信贷紧缩。这些资金沉淀在违约的债务人企业以及金融企业中，不能支持实体经济的健康发展，盲目地抽贷、限贷会伤及原本经营健康的经济实体。第二，绝大多数债务人企业是由于经营困难和流动性困难而无法依约履行合同的，并非逃废金融债务的不诚信行为。但是，金融债权的特征是不断产生利息和违约罚息，如果金融企业不能豁免债务人企业的利息和部分本金，将造成债务人企业的债务负担不断累积而最终沦为破产企业。金融不良资产如果没有得到及时有效处置，就会对原本有继续经营希望的实体企业造成损害，直至因为债务负担造成一大批企业死亡，从而损害实体经济的发展。

4. 降低社会资源利用效率

金融不良资产的沉淀，使资金这一重要社会资源被配置在经营管理不善的企业和产能落后的行业中，不能产生应有的经济效益。如中国，银行业存量不良贷款已达 2 万亿元，对应的损失准备金就达 1 万亿元。而历年从银行转让给金融资产管理公司的不良贷款尚未消化的应达 5 万亿元以上①。此外，对于"僵尸企业"而言，如果金融企业未能有效处置不良资产，不仅仅使金融企业的资金无法收回而配置到高效的行业和企业中去，这些"僵尸企业"占有的土地、厂房、设备、劳动力等一系列社会资源都无法得到释放。在金融不良资产大量累积的对面，就是大量的社会资源闲置在落后的行业和企业中，有限的社会资源不能配置到高效的行业和企业中去，而是放置于落后且由于债务负担无力经营的行业和企业中，这就降低了整个社会利用资源的效率。

第二节　相关理论

一、经济周期理论

（一）凯恩斯主义的经济周期理论②

当经济处于繁荣过程中的时候，由于市场对于未来的预期普遍较为乐观，因

---

① 近 5 年银行转让不良资产达 10 万亿元，而资产管理公司处置掉的不良资产尚未达到 5 万亿元。
② 凯恩斯主义经济周期理论主要源于消费的边际倾向递减、资本的边际效率递减、流动性偏好三大规律，这三大规律均会导致经济运行过程中呈现"繁荣、恐慌、萧条、复苏"的周期特征。

而会大幅度地增加投资，从而造成了资本的边际产出趋于下降、利润也开始逐渐减少，生产过剩的情况也会变得越来越多，并可能引发产能过剩危机和经济危机，进而导致市场的信心明显不足、投资也会开始急剧萎缩、失业率快速上升、存货压力越来越大，此时政府部门需要通过逆周期需求管理政策来平滑这一波动。如此一来，经济又将走向下行。正因如此，凯恩斯主义提出市场经济应当受到政府一定程度的干预，在萧条时期，需要政府采取偏向于宽松的货币和财政政策，才能提高经济复苏的希望。

（二）乘数—加速数周期模型

萨缪尔森在凯恩斯理论基础上构建了"乘数—加速数"模型，这个模型的作用是探寻经济系统的外部干扰因素造成经济周期波动的影响机制。乘数—加速数原理的核心，是用乘数效应和加速数效应的相互作用来解释宏观经济的波动。其中，乘数模型，是凯恩斯用投资及其变动来解释引起总需求变动的作用过程及其作用机理；加速数模型，是哈罗德（Harold，1936，1939）和萨缪尔森（Samuelson，1939）等用国民收入的变动来解释引起投资变动的作用过程及其作用机理。凯恩斯认为，经济波动的主要原因在于总需求一侧，总需求不足造成了经济的周期性波动。

$$总需求（AD）＝消费（C）＋投资（I）＋政府购买（G）＋净出口（NX） \qquad (1-5)$$

在总需求的四个组成部分中，凯恩斯认为投资需求变动不定，容易受市场情绪和企业家"动物精神"的影响，导致投资的大幅度变动。投资的变动，通过乘数效应的放大作用，引起国民收入的更大变动。另外，国民收入的变动，通过加速效应的放大作用，引起投资的更大幅度的变动，进而导致总需求的变动。总需求的变动，引起国民收入的变动。如此循环往复，通过乘数—加速数的相互作用，经济就在扩张路径和收缩路径上呈螺旋式的上涨或者下跌，构成了经济的周期性波动。

（三）货币主义经济周期理论[①]

货币主义经济周期理论的代表人物为弗里德曼（Milton Friedman），其理论基础为费雪（Irving Fisher）方程。货币主义者相信这种货币供应的不稳定性是造成经济周期波动的根本原因。消费主要受制于收入，它基本是稳定的。货币流通速度基本也是稳定的，货币是重要的，对短期有影响，但长期是中性的，不影响产出。中央机构发行货币的不稳定性是造成经济波动的主要原因，依靠市场自

---

① 货币主义理论认为凯恩斯主义者忽略了货币供应、金融政策对经济周期的重要性，其认为货币和信贷的扩张与收缩是影响总需求的最基本因素，并认为是经济周期的决定力量。

身调节完全可以应对经济周期波动，政府干预并无必要。弗里德曼认为运用积极的反周期措施存在困难，并且这类政策增加了不稳定因素。MV 的不稳定是因为内在的自我增强机制，这是由利率下降、银行的竞争导致的。而 PQ 的不稳定是由于存货（梅次勒）、加速数（克拉克）、投资过度（穆勒）、创新蜂聚（熊彼特）等因素引起。这些因素共同作用时，MV 和 PQ 的正向反馈造成了不稳定性的增强。同时，弗里德曼也对菲利普斯曲线提出挑战，认为通胀与失业的关系仅在基钦周期内有效，也即短期的。

（四）新凯恩斯主义的经济周期理论

相较于凯恩斯主义，新凯恩斯主义在经济周期的长期中引入了一个新的概念，即"工资以及商品价格黏性"，而在短期中与前者基本一致。新凯恩斯主义者如罗梅尔认为，短期市场需求不足的时候，因为工人的名义工资存在黏性特征，企业不能即时减少工人工资，那么企业为了降低成本，只能采取裁员的方式，以至于出现失业率升高。不仅工人名义工资存在黏性特征，商品名义价格也具此特性，因而消费需求将进一步削弱，经济将因此走向衰退期。新凯恩斯主义理论适用于对经济短周期和中长周期现象的阐释。

（五）理性预期的经济周期理论①

卢卡斯认为应当在这一理论中再引入"名义价格"的不确定性，也就是说，当物价处于一个不确定状态时，商品生产者必须判断通货膨胀和产品相对价格变动各自影响所占的比例，这将是商品生产者做出提高和降低产量决定的关键。由此可以说，生产者对产品短期价格变化程度的判断将决定就业的波动幅度，而这种基于自身经验所做出的判断，难免可能存在概念混淆和非理性因素，而导致经济出现全面波动。当货币存量出现预期外的增加时，生产者所预期的商品一般价格水平将低于真实水平。此时生产者可能就会做出增加劳动供给的错误判断，引起就业和产量增长；反之，当商品真实价格水平低于生产者预期时，其可能做出减产的错误决定，经济就会走向衰退。这种理性预期偏差造成的经济周期方面的波动，其存续的时间与货币主义经济周期所能持续的时间较为接近，而且政府方面的干预存在一定的延迟滞后性，因而这一理论可用来解释中长期周期产生的原因。

（六）实际经济周期理论（RBC 理论）

该理论认为技术革新是出现经济周期的根本原因。实际经济周期理论认为，市

---

① 理性预期理论最早见于穆思（John Muse）发表的《理性预期和价格变动理论》（1961 年），后来卢卡斯（Robert Lucas）对这一理论进行了深化。

场机制本身是完善的，不论是在长周期中还是在短周期中均能够达到充分就业的平衡；经济周期的发生实际上应当来自一些外部因素如重大技术革新，而不是其内部机制的固有缺陷；该理论不认同将经济区别成长期与短期的说法，经济周期就是一种趋势或 GDP 的变动，所谓与长周期趋势不一致的可谓之短期背离的短周期并不存在。以出现重大技术革新为例，技术出现重大突破能够吸引到更多的投资，以至在质和量的方面均能拉动经济增长，使经济出现繁荣期。然而技术革新一般都是呈非均衡态势产生的，当这一轮技术革新带来的投资热度冷却下来之后，经济的发展态势又会回归到平缓的路径上，由此而产生"增长型"的经济周期。

二、金融周期理论

（一）债务通缩理论

在经历 20 世纪二三十年代的经济大萧条之后，费雪提出了债务—通缩理论，他认为债务和通货紧缩是经济萧条时两个最主要的变量。费雪提出两个重要假设：第一，过度负债冲破经济体系的稳定和平衡状态；第二，不存在任何其他能够对价格水平造成影响的因素。从经济在某一时刻出现过度负债开始分析，此时无论债务人还是债权人都会处于十分谨慎的状态，但一般会发生债务清偿行为。[①]

从前面的债务—通缩链条可以看出，债务清偿、通货紧缩及实际债务增加既是经济衰退的结果也是其原因。过度负债和通货紧缩是互相作用的。在通货紧缩的情况下，尚未偿付的债务价值更高了。由于价格下降，实际上尚未清偿的债务总量会上升，那么个人为降低其债务负担所做出的努力并未产生积极效果，反而债务压力依旧在不断加重，此时就会产生还得多欠债也越多的矛盾。这种情况下，政府可以放宽货币政策以达到通货膨胀的目标，来对冲通货紧缩，把债务—通缩之间的链条截断，实现产出和就业增长。债务—通缩理论从市场微观角度，揭示了经济衰退期间金融因素的传导途径和内在影响，接近了金融周期理论，并为后来的金融加速器理论奠定了基础。

（二）金融不稳定理论

在前述理论基础上，明斯基（Minsky，1963）进一步提出了金融不稳定假

---

① 由此将发生如下的连锁反应：第一，债务清偿引致资产廉价出售；第二，资产的廉价出售引致存款货币的收缩（因为偿付银行贷款），以及货币流通速度的下降；第三，存款货币的收缩和货币流通速度的下降，在资产廉价出售的情形下，引起价格水平的下降，也就是货币的购买力上升；第四，由于没有外来的"再通胀"的外生性干预，就必然有企业资产净值的更大下降；第五，这将加速企业的破产和利润的下降；第六，这又导致陷入营运亏损的企业去减少产出、交易和雇佣劳动；第七，企业的亏损、破产和失业，引发悲观情绪和信心丧失；第八，以上这些反过来又导致货币的窖藏行为和存款货币流通速度的更进一步下降；第九，在以上的八个变化中，利率也会产生复杂的变动，即名义利率下降和真实利率上升。

说，其观点主要是认为经济存在内在的不稳定性，经济仅能短暂地保持稳定运行，金融部门内在的不稳定性是金融体系影响实体经济的初始源头，而不是其他的外部因素。

他将经济中的融资单位分为三类：对冲性融资者（hedge finance）、投机性融资者（speculative finance）和庞式融资者（ponzi-finance）。① 明斯基认为，在经济衰退过程中政府能够充分发挥财政赤字功能，以阻止经济陷入萧条；也能在金融系统极不稳定时充分发挥中央银行的最后贷款人作用，防止经济波动演变为经济危机。金融不稳定理论的卓越贡献在于将人们的注意力从实体经济转向金融体系，从货币的交易面纱转向融资面纱，从关注当期的产出价格转向关注资产价格，为金融危机和经济剧烈波动的有效防范及治理打开了新的视角，并先知性地解释了2008年席卷全球的金融危机。

（三）金融加速器理论

金融加速器理论的主要观点是信息不对称将使银行取得企业项目有关信息的成本增加。因为资本市场的这种不对称性，使借贷市场资金分配低效，投资存在盲目性。由于外部融资额外成本的存在，造成投资行为需要密切参考企业资产负债表情况，并且额外成本越高，借贷市场资金分配的效率自然也就越低，投资水平随之也降低，它包括外生信贷约束和内生信贷约束两种。

1. 外生信贷约束的金融加速器模型

该理论由 Bernanke 和 Gertler（1989）提出，他们认为，当经济处于向上繁荣时期时，企业的资产负债状况良好，融资成本较低，相对便利，此时资金流动性较好，若这一时期出现外部冲击，因外部融资溢价可上升幅度并不大，因而此时金融加速器的作用也并不是那么的明显。假如当经济处于下行的时候，企业资产价格大范围降低，价格波动超出预期，导致借款人的资产净值减少，融资成本

---

① 三类不同融资者的区别在于，不同融资者债务的现金支付承诺和资本资产赚取的准租金产生的预期现金收入之间存在不同的关系。对于对冲性融资者来说，每个时期他期望的现金收入都能偿付该时期的本金和利息。由于股权融资并不会承诺支付，所以，一个单位的股权融资在融资结构中占比越大，则其对冲性融资单位的可能性就越大。对于投机性融资者来说，其每期收入的现金能够偿付利息，但不一定能够偿付本金。投机性融资在经济发展时期非常常见，一个项目，从整体来看，预期现金流能够满足债务支付。但债务可能是分期偿还的，项目现金流如果集中于期末，就不一定能够满足每期的本金支付。庞式型融资者，即每期的现金流收入不但无法偿还到期本金，连利息都无法偿付的经济单位，因此它不但要展望本金，还要出售资产或者新增借款来支付利息。反映在资产负债表上，就是增加了债务，减少了股权价值，提高了杠杆率。在一个经济系统当中，这三类融资类别企业的占比最终能够决定该系统的稳定性，即对冲性融资者占比越高，经济越稳定，反之，投机性融资和庞氏融资占比越高，金融系统也就越不稳定，经济的波动性也就越大。

变大，融资难度加剧，经济加速下滑，对供求总量都会产生不利影响，导致实际的经济波动。

2. 内生信贷约束的金融加速器理论

2008 年国际金融危机后，越来越多的学者意识到除企业或家庭在信贷市场的行为外，金融部门本身同样对金融市场能够产生重要影响，是造成经济波动的一个重要因素。更多研究开始将一些原有外生冲击（比如价格和生产率的冲击等）延伸到金融部门，以研究金融体系自身运行规律及其对经济周期造成影响的内在机理。该理论创造性地将金融机构引入一般均衡分析框架当中，研究金融机构自身的周期特征及加速器效应，即通过金融部门其内在的最优行为去实现信贷的供需平衡。

三、金融不良资产处置理论

（一）资源配置理论

资源是指社会经济活动中财力、物力、人力的总和，资源配置是对资源的用途加以比较，从而对相对稀缺的资源进行合理配置，以尽可能减少资源不必要的消耗。

按资源配置方式内容的区别可将资源配置的类型分为计划经济、市场经济和资源经济，在社会化大生产条件背景下，资源配置有两种方式，即计划方式和市场方式。计划方式实行生产资料公有制，此时商品关系就不再存在，此种方式在一定条件下能够实现整体利益下的经济协调发展，有利于集中力量攻坚克难，但市场的作用就受到很大限制，容易造成资源闲置及浪费。市场方式使企业直接与市场产生联系，随着市场供求关系的变化，企业根据产品价格的市场反馈，调整自身生产要素分配，适应市场竞争，实现资源的最有效利用。但市场配置也有其固有的缺陷，即盲目性及滞后性，可能会造成供求关系失衡、产业结构不合理的问题。

对市场经济体制而言，资源配置是市场机制的决定性力量，当市场结构、企业结构、产业结构、地区结构等失衡时，发挥资源配置调节的调节作用促进发展。通过资源的配置，促进劳动效率，优化生产要素组合，增强商品经营能力，发挥优胜劣汰机制的积极作用，达到资源利用最大化和减少资源损耗的目的。

从这个视角看，不良资产也可理解为一种由于未合理配置导致效率低下的资源，亟待专业机构采取重组、重整、证券化等多元化的处置手段，对不良资产做出调整，对未得到合理利用的资源重新配置，以提高资源利用效率，提升市场流动性，使债务负担严重的企业摆脱负担得以重生，通过对不良资产的调整，使其重新成为市场结构中的有效资源。

（二）资产组合理论①

1952 年，美国著名经济学家马克维茨（Harry Markowitz）提出了资产组合理论，该理论可用来分析投资活动中投资人的预期收益和预期风险两者的关系。在马克维茨之前，投资者尽管也会顾及风险因素，但目光往往更多地聚焦于收益上，对风险未施以足够的注意。马克维茨用投资回报的期望值（均值）表示投资收益（率），用方差（或标准差）表示收益的风险，解决了对资产的风险衡量问题。William Forsyth Sharpe 在此基础上提出了单指数模型，他据此建立了资本资产定价模式（CAPM），指出无风险资产收益率与有效率风险资产组合收益率之间的连线代表了各种风险偏好的投资者组合。该理论指出投资者基于其对收益的追逐和对风险的躲避，会随着资产组合风险收益的改变而改变资产组合的方式，这会进一步影响市场形成价格均衡。该理论可为不良资产投资提供指导，即在不良资产的处置方式上，可以采取打包出售这种资产组合方式使风险得以分散，使投资行为具备风险防御能力。

（三）集中和分散处置理论

现有的金融不良资产处置模式主要是两种类型，它们分别是集中处置②（Centralized Disposal）和分散处置③（Decentralized Disposal）（见表 2-1）。

---

① 资产组合理论可由以下三个步骤来进行建构：一是确定各类投资工具的收益风险特点；二是建立并确定最优风险资产组合；三是建立包括无风险资产与风险资产的最优资产组合。在资产组合理论中比较典型的理论有凯恩斯选美理论、随机漫步理论（Random Walk Theory）、现代资产组合理论（MPT）、有效市场假说（EMH）与行为金融学（BF）等理论。

② 集中处置模式是一种典型的以政府为主导的组织机构模式，又被称为"政府主导型"（Government-Based）模式。在此模式下，由政府发起设立的国有金融不良资产管理公司，按照一定的处置准则将金融体系中的不良资产从相应金融企业的资产负债表中剥离出去，统一转移给资产管理公司，由资产管理公司依托政府支持以及资本市场对金融体系的不良资产进行集中管理与处置。一般而言，资产转让、资产证券化、债转股、托管陷入困境金融企业等方式都属于集中处置模式，而资产管理公司在受让或管理金融不良资产后，可以使用所有的金融不良资产处置方式。

③ 分散处置模式是指由原债权所在金融企业自行处置自身的不良资产。其可以通过内设专门的部门，如资产保全部处置，也可以设立自身出资的资产管理公司处置不良资产。这种分散处置模式被称为"银行主导型"模式。这种原债权金融企业主导型模式有两个显著的特点：其一，业务分开，即资产管理部门不涉足金融企业的主营金融业务，仅从事从金融企业中剥离出来的金融不良资产处置业务。资产管理部门通过其组建方给予的激励机制进行处置，通过降低管理成本，提高回收率，最大限度地降低金融企业因不良资产而承受的损失。其二，财产分开，资产管理公司作为独立的法人主体承继某一家金融企业的不良资产，成为"坏银行"。而不良资产被剥离的金融企业成为资产优良、资本充足的"好银行"。这样财产分开而形成责任分开，留存下来的"好银行"降低了自身风险，有利于稳健经营。

表 2-1　集中处置模式与分散处置模式优缺点比较

	集中处置模式	分散处置模式
优点	①可使稀缺资源与技术在一个资产管理机构得到有效的整合，具有显著的规模经济效应；②可以快速有效地形成一定规模的资产池，为资产证券化提供必要的条件；③实现不良资产干净、快速剥离，有利于金融体系重建信誉及社会公众恢复信心；④有效割断金融企业与负债企业原债权债务关系，提高金融不良资产的回收率；⑤有利于政府有效监管，能实施统一的金融不良资产处置规则	①拥有显著的信息优势；②为金融不良资产盘活提供了一种激励机制；③避免约束机制的普遍恶化；④可有效避免或减轻政府的影响和压力，更多地运用市场化手段
缺点	①政府可能出于政治、社会等原因干涉资产管理公司的运作，资产管理公司难以运用市场化手段处置金融不良资产；②虽割断了原债权金融企业与债务人的债权债务关系，但也丧失了原金融企业获取债务人企业信息的特权，可能造成债权人与债务人信息不对称加剧；③"委托-代理"问题，如监管不力或缺乏有效的激励制度，可能造成金融资产公司消极处置。也可导致金融体系内信贷纪律弱化和资产价值恶化	①难以实现对处置不良资产的稀缺资源与技术有效整合，不能形成规模经济效应；②难以非常有效地割断银行与负债企业的所有权关系，不仅不利于债务重组，还有诱发"好钱追逐坏钱"的事情出现，最终使信贷资产质量变得更差；③银行资源和技术被占用，会对核心业务产生一定影响；④难以形成统一处置规则，相互竞争格局也难以使之价值最大化

　　对于集中处置模式的上述情况，当经济周期处于下行区间时，由于金融不良资产累积的规模在扩大，金融企业自行处置的难度增大，对处置速率的要求越来越高。政府就应当引导金融企业优先采取资产批量转让、资产证券化、收益权转让等方式将金融风险从金融体系中快速转移出去，交由市场上专业化的资产管理公司来处置这些金融不良资产。而金融不良资产管理公司，也要尽量用市场化的手段克服集中处置模式存在的弊端。金融资产管理公司要主动快速适应市场需求变化，创新不良资产交易模式，主动对接金融机构形式多样的不良资产处置需求，充分利用基金、资管计划、信托等工具，在风险可控的前提下，积极探索和尝试新的收购方式，并通过交易结构安排，发挥金融资产管理公司的专业优势，延伸处置服务。[①] 而对于分散处置的上述情况，在经济周期上行阶段，金融不良资产发生的规模比较小，金融企业有足够的利润来核销金融不良资产造成的损失，自身也能够承受较长的处置期限。可以允许金融企业自主选择金融不良资产处置方式，监管机构只对金融不良资产比例较高的金融企业进行督促即可。

---

① 刘晓丹. 供给侧改革背景下资产管理公司不良资产经营策略［J］. 时代金融，2016（8）：20，24.

本章小结

　　本章主要是对后文所涉及的相关概念进行界定，并且对可能运用到的理论进行充分的解释与说明。其中，在概念界定部分，主要对经济周期、金融周期、不良资产以及金融不良资产进行了明晰。这是因为在相关文献的整理中，笔者发现这些概念并没有一个相对统一的界定，或者说这些概念本身所涉及范围就非常大，因此，有必要结合所研究问题角度的不同而做出进一步的范围缩小、明确。在相关理论部分，主要对经济周期理论、金融周期理论以及不良资产处置理论做了比较详尽的阐释，这为后文相关问题的深入展开分析奠定了较为扎实的理论基础。

第三章　经济周期与金融不良资产处置之间的关系

第一节　经济周期波动是金融不良资产产生的原因之一

一、经济周期不同阶段金融不良资产余额和不良率的变化

（一）经济上行时金融不良资产余额随融资规模扩大，但不良率不变或降低

当经济处于上行周期时，绝大多数市场主体能够按照预期实现自身经济活动所希望获得的经济利益，甚至往往实现了超预期的收益。即使有部分市场主体投资失败，但其占有的社会资源能够较快地转移到其他市场主体中，使整体经济发展保持向上的势头。而由于大部分的贷款都能够按期回收并实现预期利益，金融企业倾向于增加信贷规模，并愿意接受更低利息的合同，投资更多种类的金融产品。所以实体企业受利润增加的鼓舞，需要扩大再生产时，能够较为容易地获得价格便宜的贷款，甚至那些经营不善的企业，也能够获得新的融资以偿还之前通过经营回报无法偿还的贷款。实体经济的经营风险被掩盖，金融企业的风险也随之被掩盖，产生金融不良资产的概率比较低。同时，即使产生少量的不良资产，金融企业完全可以通过自行处置回收或者核销损失的方式消化，风险完全可控，不会产生金融企业无法承受的损失。所以在经济上行周期，一方面新增金融不良资产少，而且金融企业本身消化存量的速度往往快于不良资产新增的速度；另一方面金融企业信贷扩张的政策使信贷规模基数扩大。由此，就会出现金融不良资产存量和不良率随着经济上行而下降的趋势。

（二）经济下行时金融不良资产余额增加而融资规模缩小导致不良率大幅上升

经济上行的趋势不会一直维持下去，长期经济发展趋势的中心线就像具有引

力一般，不管短期发展曲线偏离多远，最终都会如同蹦极一般，在到达顶点时下坠，在到达底部时反弹。当经济周期曲线被实体企业和金融企业推高到顶点时，所有被掩盖的风险开始爆发，经济进入了下行期间。国际货币基金组织在1998年发表的《世界经济展望》中指出：金融危机分为货币危机、债务危机、银行危机和系统性危机（指货币危机、银行危机、股市崩溃以及债务危机同时或相继发生的一种危机）。当所有市场主体感受到自身在下坠时，投资欲望一下子收紧。好企业不敢加大投资，金融企业全线紧缩，关上信贷大门。随着大量实体企业经营失败，无法按照约定偿还金融债权，造成金融企业的利润下降，不良总量上升。而不良总量上升，金融企业需要计提更多的损失准备金，且从确定损失以自保的角度来看，往往会一方面收缩信贷，另一方面向市场推出大量资产，砸低资产的市场价格。实体经济一方面难以获得融资，另一方面由于市场上充斥着大量低价资产，无法通过出售占有的资产获得现金流，由此引发更多的违约。金融企业累积的不良资产越来越多，通过自行处置已经无法在可容忍的时间窗口内获得现金回收，而通过金融不良资产出售的方式，也存在市场主体不知道经济下坠的底部在哪里而不敢伸手接住落下的小刀的情形。造成金融企业处置不良资产的速度慢于金融不良资产新增的速度，同时信贷紧缩造成信贷规模基数减少，由此出现金融不良资产存量和不良率随着经济下行而上升的趋势。而大量累积的金融不良资产如果没有得到快速的处理，则会使金融企业陷入破产困境，随着金融企业破产潮的出现，出现了金融危机，从而更加加剧了市场的恐慌情绪，负面事件不断出现，人们不知道自己是否能撑到经济触底反弹的一天，经济进入严冬期。然而，就像春天终会到来一样，市场不会死亡，仍然会有交易，当资产的价格跌到足够低的时候，就会有风险偏好高的主体投资，从而获取高额收益。金融机构会尝试着以最低的价格将资金借给存活下来且被证实比较稳健的企业，从而萌发春芽。经济开始复苏，进入下一轮的上行期间。

二、经济周期波动引发金融不良资产的原因

（一）经济震荡而产生的摩擦引发违约

经济周期波动属于经济现象，其上下起伏速度变化的运动本身会造成经济主体的活动发生错位，从而形成金融不良资产。经济不可能匀速发展，当发展速率发生变化时，如从低速发展为中高速，或者从高速降为中低速，就会产生由于换挡而发生的摩擦。这种摩擦力会对经济主体造成损害，其直接的反馈就是出现违约而生成金融不良资产。经济加速时，有一部分经济主体不能适应快节奏的发展而掉队，出现违约。如在经济提速时，原本生产经营正常、稳步发展的企业也扩大生产规模，承担更大量的负债。但其管理能力和经营能力的提升跟不上规模扩张的速度，从而出现不堪重负而崩溃的情况。当经济降速时，市场需求减少，信贷紧缩，这时就会出现大量企业因收入不足以支付原本经济快速发展而形成的固定成本从而出现亏损，并引发违约的情况。中国经济经历了几十年的高速发展期，而当经济转入中速发展的新常态时，就出现了大量企业陷入破产困境，金融机构不良资产大幅攀升的情况。近年来北大方正、海航集团、汇源果汁等一大批明星企业进入破产重整就是经济周期波动叠加金融周期波动以及企业周期波动的因素造成的。

（二）经济主体对周期波动预测的失误引发违约

经济主体自身由于意识到经济周期的波动，从而会预测经济周期波动的动向，并按照自身的预测规划投资和经营行为，而当经济周期的真实运动轨迹与经济主体的预测偏离时，经济主体就需要承担预测失误的结果，而该结果导致经济主体的经营失败，从而引发违约。

经济周期波动是绝大多数经济主体都能够理解并感知的现象。但是，对于经济周期波动的走势预测能力，每一个经济主体的水平不一。有的经济主体能够较为准确地预测经济周期波动的走势，从而在经济高涨前扩大投资规模和融资规模，而在经济陷入衰退前减少负债并控制适当的投资规模。而有的经济主体对于经济周期波动的预测出现了误判，在经济即将进入高涨的预测下扩大投资规模和融资规模，但经济却维持不变甚至持续疲软，从而导致该经济主体因预测失误而陷入困境，造成违约。而如果金融企业对经济周期波动预测失误，做出了相应的放贷行为，就可能因大量贷款违约而沦为"坏银行"。

三、影响金融不良资产产生的其他原因分析

（一）经济体制改革与经济结构调整

当一国的经济结构较为稳定时，各种经济关系处于稳定状态。而当经济结构发生调整时，各种经济关系也随之发生变化，容易处于非常态状况。以中国为例，在经济体制改革过程中，由于所有制结构的调整，计划经济向市场经济调整而产生经济结构的变化，使中国在20世纪90年代产生了大量的金融不良资产。金融企业在经济体制改革之前，是根据政府计划和指令向国有企业提供贷款，并不考虑企业的偿债能力和贷款用途。企业还贷也是根据政府计划和命令进行。由此产生很大一部分借贷关系发生在金融企业非独立判断的基础上，而借贷企业也没有自主举债和运用资金的能力，一方面借款企业取得的贷款没有有效的用途，另一方面也就不能按照金融企业的预期偿还债务。特别是在经济体制改革过程中，由于引入了市场化机制，金融企业和企业之间按照市场化原则发生借贷关系，转型过程中的摩擦和不适应，造成借款企业与金融企业在原有经济体制中形成的共识和预期发生了变化，由此产生了大量金融不良贷款。如在20世纪90年代之前，贷款虽然也签订合同，约定还款期限，但往往在合同到期前进行续贷或借新还旧的安排，把短期借款变成实质的长期借款。而市场化改革后，金融企业需要考核借款企业的贷款用途和偿债能力以及保障措施，原有的借新还旧和续贷就无法进行，而借款企业仍然按照原预期规划行事，在合同到期时没有安排相应资金偿还借款，而之前的保障措施往往是行政命令的企业之间互为信用担保，担保企业也没有偿债的计划安排，所以在金融企业要求偿还贷款时发生违约。在经济体制改革过程中，原有的借款主体主要为国有企业，而国有企业改制这一重大经济结构调整，使大量借款企业本身发生根本性变化，新的主体不能够承继原有金融合同的履行，造成金融企业的预期落空。

随着中国经济体制改革进入第四个阶段，即完善社会主义市场经济阶段，经济结构的调整从所有制结构和分配结构的调整为主转向产业结构、消费结构和技术结构的调整。其中产业升级和淘汰落后产能，解决产能过剩和引导消费升级过程中，都会产生被淘汰行业或企业无法按照原预期偿还贷款以及金融企业压缩对落后产能企业资金投放而加剧相应企业违约概率的问题。如长三角地区钢贸债务违约，原因就在于钢贸行业在经济结构调整中市场容量逐步萎缩，而惯性使金融企业没有按照行业需求提供资金，很多企业将获取的贷款用于其他行业当中，诸如投资周期较长的房地产行业，而当金融企业调整对钢贸行业的贷款政策时，引发钢贸企业连锁违约。

经济结构调整也属于经济发展中的大事件，其包含于经济周期运行过程之中，是引起经济周期运动发生波动的原因。但其不同于经济周期运动的主要动因是经济运动本身的特点，如同大海的潮汐，周期就是每天每时都会有潮起潮落，虽然每个潮头的高度因为季节、天气等原因有所不同，但浪潮的整体运动是有规律的。而经济结构调整就如同地质板块运动而发生的地震，在海底形成巨大的力量，反映到海面就会掀起巨浪甚至引发海啸，由此引发的浪潮是难以预期的。当然，经济结构调整不像地震这样的自然灾害难以预测，其调整是根据意图启动且有方向指引的，有些效果是结构调整所期望的，但由此引发的金融不良资产属于摩擦性副作用，虽不符合经济结构调整的预期，但是可以预见、可以防控、可以管理的。

（二）金融机构的管理漏洞

不同金融企业的管理水平存在差异，相同金融企业在不同时期的管理水平也有所不同。一般而言，管理良好的金融企业，对于资金投放的风险识别和风险防范以及风险化解能力都较强。其持有资产形成不良的可能性就低；管理混乱的金融企业，不能有效识别风险，也没有能力防范风险，其投放的资金本身产生风险的可能性就大，形成不良的数量相对较多。而该金融企业化解风险的能力也相对较弱，就会形成金融不良资产的累积和恶化，从而引发金融企业本身的风险，有可能陷入破产困境，需要引入有效的管理方接手其资产的处置。总体而言，中国金融企业的整体管理水平从市场化改革之后经历了逐步提升的过程，曾经出现的低级管理失误逐渐减少，诸如北京银行中关村支行霍海音事件较少再发生。但仍然有一部分金融乱象时有发生，如包商银行进入破产程序、假 10 亿元理财等，这都是由于金融企业自身管理水平落后而产生的漏洞。另外，金融企业由于管理人员的薪酬结构存在业绩激励的占比较大的情况，所以其天然地倾向于对外发放贷款或者设计各种金融产品实现增大业绩规模的效果，然后放贷规模的扩大以及风险控制标准的放宽，就自然增加了产生金融不良资产的概率。所以无论金融企业的管理水平有多高，都不可能不产生金融不良资产。因为金融企业的管理水平永远存在差异，金融企业工作人员受利益驱动，总会出现放松风险控制标准，追求业绩的冲动。所以金融不良资产的产生只有程度问题，其产生本身是必然的。如果一个金融企业长期处于金融不良资产为零的状态，其本身是否存在违规掩盖金融不良资产的情况，就值得合理怀疑。① 金融企业较之于其他行业主体，特点之一就是规模巨大②，由此引发了"大而不倒"的争议，即超大规模的金融企业，其管理能力在不断提升，但管理难度也不断增大，因为管理漏洞而造成风险的概率同样在增加，如果没有对大型金融企业的惩戒措施，因为放松管理而造成的损失不仅仅是对该金融企业本身造成损害，甚至将损害到整个金融体系，引发金融危机。

（三）债务人经营风险和诚信缺失

企业发展周期决定了企业经营存在一个生老病死的过程。目前已知经营期限

---

① 如 2002～2017 年，王兵任职浦发银行成都分行行长的 15 年期间，该行保持了长期的零不良率。待王兵退休后，发现不良资产零的神话是在对 1493 个空壳企业 775 亿授信的腾挪术中实现的。

② 2019 年世界 500 强中，金融企业有 113 家，占比超过 22%，其中银行为 54 家，占比超过 10%，在 500 强企业中行业排名第一。这些金融企业总营业收入金 6.6 万亿美元，总利润 6920 亿美元。

最长的企业是日本的金刚组，创办于公元 578 年，破产清算于 20 世纪日本泡沫经济破裂之时，长达 1400 年。所谓的百年老店在世界范围内都是比较少见的。企业的平均存续期间远低于自然人的平均寿命。① 市场运行过程中，市场主体的经营能力和诚信水平是千差万别的。对于经营能力弱的企业而言，其抗市场风险的能力也弱。市场必然会淘汰一定比例的经营能力弱的主体，而这些主体由于自身陷入困境，自然无法如约偿还金融企业的债务，从而形成金融不良资产。

有些市场主体并非经营不善，而是经营者的诚信水平缺失，通过逃废债的手段，利用金融企业的管理漏洞，骗取金融企业的资金。而一旦没有好的机制对市场主体的不诚信行为进行追责和处罚，就会产生不好的示范效应，更多的市场主体尝试通过欺诈的方式获取财富。

（四）不可抗力②

由于金融企业和金融合同的相对人都是依照一般情况下的预期规划自身的行为，一旦出现不能预见的特殊情况，其自身又无法避免和克服，就会产生违约的可能性。这种不可抗力影响的范围越广，造成的违约数量就越大，大到一定的规模，就会引发金融不良资产的大量积聚，形成金融危机以及经济危机，如两次世界大战和数次传染病大流行对金融不良资产的影响。始于 2020 年初的新型冠状病毒在全球流行，就必然在全球范围内产生大量金融不良资产，甚至引发经济危机。

第二节　经济趋势和周期与金融不良资产趋势和周期相逆

由于中国自 1999 年开始形成金融不良资产处置行业，自此世界经济中经济总量最大的三个国家都建立了自身的金融不良资产处置行业。图 3-1 是根据世界银行数据库得到的 2000～2017 年全球经济增长率与银行不良率的关系对比，从该图中可以得到下文的相关结论。

---

① 据美国《财富》杂志报道，美国大约 62% 的企业存续期间不超过 5 年，世界 500 强企业的平均寿命只有四十多年，存续 50 年以上的企业只有 2%。所以每一刻都有一批企业倒闭，同时存在着大量陷入困境的企业。

② 不可抗力是指难以预见、难以避免并且难以完全克服的客观情况。如地震、台风等自然灾害，战争、骚乱、罢工等社会现象；又如传染病大流行这样兼具自然灾害和社会事件双重属性的特殊情况。

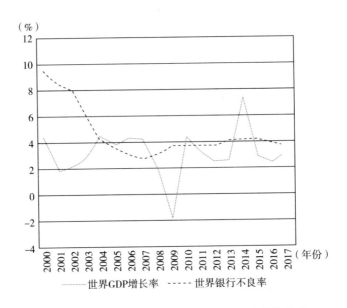

图 3-1　世界 GDP 增长率与世界银行不良率的关系

资料来源：世界银行数据库网站，https：//databank. worldbank. org/home. aspx。

一、经济趋势与金融不良资产趋势方向相逆

世界经济趋势是一条总体向上的曲线，而世界金融不良资产的总体趋势应当是一条向下的曲线，因为追求经济可持续发展是世界各个经济体共同的目标。在世界资源禀赋可承受的范围内，经济发展会随着制度优化、技术进步、财富累积等因素持续向上，虽然在过程中会出现速率上的波动，甚至会在一定的时期出现倒退的情况，但总体上经济趋势应当是进步的。一般而言，国家的经济发展目标都是要促增长，即实现总产出持续向前的增长趋势。为了实现这一目标，国家调动社会资源并鼓励经济个体努力工作，所以国家的长期经济增长预期是一条向上的直线。在正常环境下，随着人口的增长和技术的进步，这种长期经济增长预期是可实现的。当然，由于各个国家的资源禀赋和人口增长条件以及技术进步的基础并不相同，这条向上直线的陡峭程度是不一样的，也就是说各个国家的长期发展速率是不一样的。甚至有些国家从长期来看，也出现了经济增长趋势水平发展向下倒退的情况。但由于整个地球资源禀赋尚未被开发到极限，仍然有总产出增长的空间，大多数国家的长期经济增长趋势是向上的，所以世界经济自人类社会发展出经济现象以来，其长期经济增长预期以及趋势都是一条向上的曲线。

而金融不良资产是经济发展中的缺陷，是经济发展不完善的产物。从世界各

经济体的主观上看，都希望消除金融不良资产；所以随着制度优化、技术进步、财富累积等因素而导致经济趋势向上发展。同时，由于经济发展的长期趋势曲线是向上的，所以对应的长期金融不良资产曲线则应当是向下的。这可以从金融机构的抗风险能力和风险管理水平逐步提高、社会总财富逐步积累从而消费能力逐步提高、实体企业的经营管理水平以及诚信程度逐步提高、市场化程度越高所以产生经济转轨的概率和摩擦的损失越来越小等方面加以论证，所以金融不良资产逐步趋向于占金融资产的比例接近于零。

二、经济周期与金融不良资产周期波动的方向相逆

以一国为考察标本，其经济增长率在一定期间内围绕长期经济增长趋势有规律地上下波动。然而，长期发展预期以及趋势总体是向上的，并不代表在任何一段时间内，实际经济增长效果是都是向上的。从一国而言，每一段时间内的社会环境、自然环境以及经济环境都随着该段时间内实际发生的政治、经济、自然、人文事件的出现而呈现出不同的状态，由此而产生的每一段时间内的经济发展结果都是不同的。由此形成了经济周期这条围绕经济趋势中心线上下波动的曲线。这条曲线波动的方向有时是向上的，有时是向下的。

金融不良资产周期是围绕金融机构在一个较长的时段内平均不良资产余额或不良率这条中心线上下起伏而形成的曲线，其是与经济周期等其他周期互相联系并互相作用。总体而言，生产资料周期、企业发展周期、房地产周期以及金融周期与经济周期存在相对同步的正相关性。在经济周期上行期间，生产资料的价格走高，企业发展曲线、房地产曲线以及信贷曲线也属于上行阶段；在经济周期下行期间，生产资料的价格下跌，企业的景气程度、房地产开工率、信贷发放等各项指标也都是比较低的。所以，可以大致认为，经济周期、生产资料周期、金融周期、企业发展周期、房地产周期都是正相关的。从短期波动曲线来看，由于总需求的变化、政策实施效果、特定自然和社会事件的影响，这些周期会出现较为同步的起伏，且由于该曲线是围绕长期发展趋势的曲线波动，所以迄今以及未来一段较长的时间会呈现总体向上的态势。但是，通过研究发现，金融不良资产周期不同于其他周期，其与经济周期之间呈现出逆相关的状态，当经济上行、生产资料价格高涨、企业景气、房地产火热、信贷供应扩张时，金融不良率往往是较低的；而当经济下行、生产资料价格回落、企业普遍不景气、房地产萧条、信贷供应紧缩时，金融不良率相反是逐步攀升的。

三、经济周期与金融不良资产周期相逆结果的显现具有延迟性

我们从图3-1可以看出，金融不良资产的形成是逆经济周期的。[①] 但是，我们发现，这种逆相关的关系并不是立即对应的。在经济上行转向经济下行的转折点上，并不是马上就出现金融不良资产下降到上升的转折点，而往往是有两三年的延迟期，在经济下行的当年，金融不良资产的数量仍显示下降的趋势，在经济下行的第三年，才发生金融不良资产数量上升的趋势。在经济发展从谷底开始爬升的两三年间，金融不良资产的存量才达到顶峰，随后开始回落，这种延迟性产生的原因有以下几个方面：

（一）金融合同的特性

一般而言，金融合同不属于双方同时各自履行义务的双务合同，而是先由金融企业履行合同义务，合同相对方以一定期限内履行合同义务为特征的双务合同。而金融企业在履行合同义务后，形成了对方会依约履行合同义务的期待权，而这种期待权是有一定期限的。以借贷合同为例，短期合同是一年以下的借款期，一年到三年借款期的合同称为中期合同，三年以上为长期合同。而在社会经济活动中，一年到三年借款期的合同比较常见。由于有一到三年的还款期，在经济发展到顶峰时，一般也是金融合同订立最多的时间。而经济衰退时，刚订立的金融合同尚未到履行期，大量的违约要发生在一年到三年之间，所以金融不良资产的上升发生在经济下行以后一段时间。同理，当经济开始复苏时，信贷窗口还是紧闭的，而信贷基数的增大以及不良存量的消化都需要一个过程，所以，在经济复苏一段时间后，金融不良资产率才开始下降。

（二）社会对经济周期的变化反应不灵敏

社会对于经济周期虽然有一定的预测力，但往往并不敏感。在经济上行期形成的思维惯性，在经济拐点到来时出现的各种经济衰退迹象，往往倾向于认为是经济的短暂波动，而不认为是经济进入下行周期。人们在经济上行期间，大多数是盲目乐观的，倾向于用经济长期向上的发展趋势对冲短期波动的容忍限度。就像有的政治人物以及经济分析师所说，经济发展是可以跳出周期而没有上限的，向上的趋势可以永远持续下去。所以，在经济发展到达阶段性顶点的时候，生产者还在扩大生产，增加负债；而金融企业也为了追求利润而增加供给。这时，违约虽然在增加，而金融资产的基数也在扩大，从而一部分违约被另一个金融合同掩盖了，而不良率随着金融资产基础的增加而呈现下降趋势。人们看到金融不良

---

① 即：当经济上行时，金融不良资产减少；当经济下行时，金融不良资产增加。

率下降的数据时，乐观地认为这种下降仍将持续下去。当金融不良资产的存量大幅增加，大型的实体企业倒闭，重大负面社会、自然以及经济事件爆发时，社会对于经济周期的变化才进入了正确的认识当中，突然发现大量违约事件而引发的恐慌心态，才会使金融企业猛然收紧资金投放，产生不良余额和不良率开始上升，与经济发展趋势显示出反向关系。当经济触底时也是如此，大多数人没有意识到已经触底了，而是仍然保持悲观心态，这种社会心态的特点是因为每一个投资人的风险容忍度是不同的，以及市场上存在各种风险程度的投资品。风险的发生和发展存在着一个从风险最大投资品向风险最小投资品传导的"导火索"效应，如果没有掐断导火索，大部分人在炸药爆炸前都不会发现，当一个又一个炸药包发出震天巨响时，所有人才意识到出现大的风险事件。我们把社会主要投资品按照风险等级如图 3-2 所示进行排列。

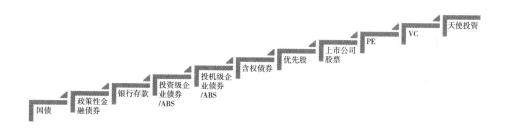

图 3-2　投资品风险等级排序（由左至右风险升高）

可见，对于社会公众而言，其可进行投资的产品中，国债的风险最小，而天使投资的风险最大。其中银行存款属于除国债和政策性金融债券之外风险最小的。大部分公众的风险承受能力较低，所以多数选择银行存款以下风险的投资品。而金融企业的资金主要来自社会公众，其通过发放贷款、投资风险更高的投资品赚取利润，所以金融企业是提高整个社会投资风险耐受度的媒介。不同金融企业的投资偏好不同，接受风险和追逐利润的程度也不同，但因为受到监管的约束以及自身风控标准的制约，不同类型的金融企业将资金在所有品类的投资品间进行配置。

在中国，社会融资规模最大的占比是银行贷款，截至 2020 年 2 月末，在总257.18 万亿元的社会融资中，对实体经济发放的贷款为 155.78 万亿元，占比达60.6%。所以当经济周期走到一个顶点前，各类投资的主体都是盈利的，即使是最高风险的天使投资，市场上听到的也多是振奋人心的好消息。一些风险投资的失败案例不会对市场心态产生任何影响，因为金融企业的大多数资金沉淀在不动产抵押贷款上。当风险事件蔓延到股市时，除非发生大型股灾，也不会影响金融企业的信心。继而债市出现违约事件，一些大型实体企业出现违约，金融企业才开始意识到可能出现经济发展增速减缓的情况。当不良贷款数据真的出现上升时，经济周期的阶段性顶点往往已经过去，而进入了下行阶段。大部分下行是相对平缓的，但金融不良资产周期进入了上行空间后，如果没有及时有效地进行处置，会出现攀升速率大于经济周期下行速率的情况，从而拉着经济周期下行加速度，并逐步形成市场恐慌情绪。

在股市、债市以及金融不良资产市场多重影响下，信贷周期走到了紧缩的谷底。这时候经济周期的下行也逐步走到了底部。经济周期的下行阶段什么时间走到底点，市场主体难以判断，但是会出现一些信号。从投资品风险传导机制来看，最后的"炸药包"应当是国债，因为其是风险最低的投资品。所以一旦国债出现风险事件，应当判断经济危机已经非常严重了。诸如欧债危机，造成的市场恐慌是非常明显的。然而，出现主权国家债务危机的情况并不多见，而且这些国家本身的经济体量可能也不大，不足以反映世界性的经济状况，或者主要国家的经济状况。而美国国债则因为地位和体量，足以成为本国乃至世界的经济风向标。国债风险的一个信号是本应期限越长利率越高的国债，在一定阶段出现长短期国债的收益率倒挂。如美国在近30年来，出现过三次国债长短期收益率倒挂，分别是1988年、2000年和2006～2007年。这三次分别出现了储贷危机、互联网泡沫破灭和次贷危机，与此对应，美国的GDP增长率从1984年开始下行的趋势持续到1991年的谷底-0.07%，然后开始攀升；1999年开始下降的GDP增长率在2001年到达1%的底部；2004年开始下降的GDP在2009年到达-2.54%的60年来最低点。可见美国国债长短期收益率倒挂是一个显著标志，但不会在当年，而是在其后的一年到三年到达经济周期下行阶段的底部。2020年3月10日，美国国债三年期和五年期收益率出现自2007年以来的首次倒挂，作为全球资产之锚的十年期美国国债收益率到达百年来0.65%的新低，由此引发美股暴跌，未来三年内会不会出现美国经济周期触底的情况，还需拭目以待。美国不良贷款率于2002年接近3%和在1991年接近6.5%，最近的顶峰为2010年，接近7.5%，也就是说，美国经济在2009年触底后在2010年已经进入经济周期的下一个上行阶段时，不良率才走到顶峰。1991年的经济周期和金融不良资产周期负相关是基本同步的，其后两个阶段都延缓了一年。又如美国经济增长从2004年开始下滑，而美国的不良贷款率在2004～2006年期间也处于下降趋势，直至2006年才开始攀升。可见，即使出现了非常明显的事件，确认了下一个经济趋势可能的走向，出于趋利避害的心理惯性，仍然会使金融不良资产周期趋势延迟于经济周期趋势，展现出一定程度的不完全同步性。

（三）处置措施的错配和数据真实性的偏差

无论是经济增长数据，还是金融不良资产数据，与真实情况都有一定的偏差。由于经济增长的数据牵涉面比较广，而金融不良资产数据则主要涉及金融企业的申报。诸如前文提到的浦发银行成都分行长期金融不良率为零，现在发现是造假的，但在当时都是作为整体金融不良率统计公布数据的一部分。所以，我们假设经济增长数据是真实的，而金融不良资产数据是有偏差的，这种偏差主要是由于监管力度和金融企业自身选择造成的。监管机构在经济发展出现拐点时，往往是按照拐点前的经济形势选择监管力度的，在经济发展上行时，监管往往倾向于宽松，而在经济发展下行时，监管往往倾向于严格。在这种监管态度指引下，金融企业往往会选择尽量少地暴露不良资产的真实情况。所以在监管宽松时，不良资产的暴露不充分，在经济衰退之初，金融不良资产的数据会少于真实的情况。而当监管力度逐步加大，金融不良资产数据开始逐步接近真实。当经济开始平稳上升，金融不良资产的数据才最接近真实，而在经济上升一段时间消化了存量金融不良资产后，数据才开始下降。另外，由于数据真实性存在着逐步修正的过程，而处置措施是依据数据反馈的情况而做出的，有可能出现处置措施的力度与真实金融不良资产状况错配的情况。我们可以演示这个过程，假设在同一个坐标轴上，政府处置金融不良资产措施的力度是一条曲线，而金融不良资产周期是另一条曲线。在经济开始变差、金融不良资产状况逐步恶化的初始阶段，金融不良资产周期曲线已经开始上扬了。而由于之前的监管标准比较宽松、社会心理比较乐观、有大量中长期的合同没有到期，所以金融不良资产的数据比真实情况是偏少的，政府没有意识到真实的金融不良资产状况以及下一步的趋势，从尊重市场主体的自主经营权的角度出发，不倾向于立即出台果断而严厉的金融不良资产处置措施。因此处置措施曲线走了一段水平线，没有能够尽快有效地处置增多的金融不良资产，就错失了在金融不良资产状况恶化的萌芽阶段遏制蔓延趋势的时间窗口。待金融不良资产数据逐步接近于真实，政府也逐步出台相应更加果断和严厉的处置措施。这时两条曲线逐步走向相交，即处置措施的力度适合于当时金融不良资产的真实状况。随着金融不良资产得到有效的处置，整体经济状况发生好转，但监管的标准和处置措施的力度却受惯性影响保持不变，甚至可能受恐惧心理的影响，继续加强。致使两条曲线仅仅短暂地相交就向着不同的趋势渐行渐远。而这时过于严苛的金融不良资产监管标准和用力过猛的处置措施，在短期内不仅不能真实地反映金融不良资产的状况（这时的数据大于真实情况），同时可能对高效地处置金融不良资产产生负面影响。由此出现金融不良资产曲线没有马上随着经济周期曲线发生同步的变化的情形，当经济周期曲线开始上扬一段时间后，金融不良资产曲线开始下降。

从上述论证可知，金融不良资产形成和处置对于经济周期反应的延迟性是不利于识别金融风险并防范和化解金融风险的，从而也不利于及时采取有效措施通过成功地处置金融不良资产减少经济周期性波动的幅度，并促使经济长期发展趋势总体向好。所以，制定合理的金融不良资产监管标准，真实体现金融不良资产的数据指标并加以密切监测，从而及时采取适度的处置措施，是金融不良资产处置研究的关键。

第三节　金融不良资产处置是平抑经济周期波动的又一利器

金融不良资产的形成，主要原因经济周期、经济转型、金融企业自身经营管理、债务人企业的经营和诚信水平等。而有效的金融不良资产处置措施，在解决了金融不良资产本身的问题以外，还会产生一些其他的作用，其中主要的效果是可以通过反作用促进经济发展的多个方面，从而达到熨平经济周期的效果，使经济周期的短期波动更加贴合于经济发展的长期趋势，并使一国乃至世界的经济实现良性可持续的发展。主要通过以下几个途径处置金融不良资产从而促进经济发展：

一、增强金融企业抗风险能力

金融周期是经济周期的一部分，同时也有其自身的独立性。其周期性变化直接影响了经济周期的发展变化。由于金融周期和经济周期是同趋势的，所以当发生系统性金融风险时，会引起经济危机。而有效地处置金融不良资产，使金融系统处于风险可控的波动幅度内，能够有效防范经济危机的产生。在经济危机发生过程中，及时有效地处置由此大量产生的金融不良资产，也是经济最终走出低谷的前提和基础。

金融不良资产通过处置离开原金融企业，使该金融企业本身的资产负债状况以及金融体系的健康状况得以优化。一方面损失确定了，而且通过处置可以回收一部分资金，可以通过退税的方式将往年已经缴纳的企业所得税在当年退回，从而改善金融企业的利润表；另一方面金融不良资产余额和不良率下降了，商誉自然也更好，有利于公众存款信心的稳固以及获得更低利率的再贷款和融资。一般而言，在经济预期不好的时候，央行等执行货币政策和维护金融稳定的机构，就会通过降息、降准等手段释放流动性。而只有大部分金融企业本身维持稳定，才能使这些政策的实施达到应有的目标。一个混乱、动荡、充斥着大量自身陷于破产困境金融企业的金融市场是无法实现相应的政策意图的。历史经验证明，所有金融企业的最终风险都来自金融不良资产的累积，大量金融企业本身成为不良资产，是发生系统性金融风险的前提。要维持市场对于金融体系安全的信心，有效的金融不良资产处置是不可替代的。金融体系不发生系统性风险，才能维持经济的稳定和安全。所以金融不良资产处置反作用于经济的最直接方式就是维持金融企业的健康和安全。

金融风险还有一个重要的原因是市场上存在较多不诚信的主体，其经营上并未发生风险，而是预先或在遇到一点困难的时候就将"逃废债"作为获利的手段。这种不诚信的行为如果在市场上大量存在，就会形成一个诚信水平低下的市场环境。一个缺乏诚信的市场是不健康的，难以在经济周期上行时实现可持续发展，在经济周期下行时则会造成市场环境的进一步恶化。特别是以信用为基础的金融市场，如果诚信缺失，金融市场是无法形成和发展的。而金融不良资产处置通过法律的手段惩戒以逃废债为目的的失信债务人，给整个市场予以警示，有利于严肃市场纪律，提高整个市场的诚信水平，从源头上堵住金融风险在道德缺位上存在的漏洞，防范积渐形成系统性金融风险。

二、释放被限制的金融资金支持实体经济发展

通过金融不良资产处置，金融企业一方面回收了资金，另一方面释放了损失准备金。金融监管部门一般会要求金融企业维持最低的拨备覆盖率，在经济形势相对较好的时候，金融企业可以维持较高的拨备覆盖率，而在经济形势差的时候，随着金融不良资产规模的不断扩大，拨备覆盖率在逐步缩小，甚至直逼监管红线。由于拨备的资金不能用于放贷，就停留在金融体系中，无法支持实体经济发展，造成实体经济所需资金的供应紧张，从而提高发生金融不良资产的概率，转而继续增大拨备规模，减少可向实体经济提供资金的数额，形成恶性循环。特别是在经济发生恐慌性危机的时候，金融企业都倾向于将资金留在体内，而不是提供给实体企业，造成经济越困难，此时越需要金融企业提供流动性支持的时间，也是金融自身陷入为防止自身触碰拨备覆盖率而收缩放贷规模的时间。在这种两难的境况下，政府的救市政策也很难奏效。如在传统上，为解决这一困局一般有两种方式：一是金融监管部门放宽金融系统性风险可能性的容忍限度，降低最低拨备覆盖率；二是通过金融不良资产处置减少需要进行拨备的资金规模。前一种方式不利于疏导日益累积的金融不良资产风险，反而削弱了金融体系整体抗风险能力，使用起来要把握好底线。后一种方式才是从根本上解决了拨备资金被禁锢在金融企业的问题，有力地支持了实体经济发展的资金需求，对于经济尽快走出下行区间具有关键意义。

对于诚信经营的实体企业而言，仍然会因为市场的风险或经营的风险而陷入困境。一个金融企业利润丰厚而实体经济举步维艰的国家经济是不健康的。金融不良资产处置使金融企业的损失确定化，将金融企业仅仅体现在账面上的利润水分合理挤出。金融企业出于保护投资人资产安全的要求，不能主动豁免借款本息，而且为了防止道德风险，即使可以豁免借款本息或采取其他债务重组方式减轻债务人的债务负担，每一户进行严格的审查也使金融企业不堪其累。而通过金融不良资产转让，可以快速地将大量不良资产从金融企业中剥离出来，由更加专业也能够忍受更长时间的机构对债务人进行审查。如果发现不属于诚信问题，确实由于经营失败且有继续经营价值的企业，可以通过债转股、债务延期、豁免等债务重组方式的各种具体方案减轻企业的债务负担，使具有经营希望、一时陷入流动性困难的企业恢复生机，从而使企业经营恢复到正常的轨道当中，继续给经济发展贡献力量。一个债务负担沉重的个体，难以正常生活和经营；一个债务负担沉重的国家，同样难以恢复经济正常发展。在经济下行周期中，会出现大量实体企业沦为金融企业的不良资产债务人，从而形成整个社会的债务包袱。金融不良资产处置，通过对这些虽然诚信经营，但仍然陷入债务困境的实体企业的偿债能力进行重新评估，以金融不良资产特有的债务重组方式重新规划这类企业的偿债金额、方式以及期限。帮助有继续经营价值的企业卸下债务包袱，就是金融企业对实体经济发展的最大支持。

实体经济的平稳发展是经济平稳向上发展的推动力，金融要服务于实体的原因就在于此。通过金融不良资产处置支持实体经济发展，有利于熨平经济周期波动，促进经济可持续发展。

三、提高社会整体资源利用效率

资源是有限的，只有不断提高资源利用效率，才能推动经济可持续发展。而优胜劣汰是提高整个社会综合资源利用率的规则。通过金融不良资产的处置，一方面将有限的资源从效能低下的僵尸企业中释放出来，才能够配置到讲诚信、效能高的企业当中；另一方面也可以通过更换占有资源实体企业的股东以及管理团队、优化经营方案等方式提高该企业利用资源的效率。在提升社会整体诚信水平的同时，使这一部分因为陷入困境而不能发挥应有效能的资源产生更大的经济效益，从而提高社会整体运用资源的效率，夯实经济增长的资源基础。经济发展归根结底是通过不断优化有限的社会资源组合方式而实现的。在经济周期变化过程中，在一个经济周期内部，其上行和下行的变化会产生金融不良资产，而这些资产对应的就是效率低下的社会资源组合方式。在一个经济周期向下一个经济周期过渡的过程中，更需要通过创新的社会资源组合方式，推动新旧周期的更替升级。没有金融不良资产处置的外力，旧的效率低下的社会资源组合状态是难以改变的，被禁锢资源不能释放，就会造成经济周期波动的幅度越大，经济向上发展的速度越慢。高效的金融不良资产处置，带来的就是社会资源的高效优化配置，从而使经济快速走出衰退期，稳步走入上升期。

四、利用社会投资实现资产供需平衡

在经济上行期间，投资十分活跃，各类资产都有资金追捧，投资人可以根据自身偏好进行选择，而且往往大多数投资都是成功的。投资人的心态偏向于乐观，极度自信以至于敢于进行任何投资，甚至是借杠杆进行投资。这时各类资产的流动性也很好，且价格不断走高。而在经济下行期间，投资变得比较谨慎，市场的普遍反应是没有好的资产可供选择，各类投资都难以实现预期收益，对于投资人来说变成了不良资产。这时大部分投资人是保守的，认为没有项目可以符合其风险和利润偏好，有些人是没有资金可以投资，有些人是持币观望。由此造成各类资产的需求缺乏，市场上充斥着被抛售的资产，价格不断下跌仍然缺乏流动性。这时市场上可售的金融不良资产同样是供大于求的。但是金融不良资产的另一个特征是对应实体资产的价值，其价格调整是先一步且幅度较大的。也就是说，投资人在同时期内可以通过投资金融不良资产获得价格更低的实体资产，从而降低投资风险，提高收益率。通过吸引社会资金投资金融不良资产，一方面为社会投资提供了一个出口；另一方面通过管理金融不良资产的终端处置速度和措施，尽量运用跨周期的较长处置措施，有计划地向市场推出符合需求量的资产，防止出现供需完全不平衡，资产价格一泻千里仍然无人问津的极端情况，使原本在经济高涨期因价格脱离价值太多而形成泡沫的资产稳步调整到合理的价格水平上。稳定投资人的恐慌情绪，使市场能够平稳地实现"软着陆"。同时金融不良资产处置的跨周期措施，使经济在恢复上行之后，通过增大市场的供给使资产价格逐步上升接近真实价值，同时使金融不良资产投资人获得长期收益。当资产价格出现泡沫时，加大资产供应的力度，平抑市场价格，从而实现经济增长的稳定性和可持续性。金融不良资产处置虽然对拉动消费和需求作用不大，但在吸引投资以及从供给侧调节供需平衡的角度上对熨平经济周期的剧烈波动是功效显著的。

第四节　金融不良资产处置可以弥补
财政和货币政策的不足

传统上，一般综合运用财政政策和货币政策来熨平经济周期和金融周期。但是，数据和历史经验表明，这两个手段在一些情况下效果并不明显，甚至出现副作用。究其原因，是因为财政政策和货币政策属于显性手段，市场主体可以通过政策信号判断出政府和货币当局的政策意图是为了救市或者抑制经济过热，所以经济个体会出于对未来经济形势的预判做出不符合政府和货币当局的预期甚至相悖于政府和货币当局预期的行为，冲淡财政政策和货币政策的效果。这一点从中国近年来几次房地产调控政策造成房价"越控越高"的情形中可以得到解释。而金融不良资产处置的政策目的属于隐性，可以通过对金融机构的指导性行为引导市场主体按照政府的政策意图进行相应的行为，而不会造成市场主体的恐慌情绪。财政政策和货币政策在不同的经济周期阶段适用的手段是相反的，在经济衰退阶段，需要实行刺激经济的积极财政政策和宽松的货币政策；在经济过热阶段，需要实行抑制过热的紧缩的财政政策和审慎的货币政策。而在这两端相反的措施中，就会出现换方向的冲突和摩擦，损害经济发展的健康。金融不良资产处置政策的方向始终是一致的，即着力于减少金融不良资产，所以不存在手段转换的冲突和摩擦，有利于经济健康地发展。

一、财政和货币政策在经济下行期间的调控效果有限

在经济下行期间，政府和货币当局需要综合运用刺激经济的积极财政政策和宽松货币政策。一般而言，政府一方面会通过发行国债、减税、增大财政支出来刺激总需求，保增长、促就业；另一方面，货币当局会增加货币供应量，如增加

发行货币、在公开市场买债券、降低准备金率和贷款利率等量化宽松政策刺激总投资。然而，这些措施在增大政府财政赤字和推高通货膨胀上效果明显，但在刺激总需求和总投资上效果并不明显。主要原因是在经济下行期间，市场主体已经从相关市场信号中明确感知了目前经济形势所处的位置，从自身经济利益出发，天然地选择紧缩开支和减少投资。政府实施的财产和货币政策信号更加明显，从官方层面证实了经济主体的猜想，所以更加促使经济主体捂紧钱袋子。市场主体实际没有按照政府的预期进行投资和消费，甚至加剧了市场的恐慌情绪。对于金融机构而言，其也是经济主体中的一分子，同样要根据预期指导自身的行为，而不会因为政府的意图增大自身风险，所以对于政府举债增大财政支出的行为，其是抗拒的。同时对于增大信贷投放的要求，首先不符合审慎经营的要求，其次由于经济下行大量不良资产的涌现，其损失拨备也留存了大量资金无法用于放贷。再加上一些金融机构自身陷入破产困境，自身尚且需要政府进行救助，自然无能力支持实体经济的发展。所以金融企业受自身经营预期和不良资产双重约束，也无法配合政府发挥财政政策和货币政策的作用。而且，在经济肌体虚弱的情况下，刺激的财政和货币政策可能在一时起到"强心针"的效果，但是在"药劲"过去以后，可能会加速经济肌体衰弱的进程。如 2008 年席卷全球的次贷危机对中国产生了很大的负面影响。于是，中国推出了 4 万亿元的经济刺激计划。[1] 从2009 年开始，我国在加大基础设施建设的同时，放宽了对房地产企业和居民购房的信贷政策，从而全面带动重化工业和制造业需求。然而，这种经济刺激计划造成了不小的后遗症：一是引发了大规模产能过剩。任何基建项目都是有周期的。[2] 在一段时间内的重复建设直接导致了许多领域的产能过剩。二是造成了企业的高负债率。[3] 当企业融资容易的时候，大部分企业都积极借钱。而发债企业中，大部分企业的经营利润不足以偿还融资利息，而必须靠借新还旧才能偿还到

----

[1] 我国经济从"外贸—投资"双驱动模式，转变成以城镇化为依托的"负债—投资"单驱动模式。

[2] 比如修公路、修路的时候，需要买大量的重化工业产品，消耗过剩产能，并催生更大规模的产能。基建周期内，为满足市场需求，重工业领域各行业扩建厂房，扩大生产规模。但是，路总有修完的时候，大规模的基建项目总有一天会结束。一旦城镇化进程慢下来，各个基建项目周期就会陆续完结，更严重的产能过剩就会凸显出来。

[3] 基建资金多是银行贷款，这些钱是要还的，但是很多钱却还不上。这是因为很多基建不能创造收益，比如地方政府搞基建，必然会向其他企业购买原材料，比如购买钢铁。基建项目周期内，钢铁企业订单就会增多，钢铁企业就要扩大产能。但是钢铁企业一时间没有钱去修厂房，怎么办？它们就会向银行借钱来扩大再生产。但基建完成后，就会再次出现产能过剩，进而导致钢铁价格下跌，赚的钱根本无法偿还银行本息。这些还不上钱的公司不得不继续贷款借新还旧，利息负担越来越重，这种现象在全国非常普遍。

期的本金和利息。三是导致了国民经济的脱实就虚。因制造业大量过剩，且利润低下，房地产行业成为了最赚钱的行业之一。银行不愿意贷款给制造业，而是把大部分资金投入房地产行业。在这个背景下，民间资金、银行资金甚至制造业自己的利润，大量流向了房地产。

二、财政和货币政策在抑制经济过热中的力度难以把握

当政府预见到经济存在过热的情况时，为防止出现过热后的大幅衰退，实现经济的"软着陆"，一般会采取"双紧"或"单紧"的财政和货币政策。如减少政府财政支出、加税、加息、调高存款准备金等。然而，与经济下行期间相关政策效果不明显相比，在经济过热期间实施的政策存在的最大问题就是力度不好把握。力度不够，不能实现政策效果；用力过猛则过犹不及，有可能直接将经济打压入下行空间，出现"硬着陆"的情况。同时，经济个体并不认为整体经济过热对于自身的影响是直接的，而是认为在经济上行阶段，要把握住投资机会，所以仍然有大量的资金涌入市场，推高资产价值，增大信贷规模，从而抵消了政府实施紧缩政策的效果。过热的不仅仅是经济，更多的是政府和经济主体的大脑，人们倾向于在经济上行阶段盲目乐观，认为经济上行的顶点还有很远，要在到达顶点前尽量发展，而很少有主体会未雨绸缪。所以，总体来看，各国在经济过热过程中运用财政和货币政策的概率和效果都不足。

三、政府可通过金融不良资产处置引导市场主体进行投资和消费

在经济下行期间，通过金融不良资产处置可以达到财政政策和货币政策预期的效果，但市场主体会较少意识到经济所处的区间。通过金融不良资产处置，金融企业存量不良资产减少了，回收的现金增多，资产负债表更加健康，同时释放了拨备。所以金融企业能够向资信良好的实体企业发放更多的贷款，达到宽松货币政策增大市场资金的效果。而实体经济企业，一方面，有些有继续经营价值的企业通过债务减免和重组摆脱了沉重的债务负担，得以轻装上阵，继续经营，创造更多的社会价值。对比减税政策，由于陷入困境的企业本身就无须缴税，所以减税政策只能由效益好的企业所享有，无力救助困境企业。特别是小微企业，本身税收就少，其关键的问题是融资成本高，如果能减少债务，哪怕是减免利息，对于小微企业的支持比减税的效果好得多。另一方面，有一些僵尸企业通过破产或资产出售等方式，把其占有的社会资源释放出来。而由于不良资产处置的价格一般低于市场当前价格，所以会吸引社会投资通过并购企业或收购资产等方式投

资，从而达到财政政策所预期的效果。而且政府直接投资可以通过收购不良资产的方式，一方面给金融企业释放了流动性，另一方面盘活了停滞在僵尸企业中的优良资产，政府投资也找到了良好的出口，比重复建设所达到的效果好得多。而这种效果，是运用市场化的手段在处置金融不良资产中创造的需求，由于这种需求是分散的、自发的，所以不容易被市场主体感知是政府有意为之的结果。故不会出现政府的财政或货币政策由于显示出救市的目的，使市场主体出于避险而从事与政府意愿相左的行为。甚至引发更大的市场恐慌而加剧经济形势的恶化。当金融企业陷入困境时，政府可以引导经营良好的金融企业，甚至是国有性质的金融企业，通过并购并承接债权债务的方式进行投资，一方面稳定了金融市场，另一方面惩戒不合规经营的市场主体，强化市场纪律，使市场对于金融企业的信心得以加强。以这种方式使用财政和货币政策对于在经济下行期间稳定市场情绪，救助困难企业，优化金融和经济结构，促进投资和就业的效果更为直接和有效。

四、在经济上行期间进行金融不良资产处置对经济的副作用很小

即使在经济上行期间，不良率和不良余额都很低的情况下，继续加大金融不良资产处置力度，也是符合经济长期发展趋势的要求的，不会产生货币政策和财政政策抑制投资和消费的副作用。如前文所述，财政政策和货币政策在经济过热期间，抑制过热的效果有限，而且由于力度难以掌握，容易出现用力过猛而把经济拉入下行区间的风险，金融不良资产处置则不存在此风险。一方面，金融不良资产是不符合包括金融企业和实体企业在内所有市场主体预期的，其存在没有益处，所以将其处置到接近于零的范围内，对经济本身是有益的。另一方面，在经济发展上行阶段，仍然会出现由于经济结构摩擦和金融企业管理水平以及债务人诚信水平而产生的金融不良资产，对这些金融不良资产采取严格的认定标准识别出来并加以处置，有利于防患于未然，并进一步维护金融体系的健康和提高整个市场的诚信水平。通过金融不良资产处置，纠正在经济过热形势和情绪中的错误观念和行为，使市场主体始终保持谨慎和风险意识，精准地使投机和错误的投资行为受到惩罚，而使正确的投资行为得以保护，不至于误伤合理的投资和消费热情，使资金流向健康的产业和主体。从而使经济向上的势头得以延续，经济发展所累积的风险逐步得到消化，避免出现经济大起之后的大落，实现平稳持续发展的目标。

五、金融不良资产处置政策可以一以贯之

有别于财政政策和货币政策在不同阶段采取措施的方向是相反的，存在左右

摇摆之间力度互相抵销的情况。金融不良资产处置政策从终极目的和阶段性目的来说都是减少金融不良资产，所以实施的方向始终是一致的，仅在不同阶段调节力度有差异。如在经济下行期间，通过资金的支持提高金融企业对金融不良资产的耐受程度，利用资产证券化、债转股、债务重组、企业重整等一系列中间处置手段有计划分步骤地处置金融不良资产，而不是一概采取终端处置的拍卖资产、破产清算等手段，将本有救助希望的实体企业逼入绝境，引发市场的恐慌情绪。在经济上行期间，通过严格认定金融不良资产和提高不良拨备的方式，使金融企业在经济过热中保持冷静，谨慎经营。同时，通过拍卖、破产清算等终端处置手段，强化市场纪律，稳定市场资产价格。虽然手段和力度有所不同，但对于防范和化解金融风险、支持实体经济发展、优化社会资源配置、构建诚信市场环境等目标而言，方向是一致的，可以一以贯之，使市场主体都能够始终按照金融不良资产处置的目标和方向规范和指引自己的行为，朝着促进经济持续健康发展的总目标稳步前进。

就如同经济周期一直存在，金融不良资产也将一直存在。为了处置金融不良资产，应当保持一个稳定的金融不良资产处置行业作为保障经济体系健康的"医疗行业"而长期存在。在不同的经济阶段应用不同的金融不良资产处置方法救助"患病"的金融企业和实体经济主体。如果把金融和经济比喻成由众多金融企业和实体企业组成的社会，那么金融不良资产处置机构就是这个社会的医疗体系。在这个体系当中，应当有公立医院，也应当有私立医院，应当有大型的综合性医院，也应当有小型的专科医院和社区医院。因为这个社会中各类主体的情况是千差万别的，其症状也各不相同。一些感冒发烧的小病，由社区医院和民间诊所就可以治疗，而严重的疾病则需要拥有先进设备和疑难杂症治疗经验的大医院救治，一般情况下，各类医院出于其设立的目的各尽其职，而当传染病大流行时，一般医院的救治能力就不足了，需要集中公益性质更强的公共医疗资源集中救治，甚至需要政府投入大量的资金和人员。就像一个理性的社会不会在民众健康水平比较高的时候大幅削减医疗研究的开支和关闭医院一样，一个理性的经济体也不应在经济上行期间和金融不良资产较少的区间内放弃金融不良资产处置行业。因为金融不良资产是会长期存在的，在经济发展过程中，金融不良资产周期的起伏会使金融不良资产处置行业的重要性在认识上产生不同的看法。但是，金融不良资产处置行业是一个需要不断提高专业化水平的行业，其面临要解决的问题属于疑难杂症，需要维持一支稳定的医疗专家队伍，以应对随时可能来临的金融不良资产爆发潮。所以，在金融不良资产处置历史上，一些认为金融不良资产处置机构是临时性的，待当期爆发的金融不良资产处置完毕后即应当解散的想法应当得到纠正。如美国设立 RTC 在完成因储贷危机而产生的不良资产的处置后解散。中国也曾经将四大资产管理公司的存续期定为十年。作为调节和熨平经济周期波动的工具，政府应当更加重视金融不良资产处置行业，一方面建设并保持一个高效且实力雄厚的国家医疗队；另一方面鼓励更多的社会主体和资金成立规模不一、立足于本地化和区域化的民营医院，弥补国家医疗队的不足，使这个经济体内始终有一批足以应对疾病突然暴发的"医生"团体，并时刻关注和处理经济体的日常健康问题。

本章小结

本章主要从四个方面阐述了经济周期和金融不良资产处置之间的关系以及影响。首先，关于金融不良资产产生的原因。本书认为经济周期始终处于波动之中，这是产生金融不良资产的重要诱因。其次，经济发展和金融不良资产的趋势与周期存在一种相逆的关系。即经济发展与金融不良资产的趋势相逆、周期波动的方向相逆，并且两者的相逆过程也有一定的延迟性，这个延迟指的是时间上并非绝对的对应，而是有一定的时间差。再次，阐述了金融不良资产在经济周期波动过程中的正面作用：一是有利于增强金融企业抗风险能力以及保证金融体系安全；二是有利于释放金融资金来支持实体经济发展；三是有利于提高整体社会资源利用率；四是有利于减轻社会整体债务负担；五是有利于为社会投资提供出口。这也在很大程度上说明，不良资产的"不良"并非不好，而是未得到有效利用的宝贵资源。最后，阐述了金融不良资产处置问题在市场中并非断断续续地存在，而是贯穿于经济发展的整个过程。这主要是因为不良资产不可能被完全地消除，至少在短时间内是不会完全消除的。而且金融不良资产在经济周期的不同阶段存在的形式是多种多样的。另外，就国家层面而言，任何一个国家的经济发展都不可能不出现经济波动，也不可能不面对危机。金融不良资产处置行业就如同给经济肌体治疗疾病的医疗体系，通过处置金融不良资产维系经济肌体的健康发展。

第四章 金融不良资产处置国际比较

——以美日为例

每个国家都有自己的经济周期，也有各自处置金融不良资产的经验。因为每个国家的资源禀赋、政治经济制度、文化和历史不同，所以在处理经济问题上采取的方式也存在较大差异。但通过比较发现，经济周期与金融不良资产间的相互作用在各个国家都存在，这是一个世界性的经济问题。市场经济越发达的国家，金融不良资产问题就越早被重视，其可以被考察的资料也越多。本书选取美国和日本的金融不良资产处置作为比较研究的对象。这主要是基于以下原因：一是二者经济体量巨大。近代以来，美国一直占据着世界经济的主导地位，是世界第一大经济体。而日本在被中国赶超之前，从 1968 年起成为世界市场经济国家中的第二大经济体。所以从世界经济周期的视角看，这两个经济体具有较强的代表性。二是二者在处置金融不良资产策略上存在着较大差异，它们分别是市场经济国家中两种处置金融不良资产策略的践行者，即美国主要采取集中处置模式，而日本在较长的时间内主要采取分散处置模式。这两种模式在两个国家显现出来的不同效果对于其他国家，特别是对于中国有非常重要的借鉴意义。尽管世界其他经济体（如德国、英国、瑞典、韩国等）在金融不良资产处置上也有可供研究和借鉴之处，但局限于笔者的研究能力，只选择美国和日本这两个典型国家进行较为深入的探讨，从世界经济周期的全面性角度看，存在着研究对象较少的缺陷，期待今后继续扩大考察的范围，发现其他国家在处置金融不良资产上的优秀经验和良好措施。

第一节 美国经济周期中金融不良资产处置情况

回顾美国近百年来金融发展史，就世界经济周期而言，大致经历了两个长经济周期，即 1934~1982 年和 1983 年至今，大约要持续到 2033 年前后。在这一百年间，可以看作是美国引导着世界经济的发展，故而美国一直在世界经济总量中占据主导地位。从美国自身的经济周期看，一般采取 10~12 年的中周期进行考察。在这期间，美国出现过三次较大的经济低谷，也对应出现了三次极具规模的金融不良资产大爆发，分别对应为大萧条（1929~1933 年）后的金融危机、储贷危机（1988~1989 年）和次贷危机（2007~2008 年）。可以说，美国三次金融不良资产的大爆发与经济周期波动十分契合。在经济发展周期上行时，信贷规模扩张，资产价格上涨，造成各经济部门纷纷加杠杆，整体债务率迅速攀升，而金融不良资产比例较低。当经济周期发展到顶点时，不可避免地进入下行阶段，随着企业经营失败的概率增大，金融不良资产的规模也越来越大，虽然资产价格仍处于高位，但是流动性开始变差。当信贷政策突然收紧，企业将会出现现金流断裂，倒闭潮必将波及金融行业，金融危机伴随着经济危机一触即发，经济下行到达谷底。随着金融不良资产处置带来的投资复苏，经济又开始了一轮新的上涨。

一、美国三次金融不良资产大爆发与经济周期的联系

美国近代三轮金融不良资产的大爆发，其分别对应为大萧条时期（1929~1933 年）、储贷危机时期（1988~1989 年）和次贷危机时期（2007~2008 年）三个阶段。由于美国为应对储贷危机而成立了专门处置金融不良资产的机构，此时不良资产的处置效果反作用于经济周期，所以本书绘制了美国 1989~2019 年的经济增长率曲线图和金融不良率曲线图的对比（见图 4-1），可以看到这一阶段内，美国经济周期和金融不良资产处置之间的关系。

（一）大萧条时期

20 世纪 20 年代，美国在经历了经济飞速发展、监管逐渐放松、信贷迅猛扩张的经济上行阶段后，由于当局的货币政策突然紧缩，使经济增长速度出现了急剧下降的情况，经济周期进入下行阶段。此后，由于宏观经济政策的失误以及贸易保护主义抬头，进一步导致了美国乃至世界经济陷入持续萧条时期。20 世纪 20 年代初，"一战"后世界经济缓慢恢复，制造业逐渐兴起，尤其以汽车、电气、建筑为代表，工业制造业的发展快速带动产业结构的转化升级，美国经济进入高速发展的时期，称为"柯立芝繁荣"。从图 4-2 展现的信息我们可以看出，1921~1929 年美国 GDP、GNP 年均增速分别达到 3.8% 和 5.5%，工业生产指数上涨幅度竟然高达 74.8%。

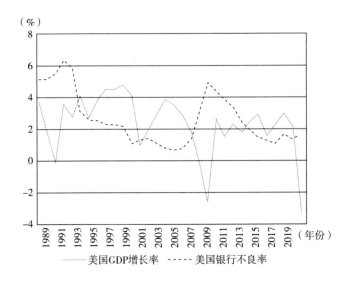

图 4-1 美国 GDP 增长率和银行不良率关系

资料来源：美国商务部网站，https：//www. commerce. gov/；美国联邦存款保险公司网站，https://www. fdic. gov/。

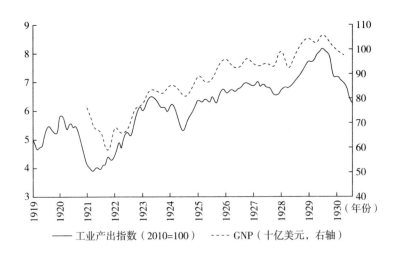

图 4-2 美国 19 世纪 20 年代"柯立芝时期"的繁荣

资料来源：美联储网站，https：//www. federalreserve. gov/data. htm。

这个时期，美国的金融监管相对宽松，美联储持续实行低利率货币政策。据此，美国国内的信贷业扩张，银行兼并热潮兴起，金融的风险性和脆弱性也逐步升级。这一时期的经济增长、监管放松、金融创新等因素促进了美国资本市场的繁荣——美国股价、房价迅速飙升。然而，资本市场的反应往往是迅速而卓有成效的，股票市场上的涨幅超过实体经济增速，如此造成虚高的收益率吸引了大量外国资本涌入。以 1925~1929 年这五年为例，美国 GDP 增长率仅有 5.1%，但道琼斯工业指数却大幅度上涨了 202.3%。

在这次虚高经济繁荣景象背后，经济发展的巨大风险也蕴含其中。首当其冲的是农业产业的衰退。在此期间，主要谷物价格降至谷底，农产品出口大幅缩减，农业进入了萧条期。为了救助农业，美国于 1921~1926 年出台了《紧急关税法案》和《福尼特—迈坎伯关税法》，把平均应税关税率提升至 38.2%，以此对国内农业实行政策保护。同时，美国采取了放宽金融监管的策略，分别颁布了《联邦储备法》修正案和《麦克登法案》，鼓励银行对农业、证券业等发放贷款。采用低利率政策刺激经济并且向国外贷款来增加农业生产和出口。这一系列举措在当时并未实质上对美国农业发展起到改善作用，却诱发了贸易保护主义，并且刺激了不动产贷款和消费信贷，将各部门杠杆率急剧抬升。此外，产业结构变化也必然导致了金融市场格局发生翻天覆地的改变。美国南部各州、美国中西部的农业地带，由于农场主无力偿还贷款，不良资产率大幅上升。与此相反，美国西部和东北中部地区，由于大规模工业体系的繁荣使金融机构得到快速发展，大肆收购、合并中小银行，与此同时，股市繁荣促使优质公司转向直接采取股票、债券的方式直接融资，导致银行业整体资产质量下降，金融脆弱性提升。

20 世纪 20 年代后期，财政货币紧缩导致经济泡沫破裂，财富大幅缩水，股市投机同时暴露出重大危机。美国政府实施了一系列的措施挽救美国股市，[①] 但骤然紧缩的货币政策以及低迷的经济还是导致了恐慌情绪在投资者中蔓延开来。终于在 1929 年 10 月，美国所有股票被"不计代价地抛售"，美国股市泡沫彻底被刺破[②]，美国"柯立芝繁荣"时期结束，经济周期进入下行阶段。

大萧条时期的后半期，美国经济周期和金融周期都进入持续下行阶段。这一阶段，美国此前采取的提高关税举措引发了全球贸易战。各个国家先后采取提高关税的方式，有的国家甚至设定进口配额限制、投资限制，导致汇率分别贬值，致使美国出口大幅下滑，进一步加剧了美国经济的困境。1929 年美国股市的崩溃引发了美国银行业的危机，美联储多次下调再贴现率至 1931 年的 1.5%，然而

---

① 美联储于 1928 年和 1929 年短短两年内的时间里 8 次提升再贴现率，最终将再贴现率由 3.5%上升至 6%。

② 一周内道琼斯指数从最高 386 下跌 40%至 230，此下跌趋势一直延续至 1932 年，此时股市市值较 1929 年已蒸发 89%。

高通货膨胀率仍导致实际利率不断上行，信用持续紧缩。而后，美联储为维持金本位体系，于1931年10月再次提高再贴现率，同时未采取积极的财政政策。这样的政策搭配，导致广义货币供应量的持续下降，市场利率快速攀升，再次引发了银行业危机，大量银行因挤兑而倒闭，实体经济也进一步陷入萧条的泥沼（见图4-3）。

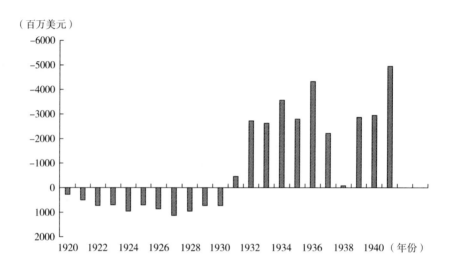

图4-3　大萧条时期美国财政预算赤字大增

资料来源：美国国会预算办公室网站，https：//www.cbo.gov/。

为改革银行体系，美联储加强对金融的监管。通过政府对生产的控制，强调财政在改善经济中的积极作用。1933年，美国总统罗斯福宣布退出金本位制，解除以黄金为基础的对货币再通胀的约束。再贴现率由原来的3.44%降至1.5%。同时，罗斯福还签署了《格拉斯—斯蒂格尔法案》加强监管，规定商业银行分业经营，限制对证券业的投资，建立存款保险制度，提高银行体系的稳定性。通过一系列宏观调控，美国经济开始复苏。

（二）储贷危机时期

20世纪80年代，美国经历了信贷扩张、房产泡沫堆积后，在各种因素综合影响下，储贷危机爆发，美国随即进入经济周期急剧向下阶段，这一阶段出现了大量储贷协会破产的情况，美国经济周期从繁荣阶段进入了衰退阶段。

20世纪30年代大危机期间，为了重整低迷经济，促进资本主义的长远发展，美国政府推行了一系列刺激经济的政策法规。在此期间，美国储贷协会迅速发展并成为影响力较大的金融机构。通过推行低利率的住房贷款政策，美国储贷协会刺激了美国居民对于住房的有效需求，拉动了美国经济的快速增长。美国政府为了确保储贷协会可以连续不断地提供低成本房贷，设立了联邦住宅贷款银行和联邦储贷保险公司，为储贷协会的偿付能力提供保障。这个政策的实施，使储贷协会在 20 世纪 30 年代至 60 年代的 30 多年中达到了一个巅峰时期，它解决了低收入家庭对住房的迫切需求，从而使美国经济持续向好，人民收入不断提高。20 世纪 80 年代初，美国的"婴儿潮"一代在这个时期逐渐成年，从而又形成了这一代人对于住房的巨大需求。[1]

虽然美国储贷协会出台了一系列刺激经济的政策，但由于采用的是"借短贷长"[2] 的单一模式，而使其对于外部环境特别是利率的波动非常敏感，这为储贷危机的爆发埋下了伏笔。20 世纪 60 年代中期后，受利率波动剧烈上升的影响，美国储贷协会的存款增长率急剧向下跌破 2%，其贷款能力发生严重问题。为了解决这一困境，美国国会通过了《利率调整法》，该法案规定了储贷协会向贷款人支付的最高利率限额，从而防止储贷协会资金来源的断裂。但这一法规的出台并不能制约市场环境的变化，储贷协会对于市场利率的波动仍然相当敏感。居高不下的通货膨胀率和市场利率使储贷协会境地更加窘迫且进退两难。因为若提高存款利率则资金成本也随之加大，这也意味着储贷协会的亏损将扩大；若保持存款利率不变，则无法吸收到存款甚至储户会转移其存款，从而大大削弱储蓄贷协会的放贷能力，此时的储贷协会面临严峻的经济挑战。

20 世纪 80 年代初期，过度非利率的竞争加重了储贷协会非利率成本的负担，严重的脱媒现象使市场资金转入到风险较小的债券、基金以及不受利率上限影响的短期投资工具上，储贷协会的储蓄来源越来越少，其贷款能力越来越弱，储贷业出现了严重的危机。当时的美国政府把这一危机的原因片面归结于"借短贷长"这一单一业务模式，而未考虑其他根本性的原因，这个错误的判断使储贷协会的危机越陷越深。[3]

为提高获利能力，实现资产的多元化，政府允许濒临破产的储贷协会继续经

---

① 值得一提的是在这个时期，美国总统里根采取了减税刺激、商业地产投资税收抵免、延长固定资产折旧的年限等优惠政策，极大降低了储贷协会投资房产的成本，使储贷协会加速涌入房地产投机，税制改革、叠加人口红利使房地产价格快速上升，引发全美房地产，尤其是商业房地产开发高潮。

② 即吸收短期存款以借贷出中长期固定利率的住房抵押贷款。

③ 基于对危机原因的分析，美国国会于 1980 年通过了《存款机构放松管制和货币控制法案》（DID-MCA）、1982 年颁布了《加恩—圣杰曼法案》（Garn-St Germain Act），两部法案减少了对储贷协会的限制，也促使全面自由化发展。

营。同时，政府解除储贷协会不能经营传统商业银行经营业务的封锁，包括购买、销售垃圾债券以及从事商业性贷款。这些政策措施，非但没能解决储贷协会的实质性问题，反而加大了储贷协会的经营风险。因为自由化意味着储贷协会不再受利率的限制，增加了存款保险的额度，使储贷协会对高风险投资的偏好大大增强。由此直接导致美国储贷协会乘机对房地产行业提供大量贷款，而相应的自有资本却未能及时得到补充。

1986 年，沙特阿拉伯引发了价格战，导致国际原油在四个月内下跌了 67%。美国原油工业受到严重破坏，以得克萨斯州为首的西南石油工业受到严重破坏。1986 年，里根总统实施了第二个减税政策。在减少税基的基础上，他大大减少了所得税的优惠措施，并取消了所有有利于房地产的减税政策。内部和外部冲击的共同作用加速了美国房地产市场的逆转。住房空置率上升，房地产投资需求冷淡，房价急剧下跌，房地产泡沫破裂，美国发生了储贷危机。1986 年，住房抵押贷款的还款延迟和不还款的情况很多，储蓄贷款协会的不良贷款率急剧上升。加上市场利率的上升，储蓄贷款协会的短期贷款和长期贷款的商业模式进一步恶化，因为它吸收了存款并发行了长期固定利率住房抵押贷款。大量储蓄和贷款协会破产，而联邦存款保险公司（FDIC）在短时间内向许多破产的储蓄和贷款协会提供贷款，导致技术性破产。1989 年，储蓄贷款协会濒临破产。储贷危机时期美国储贷协会倒闭数量如图 4-4 所示。

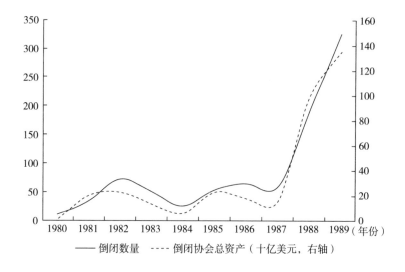

图 4-4　美国储贷危机时期储贷协会倒闭数量

资料来源：美国联邦存款保险公司网站，https：//www.fdic.gov/。

为了挽救储贷协会，时任美国总统的老布什于 1989 年实施了金融机构改革。[①] 同时，鉴于存款保险制度和在储贷危机期间面临的其他金融风险，美国监管机构于 1991 年通过了联邦存款保险公司改革法案，该法案采取了一些措施来加强金融监管，包括严格限制大型银行的保护政策，加强对银行的监管，提高储蓄和贷款机构对资本比率的要求以及调整存款保险。此外，它还增加高风险投资的成本并抑制道德风险。在严格的金融监管和控制以及政府积极救市的双重努力下，金融系统性风险得到了全面的控制，经济自 1992 年开始逐步恢复。

（三）次贷危机时期

2007 年，美国爆发了严重的次贷危机，此次危机从美国逐步蔓延至全球金融市场，其对美国经济和世界经济都产生了极大的负面影响。这场影响深远的金融危机的成因表现为多方面因素，微观方面是金融衍生产品，而宏观因素是受市场结构、经济政策影响，更值得注意的是，这次危机与经济周期性发展等因素相关联。

首先，宽松的货币政策引发的流动性过剩是致使次贷危机产生的直接原因。一方面，受网络泡沫经济和"9·11"事件对美国实体经济的影响，美国政府采取宽松的货币政策。2001~2003 年，联邦基金利率连续 13 次下调至 1%。在宽松货币、资本从股市流出、税收优惠政策的多重激励下，美国的总体信贷规模急剧扩大，各单位杠杆比率节节攀升，导致资金大量涌入房地产市场，引发美国房产价格不断上扬。另一方面，美国在 1998 年废除了《格拉斯—斯蒂格尔法案》，这意味着完全放开了对商业银行、投资银行和保险公司的混业经营限制，同时大力鼓励金融自由和金融创新。这一时期的特点导致了衍生信贷产品发展飞快，商业银行、保险公司、共同基金、对冲基金等大举发展表外业务，影子银行也在监管真空中迅速扩大，规模得到了很大提高。

自 2003 年以来，美国采取了一揽子新措施来吸引借款人，这些措施中最为典型的就是可调利率抵押贷款（APMs）[②]。APMs 在初期只需要低利息和本金还款，这吸引了大多数次级抵押借款人。2001 年，浮动利率抵押贷款仅占美国发行抵押贷款的 10%，2004 年上升至 1/3。到 2007 年，混合浮动利率抵押贷款约占美国次级抵押贷款的 90%。后来由于对市场风险的错误估计，美联储提高了

---

① 在监管金融机构的资本比率和存款保险费率的同时，他直接挽救了储蓄和贷款协会，通过向联邦储蓄和贷款保险公司（FSLIC）、清算信托公司（RTC）和财政部其他部门注资，预算为 1660 亿美元。

② 即以最初几年低于市场利率的固定利率支付或不支付利息，然后以浮动市场利率支付利息，包括混合可变利率抵押贷款和可自由支配的抵押贷款。

17 倍的利率，这大大增加了购房者的抵押贷款负担，同时伴随着美国住房市场价格的持续下跌和债务违约率的上升。为此，美国政府向金融市场不断注入大量资金，创立了一系列的附担保拆借工具。虽然这在一定程度上缓解了市场资金压力，增强了资金流动性，但是对于根除危机隐患毫无作用，相反还错过了避免危机的最佳时期。

正是在美联储这一系列宽松的货币政策和大量外部资金流入的影响下，美国居民的过度消费一度高涨。家庭日常消费支撑着美国经济的增长，日常消费占美国 GDP 的 70%，消费增长为经济的稳定增长提供了有力的支持。在经济增长的大环境中，居民住房价格一路攀升。由房产泡沫造成的虚假的财富效应反过来导致居民消费意愿空前高涨。结果显而易见，货币政策和房产泡沫致使消费热情不减，而后者又助长了房地产市场发生泡沫。在消费与房价反复影响的过程中，形成了恶性循环，美国住房抵押市场一度空前繁荣，非理性过度消费和高房价最终直接导致危机的发生。

其次，宽松货币政策产生流动性过剩只是一个量变的过程，真正导致经济过程中问题发生质变的原因还是在于全球经济体制下"美元本位制"所产生的世界经济结构失衡。由于国内消费能力和房地产事业的上涨，美国一直在增发美元，这使美元的全球供应量大大增加。显而易见的是，美国很长一段时间的贸易都存在着逆差，这种行为使政府财政赤字节节攀升，美国不断增发美元的行为导致美元在国际市场中不再坚挺，美元的走软会降低投资人对美国市场的投资兴趣。

为了扭转形势，美国政府和美联储实施经济手段提高世界各个国家对于美元的需求额度。美元作为世界上大多数商品定价的标准，各个国家都将美元储备金用于国际贸易。美国通过提高商品价格来增加世界对美元的需求量。以黄金为例，其价格从 35 美元/盎司一直猛涨至 1400 美元/盎司，国际原油的价格同样水涨船高，从 1 美元/桶的基础上上涨至 147 美元/桶。作为国家大宗商品交易的黄金、石油等价格大幅度上涨，美元的需求在世界上大大增加，这有效地对冲美元大量发行导致的疲软，并进一步巩固美元的霸主地位。同时，美国通过政治、军事上的特别手段，恶化市场经济，搅乱政治格局，使投资环境恶化，从而进一步稳固美元市场的地位，提高美国市场投资的吸引力。通过这一系列措施，世界的投资资源和资金均汇聚到美国市场上，据统计，美国市场吸引了当时世界上 70% 的投资金额。正是这一世界经济格局，助长当时美国国内的房地产泡沫疯涨，同时也使美国次贷危机最终爆发时对世界经济和贸易带来的巨大连锁反应和影响。

最后，美国次贷危机产生的具体原因。一是金融工具创新过度，主要是次级抵押贷款证券化。按照以往的实践，银行的住房抵押贷款计入房地产贷款科目，由银行享有收益并承担风险，所以银行会非常重视对贷款风险的监控。但在2007年次贷危机前，美国的住房抵押贷款已经转换成为了债券，这些债券被出售给了投资者，并将其包装且一次又一次地出售，而且这种交易一直在进行。在2007年左右，抵押贷款转换成证券出售的比率达到80%，次级抵押贷款证券化过程中过多的金融创新政策，使隐瞒和超额积累的贷款风险不断积累，最终扩大成为次贷危机。① 美国存在着大量的抵押担保债务（CDO），这对美国次贷危机的加重起到了很大的作用。①CDO的蓬勃发展增加了贷款规模，也给金融机构回馈了不菲的利润，银行通过这种方式可以将很大一部分高等级风险的次级贷款从资产负债表上剔除。在这种利益的推动下，银行改变原有发展理念，不再像以前关注信用是否优秀，而是不管不顾地疯狂扩张贷款规模，这就导致风险急剧膨胀。②CDO的发展也在一定程度上扩大了次贷危机，CDO的高利润的特点使大量的机构投资者和个体投资者转变投资方向，大量从证券市场涌入这一领域，这间接地增加了参与的金融机构数量。③CDO的信用链条十分冗长，无法评估风险，虽然评级公司力图公平公正，但是由于评级方法本身的限制，往往不能给投资者提供正确的风险估计。由于过于依赖模型，在对CDO评级时给予了过高信用，这在一定程度上错估了风险水平，也误导了投资者和监管者。二是信用评级机构利益扭曲。信用评级机构在评级时本应坚持公平原则，但是由于其自身又存在盈利的诉求，这就会产生利益冲突的问题，评级机构在很多时候可能会为了自身利益而损害投资人利益，有意造成评级的误差。信用评级机构评级失误对这次危机的产生有很大的推动作用。①评级机构的运行偏离了公正性。在早期，由于由委托人支付评级费用，评级结果较为真实准确，但在后期的改革中，评级机构的商业模式不断转变，一些费用转移到了证券发行人身上，这时便会出现这样一种情况：信用评级机构很可能由于证券发行人的压力形成不了公正的评级报告。②信用评级机构自身的预警能力也存在一定的滞后性，虽然很多情况下风险已经积累得十分严重，但是评级机构没有对市场信息及时反应，使得评级结果失去了意

---

① 如果详细展开论述，即：首先，有贷款资质的机构将自身的次级贷款出售给一些专门的投资机构，这样就会使贷款机构自身的次级贷款风险与正常的贷款业务相分离，从而在报表上降低了自身的风险，就实现了风险的第一次隐藏；其次，将购买的次级抵押贷款证券化，并根据风险水平重新包装次级抵押贷款；最后，这个链条漫长而复杂，产品复杂多样，资产定价困难，因此投资者无法判断其风险。

义。但是各类经济对评级信息严重依赖，使得相关部门在政策制定时也出现了偏差，同时，投资者也更愿意把信用评级作为其投资的重要参考指标，不过评级也存在缺点，那就是它具有滞后性，一旦风险出现，投资者很难做出准确的判断，从而给自身带来严重的损失。

2001～2003 年，美国次贷危机经历了宽松货币政策、金融自由化、金融衍生工具层出不穷以及影子银行快速兴起的过程，房地产泡沫越来越大，信贷规模也急剧增加，且 2004～2006 年紧缩货币政策的出台引爆了房地产泡沫，金融周期随即下行，并一步一步形成了国际金融危机，造成世界经济的萎靡不振。与以往不同，次贷危机时期有独特的特点，在这一时期兴起和逐步发展的新型金融信用衍生品导致了金融风险节节攀升。因为在超高额利润的诱惑下，各类金融机构不断下调放贷标准，无视信用风险，将信贷随意放给无力偿还之人，因为金融机构可以利用资产证券化（ABS、MBS）、信用违约互换（CDS）等衍生工具将这些信贷剥离于自身，从而转移风险。更有甚者，部分金融机构不断地一次一次地资产证券化，这种操作模式使抵押贷款证券化急速扩张，美国经济增速也不断一路呈上行趋势直至经济发展的顶峰，但是这一发展模式下也隐藏着金融衍生品多层嵌套与期限错配下金融风险成倍地增长的风险。

随着经济上行，通胀压力也得到了逐步的释放，因此，在 2004～2006 年短短 3 年的时间里，美联储又连续 17 次把联邦基金利率从 1% 大幅上调至 5.25%。这种调节的方式带来一定的不良影响，即使得部分抵押贷款者损失较大，尤其是以可调节利率为主的投机性住房抵押贷款者。也由此产生了严重的金融后果，贷款违约，房价大跌，最终导致房地产行业的泡沫被戳破。对于衍生产品而言，资金断裂、金融机构倒闭，终极后果便是引发影响全球的次贷危机。2007 年，美国房价急速下跌（见图 4-5），抵押贷款的风险初步加深并进一步释放，导致商业贷款损失也逐步加大，抵押贷款违约激增（见图 4-6），这一时期主体信用崩盘，市场流动性紧缺，存款保险公司陷入技术性破产。

次贷危机的爆发对美国实体经济产生了剧烈的冲击，其经济走势也快速走入了下行的趋势。2009 年美国经济增速相较于 2008 年下滑了 2.63%，2009 年美国失业率达到了 9.3%。在如此严峻的经济环境中，美国当局实施了一揽子刺激政策。

首先，美国政府直接投入资金救助金融机构，将不良资产剥离。美国政府授权联邦住房金融局（FHFA）接管房地美、房利美，这一过程耗费 2000 亿美元收购了房地产企业的优先股。同时，通过外汇稳定基金（ESF）来保证货币基金和商业银行的债务担保问题，在传统的救助工具之外，采取了扩大接受救助的企业的种类，增加抵押品的种类等新型救助措施，这次救助具有持续时间长、影响范围广的特点。

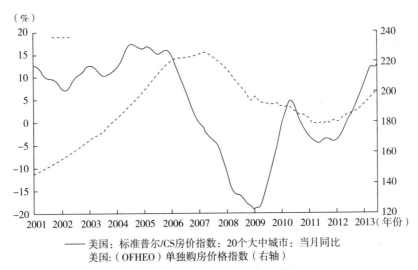

—— 美国：标准普尔/CS房价指数：20个大中城市：当月同比

美国：（OFHEO）单独购房价格指数（右轴）

图4-5 次贷危机时期美国房价暴跌

资料来源：标准普尔公司网站，https：//www.spglobal.com/en/#data-analytics。

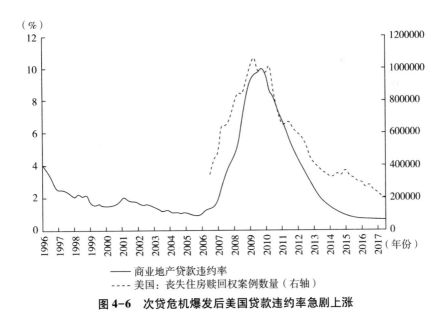

—— 商业地产贷款违约率

- - - 美国：丧失住房赎回权案例数量（右轴）

图4-6 次贷危机爆发后美国贷款违约率急剧上涨

资料来源：美国联邦存款保险公司网站，https：//www.fdic.gov/。

其次，实施量化宽松政策和积极财政政策共同刺激经济。2007年9月至2008年12月将联邦基金利率降至0%~0.25%，同时美联储实施了三轮的量化宽松政策。在财政政策方面，美国政府推出经济刺激计划，总金额为7870亿美元，但35%用于减税，同时美国政府还实施了退税、增加政府支出等手段来刺激经济复苏。

最后，是加强监督，填补监督空白。鉴于次贷危机显露出来的监管问题，美国国会先后通过了许多法案①，目的是全面增强监管，尤其是对证券化以及场外衍生品市场的监督管理具有十分重要的意义。此外，这次危机过后，美国政府意识到结构化严格监管的重要性，建立了严格的风险评估体系，对金融机构的规模和风险作出了规范性的标准要求，尽最大限度防范危机发生，提高金融企业资产质量。

通过上述三剂"强行针"的输入，美国次贷危机在爆发后两年内即得到有效控制，经济各项发展指标有所平缓。整个次贷危机的爆发强烈而快速，即因为危机本身涉及金融衍生品的特殊性，同时也是美国政府的强力有效干预，使得危机的蔓延时间得以控制。

从美国上述三个经济周期与金融不良资产之间的相互影响看，主要体现在以下三个方面：

1. 市场经济行为和金融不良资产的相互作用

在市场经济活动过程，银行、企业作为市场经济活动的重要参与者，按照西方经济学的理论其属于"理性的市场经纪人"，即会适时根据经济周期的变化做出应对和改变，而这样的行为也会直接对不良资产处置行业产生影响。但是往往在市场逐利的过程中，受各种未知因素和信息不对称的影响，"市场经济人"的决策和行为未必都能取得预期的结果。对于银行和企业而言，在经济发展的上行时期，受经济持续增长和繁荣的景象影响，逐利性使其都倾向于采取高风险策略，以此追求相对高额的利润。由此导致市场的交易活动进一步活跃，资本市场空前繁荣。但是物极必反，经济发展也不例外，其经历过繁荣后也将进入衰退的时期。然而此时，原本在繁荣时期沉淀下来的经济隐患也会通过各种形式表现在衰退期，最终形成金融不良资产的累积爆发。20世纪80年代美国的储贷危机即是这一现象的缩影。随后，在美国的金融"脱媒"现象导致银行传统业务无利可图的背景下，美国银行将大量资金投入发展中国家的债务业务、房地产投资业

---

① 包括《现代金融监管构架改革蓝图》《金融监管改革框架》以及《多德—弗兰克华尔街改革与消费者保护法》等。

务及杠杆收购业务中，这三大领域一度成为当时美国银行业的利润支柱。直到进入 20 世纪 80 年代末期，拉美的各个国家已经深陷于债务危机之中，严重地影响了其经济的发展，因此已经无力再支付外债的利息，而这也引起了美国外债的大额亏损，因为美国银行当时对于发展中国家的外债投资也占美国银行盈利的一部分，这一系列事情的发生也为美国次贷危机的爆发埋下了隐患，导致美国次贷危机前夕银行资产的巨量亏损和不良资产数量的爆发。

2. 房地产周期对金融不良资产的影响

房地产周期也是宏观经济周期中不可或缺且较为关键的组成部分，其价格和供给的波动也直接对金融不良资产行业产生影响。具体体现在金融不良资产处置领域，房地产抵押物债权的收购价格与房地产价格的走势具有一定的关系。如图 4-7 所示，该曲线图反映出美国联邦存款保险公司收购金融不良资产价格与美国房地产价格的波动之间存在密切的关联性。

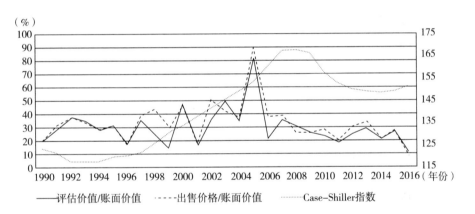

图 4-7　美国联邦存款保险公司收购金融不良资产价格与美国房地产价格走势

资料来源：美国联邦存款保险公司网站，https：//www.fdic.gov/；标准普尔公司网站，https：//www.spglobal.com/en/#data-analytics。

需要注意的是，此种关系有时也并非呈现同步变动状态，而导致波动差异的因素主要是金融不良资产处置与社会整体经济形势密不可分。[①] 当宏观经济进入衰退期，曲线呈现下行时，经济增速、企业盈利能力与其成正比，也呈现放缓或者下降趋势，而这也会引起一连串反应发生，企业盈利能力的下降，也将反映其

---

① Drehmann M., Gambacorta L. The effects of countercyclical capital buffers on banklending [J]. Applied Economics Letters, 2012, 19 (7): 603-608.

并没有更多的收益或者过多的现金流去偿还企业的债务，加剧资金的周转，从而可能导致不良资产逐步暴露。而这连锁反应的产生，也会使不良资产的供应商——金融机构增加供应规模，从而使不良资产的规模在经济逆周期的情况下逐渐扩大。另外，低迷的经济也会对不良资产的表内资产产生负面影响，因为经济的下行导致房地产价格下行，而这也会导致以房产为抵押物的不良资产处置难度加剧，表内资产将呈现顺周期特征。与此相反，当经济复苏逐渐好转，宏观经济呈现平稳发展的时候，随之而来的是企业盈利能力将逐步提高，原本的负债将逐渐减少，现金流也将变得宽松，而这一系列的好转，也将会拉动房地产行业的经济，从而使得不良资产处置难度下降，利率空间加大。但还需注意，经济形势的好转，将会导致不良资产体量的下降，供给规模也将减少，因此行业投资收益总体来说偏低。总结而言，经济周期的波动对不良资产行业的影响从数量和机会上看是逆周期的特性，但是也必须考虑不良资产在实际处置和回收中其经营风险和经济形势呈正相关关系，由此造就了经济周期对不良资产行业里不管是不良资产的供给量、处置难度、盈利空间的影响相较于大部分一般金融机构而言显得更加错综复杂。另外，若经济增速幅度不大且持续时间不长，不良资产规模的扩大带来的积极影响将大于经营风险提高带来的消极影响，经济周期对不良资产还是产生积极的效果。但是当经济下行幅度过大且持续时间过短，则经营风险的概率将大大超过不良资产供应规模带来的机会。①

3. 利率政策对金融不良资产的影响

利率政策往往是美国政府在应对经济下行时期所采取刺激消费、振兴经济的主要货币手段。而经济下行周期最直接的体现即为企业利润率的下降，企业利润率与美国经济周期呈正相关，具有密切联系性。一般来说，企业利润率降低时，美国的经济也将呈现下行趋势，美国二级市场也将多半为"熊市"。从图4-8可以看出，当企业利润率出现大规模下滑时，往往都伴随着美联储降息周期的开启。

美国典型的两次经济危机——储贷危机和次贷危机时期，美联储都采取降息的货币策略。其中，次贷危机前夕为刺激经济增长，美联储多次降息以及降利率的操作，极大地刺激了美国房地产行业的供需关系，促进了经济的持续复苏。伴随着降息政策持续执行，美国的经济逐渐向好，但房地产泡沫也逐渐形成，通货膨胀率也逐渐上升。为抑制房地产行业过热局面，降低通货膨胀率，美联储2004~2006年连续加息17次，由此使得资金供应成本提高，购房需求减退，逐

---

① 吴晓求. 股市危机：逻辑结构与多因素分析［J］. 财经智库，2016（3）：35-37.

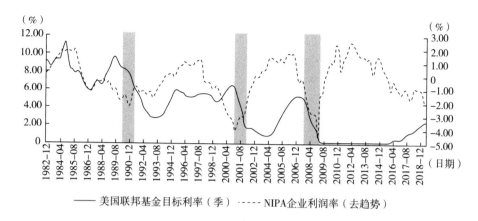

图 4-8 1982~2018 年美国联邦基金目标利率（季）与 NIPA 企业利润率情况

资料来源：美联储网站，https://www.federalreserve.gov/。

利投机资本逐渐退出房地产领域，房地产价格开始下跌。房价的下跌以及利率的上涨使得大批贷款购房者无力承担银行高昂的利率，违约贷款率急剧攀升，负向的财富效应使得投资者恐慌，大量个人投资者集中赎回之前的基金，从而引发了"挤兑潮"，导致了一场蔓延美国乃至世界范围的次贷金融危机，并引发了美国不良资产率在 2008 年左右的一次高峰值爆发。

而在危机爆发后，美国及时调整了货币策略，对利率实行市场化。短期内看，美国利率的市场化波动较为剧烈，但存款贷款的利差在利率市场化后较之前有较为显著的提高并保持平稳。利率市场化加剧了竞争，不良资产率出现大幅度增加，资产减值损失计提也相应地增加，储贷危机前期银行业整体出现了特别大的亏损。但事实证明，在利率市场化实行一定时期后，随着美国经济的复苏，通胀维持低位，银行盈利能力逐步提高。利率市场化的政策不仅让美国融资率不断提高，还使得一些大型银行通过全方位的服务获得了较高的盈利收入。与此同时，利率市场化也促进了银行间的并购热潮，中大型银行盈利能力得到较大幅度的改善。后期资产证券化的实施也加快了经济的繁荣。① 由此可见，美国的利率市场化更有利于资产质量好、业务范围广的头部银行的长远发展，为后期经济上行阶段的发展提供助力，银行的不良资产率也逐步下降。

---

① 到 2006 年，投行、货币市场基金、共同基金和 ABS 发行商等机构或基金的资产规模已经超越了美国传统商业银行。

二、美国两大典型危机时期金融不良资产处置策略

在美国两次典型的经济周期低谷阶段，即美国储贷危机和次贷危机阶段中。美国政府在处置金融不良资产方面表现出了应有的担当和果断。

从美国爆发的两次经济危机时期对不良资产集中处置的情况来看，金融不良资产状况作为社会经济的"晴雨表"，是国家经济宏观运行情况的体现，经济运行的周期性状况影响着不良资产处置的具体操作方式，呈现出逆周期性的特征。同时，两次经济危机时期美国政府和金融机构采取各项政策措施也体现出在特定经济周期情形下，不良资产处置的运行和操作需要适应特定经济周期发展的规律，并且会对经济周期波动有反向的作用力。为了重建危机中遭受破坏的经济体系，并系统性地防范后续金融风险，美国政府进行了两次大规模的不良资产处置活动。美国的金融不良资产处置行业逐步形成于 20 世纪 80 年代，由于在经济下行期金融不良资产大量累积，经济繁荣期金融不良资产价格回升的特征，美国的金融不良资产投资人通过周期性投资手段获得丰厚的回报。在这一过程中，美国的不良资产率得到了有效的控制，经济发展也逐步开始复苏，美国也在金融不良资产处置过程中积累了丰富的实践经验，为世界各国金融不良资产处置提供宝贵的经验。

（一）美国储贷危机时期的不良资产处置

随着储贷危机的爆发，20 世纪末期，美国有问题以及破产的商业银行的总数已经达到了 1600 多家，各个金融机构的不良资产总额则高达 7000 多亿美元。1980~1994 年，破产或面临破产的金融机构数量逐渐增加，不良资产大量堆积，亟待处理。为了解决危机带来的一系列问题，美国于 1989 年颁布了《金融机构改革、复苏和加强法》，成立了由联邦存款保险公司负责的重组信托公司（RTC）。其主要职责是处理和托管那些在储贷危机中资不抵债的储贷机构，帮助它们解决不良资产，从而减少不良资产对经济的负面影响。在法律意义上，RTC 被认定为政府机构组织，虽然政府未给予其资金，但它可通过发行证券和借款，或者国会划拨来实现资金的补给。而后，为了更好地阻止危机的进一步恶化，国会又通过《RTC 再融资、重组及改良法》，将 RTC 从 FDIC 中分离出来，结束了 FDIC 对其的管理，使其直接对总统和参议院任命的 CEO 负责。与此同时，该法也增加了 RTC 更多的权力。在有明确的权力和配套的法律措施支持下，RTC 立即对倒闭的储贷机构进行重整，对于重整的资金包括两方面：其一是财政的拨款，总共 1051 亿美元，用于补偿投保存款与储贷会资产价值不一致的情况；其

二是联邦住房贷款银行和美联储给予的流动资金，用于重整交易中所产生的支出。① 因此，RTC 资金来源的多元化，使其从成立到 1995 年 6 月底，总计对 706个托管的机构实现了重组，有效地减轻了储贷给经济带来的影响，稳定了金融市场，维护了公众的信心。具体来说，RTC 通过购买和承接（P&A）以及存款支付方法、存款支付、分行拆分、拍卖和密封式报价、经济适用房方案、资产证券化、股本合作、资产管理合同商等措施，处置了上万亿美元的不良资产。RTC 的这些举措开创了政府设立专门机构集中处置金融不良资产的先例，成为其他国家处置金融不良资产的借鉴典范。以下着重阐述美国 RTC 处置金融不良资产的主要模式。

1. 拍卖与暗标投标模式

随着大量储贷机构和银行的倒闭，巨额金融不良资产需要尽快处置。RTC 通过打包和销售资产组合并实行密闭式报价的转让方式来对不良资产进行批量出售，从而实现快速清理不良资产的目标。在密闭式报价的转让中，RTC 会根据资产评估机构的评估确定每笔转让资产的保留价。意向购买人将自己对该资产的最高报价放入信封中交给 RTC。RTC 会以保留价为前提，将出价最高的意向投资人确定为最终的买受人。到 1990 年，RTC 处置资产的策略更倾向于把出售的资产外包给私营机构来处置。原因主要有以下两个方面：一方面，RTC 并不想提高雇佣人员的成本以及增加培训费的开支，因为 RTC 的投资组合包较为复杂，对于RTC 现有的员工并没有丰富的处置经验，若不委托专业的外部机构来协助处置资产，则大量的工作任务 RTC 并没办法去完成；另一方面，对于私营机构来说，尤其是专业度较高的私营机构，它们在尽职调查、评估资产等方面具有较高的可信度，从而降低了潜在买受人购买资产的风险度。同年 9 月，为处置更多的存量不良资产，RTC 建立了一个全国性的销售中心，并且在许多地方设立了区域销售中心，并且使用更加规范化的流程将销售资产的相关事宜外包给私营机构。具体是通过合同确定私营专业机构的职责与范围，包括投资者的审查文件、评估资产和定价方法、营销模式、打包策略、评标等一系列为处置资产的全套工作。

到 1991 年，RTC 实施了"结构化交易"，目的是提高对商业按揭不良贷款以及多户家庭房产等其他房地产的需求，从而使大量投资组合的资产被销售。它们按照资产的质量、规模、地理分布将其打包组合，而后为竞标提供结构化的投标组合模式。按照此方式的销售策略，RTC 出手了 196 亿美元的账面资产，获得了

---

① 除此之外，RTC 还建立了银行来专门从事重整项目，其操作模式为通过一次性购买储贷机构的负债以及由 RTC 作为担保的资产来作为担保物发行票据，为 RTC 筹措资金。

10.7亿美元的收益。

而后，RTC还创新了处置不良资产的新思路，其中之一是通过拍卖的方式来处置不同类型的资产。具体流程是将贷款根据规模、地理位置、类型质量等打包组合，并且使用适当的评估方法确定组合的估价。随后提供有关的拍卖信息以及合格买受人的要求。在拍卖半个多月前，RTC会允许合格的买受人查阅此次拍卖资产的档案资料。在拍卖时，会做出相应的拍卖公告而后进行资产拍卖，成功的买受人需签署最高报价声明，并于当天签署销售协议。1992年9月，为了加速不良资产的处置，RTC开始了全国贷款拍卖计划，密苏里州堪萨斯城的拍卖中心的设立，开启了全国贷款拍卖的浪潮。在该地，潜在买受人可以对从各地办事处汇集来的资料进行尽职调查，拍卖中心也为潜在买受人提供了充足的时间进行文件审查，减少了潜在投资人信息不对称的风险，使其竞争更加透明化、公平化。同时，RTC也通过各种宣传方式推介资产，包括直接发送邮件以及在主要的有影响力的报纸上推送拍卖信息等手段扩大销售影响力，并且对潜在买受人有疑问之处都一一解答，这些措施和服务为吸引更多的潜在买受人来参与竞争打下了基础。①

另外，银行和储贷机构倒闭遗留下来的房地产资产也是RTC需要重点处置的项目。1989年，RTC接管的以房地产为抵押的贷款高达146亿美元，因此，通过常规的途径（经纪人模式）难以处置这么大规模的房地产存量资产。随后，RTC结合当时的实际情况，采用了密封式投标模式来处置以房地产做抵押的贷款。具体来说，RTC会在有影响力的报纸上确定投标日期，并要求中标人以现金的形式缴纳不予退还的保证金来确保中标后及时缴纳购买资产的全款。同时，潜在的买受人会根据密封投标的说明以及格式和期限提交投标，密封报价的期限是一个月至两个月，由经纪人为投标人提供服务。RTC会根据评估房产的评估价来确定保留价，但保留价均不得低于评估价的70%，并且也会根据销售的成本来做一定程度的调整。因此，如果RTC收到高于保留价的报价就会择优选择投标人，并向其卖出该资产。由此可见，密闭式投标模式使更多的潜在买受人能依据结构化的指导提交符合自己投资策略的报价，使竞争更加的透明化，消除了潜在买受人不公平的后顾之忧。通过此措施，RTC在1986~1994年卖出了账面价值逾期百亿美元的不良贷款，总计超过数十万笔。

2. 资产证券化模式

20世纪90年代，RTC为了处置大量的以住房和商业房产抵押的贷款，开始

---

① 截至1995年12月，全国贷款拍卖计划的实施，RTC售出贷款数量高达72914万美元，共售出2129个资产包，成本与售价百分比为1.45%，可见，全国贷款拍卖对于RTC处置不良资产效率的提高很有帮助。

探索资产证券化模式。通过此方式，RTC 共解决了 420 亿美元的不良资产。资产证券化是将拥有相同预期现金流量及类似特征的资产转化成可以在市场上流通的有息证券，其底层资产多数为不同类型的抵押品，因此证券化的产品多数为抵押担保证券。早期，RTC 为了处置抵押贷款的资产，想通过发行证券的形式来处置，可是遇到的障碍是个人责任问题。《1933 年证券法》规定，对于出售证券的招股说明书存在错误的，私营公司的董事、高级管理人员和实际控制人要对其承担个人责任，而这些高管都害怕会被证券投资者起诉承担法律责任。因此，高管们对于资产证券化的模式迟迟不肯实施。所以要想顺利实现资产证券化，首要解决的问题应该是对个人责任的保障。为了使大量抵押贷款资产能有效处置，美国参议院通过法律来为资产证券化的开始提供了法律支持。1991 年颁布的《RTC再融资、重组及改良法》中，在《1933 年证券法》的基础上提出了绝对豁免权，这一立法的出台为私营公司高管提供了保障，也使得 RTC 能够将证券化作为处置资产的主要手段。

随后，RTC 的董事会授权证券交易委员会提交了登记表，发行和销售 RTC机构住房贷款的抵押证券。为了进一步加速处置抵押类的不良资产，1990 年 11月，RTC 与美国联邦国民抵押协会（简称房利美）和美国联邦住房贷款抵押公司（简称房地美）签署了一份"主"协议，从而开辟了 RTC 向机构直接销售合规贷款的新道路，此称为 RTC 资产互换计划。具体来说，对于符合规定的住房抵押贷款，房利美和房地美从买方处购买这些贷款，并将其包装转换为流动性较强的证券出售给投资者。房利美或房地美的收入来自证券投资者付款与从抵押人处收取因支付本息之间延迟所赚取的利息。

对于不符合房利美和房地美要求的不良资产，RTC 通过私人证券计划来完成，通过内部增级的方式来降低投资者购买的风险程度。其增级的方式主要通过以下几种方式进行：第一种是现金储备基金。它是每笔交易中不可或缺的保障金，用于保护投资者在拖欠本息及资产清算损失等情况发生时的储备资金，从而降低了投资人的投资风险。第二种是从属关系。RTC 证券交易通过对高级证书持有者提供保障，并要求初级证书持证者承担损失以及产生的差额。一般情况下，高级别的保证人获得全额的偿付，低级保证人将会被分配本金，此操作使得每笔交易具有完整性，也保证了高级别类型的都能优先受偿。第三种是超额利息和超额抵押。其是按揭贷款的利息收入与证券支付给投资者利率的差值。通常来说，在一些交易过程中，超额利息是用于弥补现金储备金的不足的，从而再分配给担保人。当超额利息被偿还类别余额时，相对于抵押贷款组合中那些本应用于偿还证券的本金余额将会变少，从而形成了超额抵押。而这种超额抵押又为将来的损失提供了一定的后方支持。这些增级措施的实施，也为提高资产的回收价值以及增加资产销售的概率做了很好的铺垫。在 RTC 实施金融不良资产证券化的几个月里，RTC 抵押贷款证券的发行量排名第三，仅次于房利美和房地美，并且已经处置的抵押类住房贷款总计超过了 50 亿美元。

由于住房抵押贷款证券化的成功实施，商业房产抵押贷款也朝着证券化的模式推进。可是，初期的商业抵押贷款机构经常以自行制定的标准来竞争贷款，从而导致了抵押贷款的质量和完整性大打折扣。具体来说，一方面，大部分贷款人对于借款人和担保人提交的材料并没有严格的审核就直接放贷，文件的不完整性以及担保质量的不确定导致了贷款的风险骤增，也为后续处置增加了难度。另一方面，RTC 的商业抵押贷款证券化缺少以往公开交易的历史信息，这会使投资者迟迟不敢去购买商业房产抵押贷款证券化产品，因为信息的不对称会增加交易的风险。基于此，为了解决 RTC 商业抵押贷款证券化的缺陷，使得商业抵押贷款证券化顺利出售。首先，RTC 为商业证券化提供声明和保证来降低交易风险，如果 RTC 有违反声明和保证的事项，它必须承担相应的赔偿。其次，为了解决过往交易信息的缺少问题，RTC 发布《投资组合绩效报告》为投资者提供了历史交易的信息以及业绩报告，从而让投资者了解更多的 RTC 商业抵押贷款证券化的过往信息分析投资的可行性。通过这些措施的实施，RTC 商业抵押贷款证券化难以出售的困境得以解决，成功交易了 27 笔，出售了 170 亿美元的商业房产抵押贷款支持证券。

3. 经济适用房模式

储贷危机爆发后，RTC 接管了大量的房产。为了处置这些房产，RTC 出售经济适用房给中低收入家庭来处置这些不动产，以此拉动经济。1989 年的《金融机构改革、复兴和实施法案》为 RTC 实施经济适用房配置方案提供了法律的支持，对于此方案分为单户型房产和多户型房产的经济适用房出售，旨在从政府层面为中低收入家庭（根据美国住房和城市发展部规定的该家庭收入不超过当地中等收入 80% 的家庭）提供居住和租赁的可能性。

符合购买经济适用房的购买者有两类：第一类是符合家庭收入标准的中低收入家庭。当 RTC 将经济适用房出售给中低收入家庭时，需满足将该经济适用房作为住所并且至少居住一年。另外还要签署土地使用限制协议，其中一项包括：对于单户型房屋，如果买家在一年内将其转售给其他人，则 RTC 有权收回 75% 的净利润。对于多户型房屋，还需签署重收与利润再投资协议，RTC 有权获得买家在两年内从 RTC 处购置的房屋再转售的利润的 50%。第二类是非营利公司或者公共机构。RTC 将经济适用房出售给这些机构时，与出售给中低收入家庭的要求类似。不同之处在于，这些机构公司必须将买来的经济适用房出售给中低收入家庭，并要求他们同意将该房作为住所居住至少一年。同时，两年内转卖的，这些卖出的公共机构需要将其获得利润的 50%投资于额外的经济适用房，以防止因 RTC 的优惠政策使公共机构获得额外的暴利。为了有效地推进经济适用房项目的实施，RTC 还运用了清算所、开发卖方融资、邀请技术援助顾问、制订直销计划、设立维修资金、制定捐赠政策、调整价格的方式来对经济适用房进行营销出售。具体来说：

（1）清算所。RTC 利用国家住房金融机构和联邦房贷银行的票据所来挂牌出售经济适用房，清单很清晰地写明了房屋的权属状态、价格和中介的联系方式。便于房屋信息的宣传以及潜在的购房者可以直接了解房屋信息，增加了出售的可能性。

（2）技术援助顾问。他们是以社区为基础的组织，旨在帮助符合条件的购买者完成收入证明，以及对其交易后业主责任问题进行培训和指导。而技术援助顾问这一角色的设置，给予符合条件的买房者提供了从售前到售后的全方位服务。

（3）卖方融资。由于经济适用房的地理位置以及新旧程度往往不及市场上销售的商品房，因此它们往往不能吸引足够的传统性融资，出售就会存在阻碍。在此背景下，RTC 实施了卖方融资计划，为符合购买经济适用房的用户提供融资并且为单户型购买者提供支付结算以及较低的承保协议，为公共机构提供过桥贷款。在此措施基础上，RTC 为单户住房提供贷款共计 170153.5 万美元，为多户住房提供贷款共计 331872.3 万美元，通过卖方融资计划共出售了房产共计 6045 套。

（4）维修基金。其旨在为中低收入家庭无法负担房屋购买后需要维修的保障金，这就为中低收入家庭减轻了经济负担，让其在购房方面获得了一定的保障。

（5）直销计划。此计划是为非营利组织和公共机构提供优惠的购房机会，通过优先为这些机构提供连续 60 天的独家营销期以解决这些机构短时间内没有足够资金购买房产的问题。

（6）降低价格。1991 年 3 月，国会为了将经济适用房普及更多的中低收入家庭，对于销售的经济适用房采取无限定低价政策，从而可以灵活地调整价格让中低收入家庭进行购买。

（7）捐赠政策。因为 RTC 持有大量的名义价值的资产，为了能将这些资产快速出售，RTC 准许将财产捐赠给非营利组织或公共机构，让它们能为更多的居民提供便利的优惠。[①]

通过上述措施，RTC 向中低收入家庭提供了 109141 个单元房产，出售了超过 20 亿美元的经济适用房，而此经济适用房方案也为储贷危机中大量的存量房产处置做出了贡献。

4. 股权合资模式

由于运用传统的销售资产的方式处置资产遇到了重重阻碍，如大型资管合同项目难以推进执行等一系列问题的出现，加之资产证券化处置资产的成功，RTC 创新地采取了股权合资模式。其基本模式是 RTC 与民营投资者以股权合作模式成立合资公司，RTC 作为 LP（有限合伙人）以不良资产作为股本投资，并负责为合作企业提供融资；民营投资者作为 GP（普通合伙人）注入股权资产并提供专业知识和资管服务。为了更好更快地处置资产，RTC 设置了多种股权合作模式，其中包括：N 系列、MIF 系列、土地基金、S 系列、JDC 项目、SN 系列、NP 系列，它们有各自的独到之处，但也存在着普遍的特点：

（1）GP 不允许在合伙关系外获得现金利益，被转的合伙企业资产份额的价值是 RTC 的出资额度。

（2）合资公司的临时融资由 RTC 来提供，并且 RTC 在交易过程中所作出的保证及声明较其他 RTC 交易业务相比存在一定的局限性。

（3）一般情况下，合资公司的 GP 未经 RTC 批准不能从事协议项下的相关事宜，甚至禁止以信托的模式去从事股权合伙重点关联交易。

（4）GP 的主要职责是执行日常事务，无须经过 LP 的同意，但是对于转让合伙企业份额需 LP 的许可，而 LP 转让合伙企业份额则可自行处置其名下的合伙权益。

（5）LP 有权在 GP 滥用职权违反某些协议条款下更换 GP。

从融资条款来看，资产清算所得收益不完全属于资产清算所，其不仅需要向债权人还清负债，还需要按照之前签订的合伙协议分配给 RTC 和投资者。因此，RTC 的不同之处就在于，不但能够在清盘时赚取部分收入，而且还能在整个投资组合的全过程中获取固定的收益。

正因为股权合资模式是一种新的处置模式，RTC 也在逐步探索。1992 年 12 月，RTC 尝试创建第一个股权合资模式，称为 N 系列。它是以商业抵押贷款以

---

① 通过此政策捐赠了 1000 套单户型房产和 73 套多户型房产。

及业绩不佳的多户家庭抵押贷款打包作为底层资产投资，基本操作流程是 GP 作为信托，通过公开市场向潜在投资者发行债券，获取资金后向 RTC 购买打包好的资产组合，即从 RTC 手中购买 A 类证书（代表 49% 的信托权益），RTC 自己则会留存 B 类证书（余下的 51% 的信托权益）。通过 N 系列的交易，发行了 9.749 亿美元的债券，RTC 也从中获取了大量的现金流并且只用了 28 个月就将所有的债权清偿完毕了。但是快速的债券偿还背后，RTC 认为交易费用以及借贷成本等在公开市场上出售债权并没有起到实质的效果，因此 RTC 又开始探索另一种股权合作模式。

1993 年 9 月，RTC 为了拓宽销售的渠道，把关注点转到了小型投资者上，被称为 S 系列，此不同于上述的 N 系列，S 系列虽与 N 系列的个人规模以及种类一致，但是其资产池的规模相对较小，可以让小型投资者参与进来，拓宽了潜在的购买者，从而使销售价格在竞争中提升。并且在交易规模上，RTC 考虑到小型投资者的现金流有限，因此对于交易规模在 2500 万~6000 万美元的潜在投资者只需提供 400 万~900 万美元的私募股权，这有利于帮助解决小型投资者资金有限的问题。另外，S 系列的独到之处在于为了方便小型投资者有更低成本、简便的尽调，RTC 将资产按照地理位置的不同进行了分组。通过 S 系列的推出，RTC 提供了总账面价值为 10 亿美元，信托公司总共发行了 2.843 亿美元的债券，交易的平均账面价值为 1.13 亿美元，共完成了 9 个 S 系列的交易。

1993 年 1 月，RTC 又创新了另一个模式，称为多重投资者基金（MIF）系列。它的潜在购买者并不针对特定的资产投资。待"盲投"后，RTC 会挑选私营部门的实体作为 MIF 的普通合伙人。同时，合营公司拥有一项称为"踢出权"的权利，即可向 RTC 提出在规定时间内回购普通合伙人确定的某些资产。另外，在 MIF 系列中，RTC 拥有 25%~50% 不等的合伙权益，而 GP 则持有剩余的权益。虽然 MIF 没有像 N、S 系列发行债券，但是其具有债券等值的债务特点，即普通合伙人用其权益对债券等值债务进行担保。总之，在实行此股权合作模式项下，完成了账面价值为 20 亿美元的资产转让，债券等值总计为 4.97 亿美元。

1993 年 7 月，采取土地基金股权合作模式，将不良资产延伸到不发达的土地上。土地基金的创立旨在收取开发土地所获得的利益。合营公司中普通合伙人通常是资产管理者或者开发者，而这正好是作为合营公司的优势，利用这些管理者的专业知识实现土地开发价值的最大化，这也是 RTC 投资组合中最大的贴现资产之一。在此模式的交易过程中，合伙企业将先行垫付开发土地所需的费用，在收益分配之前扣除。同时，如果开发某种资产所需的费用超过了合作协议的约定，普通合伙人可以寻求第三方支持来获得资金上的支持。这就给普通合伙人一种灵活获得资金的方式。另外鉴于资产的特殊性，作为有限合伙人的 RTC 为该类股权合作关系提供了一个特殊的市场营销，便于投资者灵活选择。在交易结束时，投资者作为普通合伙人有权选择不同百分比的股权，并承担类似所有权的比例，而 RTC 则享有相反比例的利息百分比。通过此合作模式，处理了 815 项资产，账面价值达到了 22 亿美元。

1993 年 12 月，RTC 还推出了 JDC 的模式，由此 RTC 与 30 个企业建立了合作伙伴的关系。JDC 的计划年限是 5 年，各方有权选择结束该计划，但前提必须在 6 个月前通知并且该计划必须实行了三年后或者每个周年之后。JDC 的股权合作模式在法律上被认定为合伙关系，RTC 的出资是 JDC 资产账面价值的百分比和小额资产账面价值的 20%。对于合伙企业的权益分配来说，合伙企业的 JDC 总收入的前 10% 被计提作为处置费用，剩余的分配收入按 8：2 的比例分配给 GP 和 LP。截至 1997 年 9 月，JDC 计划收到了账面价值为 124 亿元的资产。

1995 年 8 月，RTC 推出了 SN 系列。之所以称为 SN 系列，是因为结合了 S 系列和 N 系列，不再将投资者局限于某单一类型投资者，而是推广至更大和更小的潜在投资者。同时，潜在的投资者可以对某部分或者整体的合并池进行投标。SN 系列交易与 S 系列一样也是采取信托模式，通过信托公司发行债券。截至 1997 年 8 月，RTC 项 SN 系列交易提供了 500 多笔贷款，总账面价值达到了 4.4 亿美元。

1995 年，RTC 推出了 NP 系列交易。其虽是股权合作类型中最小的，针对小额投资者，但其投资组合的资产难度却是最大的一类，主要是无抵押贷款、不良土地使用权、非房地产抵押担保等难处置的资产。NP 系列交易也是通过信托公司发行债券来换取现金，从而将除去处置费用的收益在 GP 和 LP 中按照之前的协议分配。

总之，RTC 通过这一系列的股权合作开创了利用私营部门管理层专业知识的优势在短时间内快速转移不同类型的不良资产，面向不同类型的潜在投资者进行处置的新模式，减少了资产持有的期限和尽调以及处置的成本，同时，股权合作的财务激励措施使得 GP 和 LP 快速地处理资产，从而实现金融不良资产处置效益最大化。

（二）美国次贷危机时期的不良资产处置

次贷危机爆发后，美国金融不良资产率大幅上升，美国信用体系遭受严重损害，大量金融机构运行陷入瘫痪。为了挽救次贷危机对美国经济社会造成的巨大损害，美国政府当局紧急出台各项政策措施，通过采取积极有效的措施来解决由不良资产导致的金融系统混乱的局面，从而积极地恢复美国经济社会正常的信用体系。

在次贷危机的初期，美联储通过提供融资的形式直接为收购银行做资金的支持并且通过间接的形式干预非银行金融机构的经营活动以及其对不良资产的处置。具体的例子包括：2008 年 3 月，美联储为了遏制日益下行的经济，在摩根大通收购贝尔斯登的时候，提供了 300 亿美元的借款让其顺利地完成了收购；而后在 9 月，有着"债券之王"之称的雷曼兄弟破产事件导致了金融危机，而此时的美国政府也开始着力全方位地处置危机。10 月，为了维护经济的发展以及社会稳定，美国政府以问题资产救助计划（TARP）为核心的《紧急经济稳定法案》正式颁布，其中包括：授予财政部 7000 亿美元的额度去处置一些重要金融机构的问题资产，以此来恢复金融危机带来的负面影响。可是单一地对问题资产进行处置无法使整个美国经济恢复到之前的繁荣状态，金融危机的阴影还是笼罩着美国经济，因此，当奥巴马就任后，为了解决金融危机，其调整了原来为了恢复金融稳定制订的一系列计划，而开始了实施新的救助及处置计划[1]，从而更好地刺激经济的复苏以及解决就业问题。就这样，针对次贷危机，美国最终形成了较为全面、系统的处置措施。

1. 问题资产救助计划（TARP）

2008 年 10 月 3 日，美国政府出台了问题资产救助计划（Troubled Asset Relief Program，TARP），其目的是通过美国财政部的资金支持来处置不良资产或者为不良资产提供有力的担保，以此来大量购置危机中爆发的不良资产。具体来看，全面的问题资产救助计划涵盖以下四点：第一，金融机构的支持和救助；第二，美国汽车工业财务援助；第三，投资问题资产；第四，房地产援助计划（CBO）。[2]

同一时段，美国实行了刺激经济更为积极的措施，包括美国政府投资 7870 亿美元来处置不良资产以及通过减税政策来刺激经济。其中，政府投资的占比相较于减税比例要高出 30%。另外，除了投资减税，美联储还通过降息和增加流动

---

① 具体包括银行支持计划、信贷市场计划等，与此同时还叠加实施宽松的货币政策以及减税计划。

② 截至 2014 年 3 月，TARP 计划实际支出 4229 亿美元。其中对银行的投资最多，规模达 2451 亿美元，占比为 58%，主要集中在 100 亿美元资产以上的银行。对汽车工业的投资次之，规模为 797 亿美元，占比为 18.8%，主要投向通用、克莱斯勒和联合金融。对 AIG 的投资略低于对汽车工业的投资，规模为 678 亿美元，占比为 16.0%；但 AIG 还从美联储获得了 1168 亿美元的融资支持。信用市场和住房市场的实际资金支出规模较小，仅分别为 191 亿美元和 112 亿美元，占比分别为 4.5% 和 2.6%。此外，在 TARP 计划之外，美国政府对房利美与房地美援助总额达 1875 亿美元。

性等方式来帮助恢复金融危机造成的负面影响。[①]

2. 银行支持计划

该计划又细分为多个不同类型的计划，包括资本的购买、资本的担保、定向的投资、社区发展资本等一系列计划。从多方面、多维度去维护银行系统的稳定。到 2015 年底，美国财政部通过 CPP 认购优先股的模式先后对多家金融机构提供资金支持，总共收回了 2750 万美元。另外，AGP 计划则是对花旗集团和美国银行的金融资产池提供担保并对其潜在损失承担一定的补偿。

3. 信贷市场计划

本计划的目的在于为汽车以及小企业的借贷服务提供流动性支持，通过一系列积极政策来满足消费者以及小企业的借贷要求，从而更好地推进经济的恢复与稳定。具体包括三个计划来实现信用市场的重新打开：第一，公私合作投资计划（PPIP）。该计划是政府为被选为共同建立投资基金的私营资本提供债务融资（仅限于私人投资者），双方通过"共风险、共分担"的形式，让证券市场的问题得以解决。第二，小企业证券购买计划。为了让小企业的信贷规模得以复苏，财政部通过对小企业证券进行收购以及对行业提供流动性支持，使得小企业的信贷规模得到了增加，促进了美国经济的复苏。第三，定期资产支持证券贷款工具（TALF）。在该计划中，美联储以及财政部对贷款政策发挥了很大的积极作用，先后降低了各类贷款的利率（如汽车、小企业等贷款的利率），还对私人投资人提供了相应比例的融资服务，从而帮助证券市场的恢复。

4. 住房市场救助计划

2009 年，美国房地产泡沫的爆发导致了一系列负面问题，而该计划就是帮助一般的购房者减轻还贷压力。具体包括：财政部投入资金支持帮助更多的购房者获得抵押贷款支持从而避免其房屋所有权的丧失；通过设立地区经济重灾资金，为经济重灾地区提供资金支持，而这因地制宜的救助方案大大缓解了住房者的还贷压力。

5. 对汽车产业和美国国际集团（AIG）的救助

在奥巴马总统历任时期，美国的汽车产业动荡不堪，汽车贷款市场目前已经因为金融危机而呈现萧条景象，汽车的销售因金融危机已被冻结了汽车贷款服务，其销售量也比原来降低了 40%，大幅度的销售缩水更加剧了金融危机的影响。而此时为了缓解这种萧条的局面，一方面，财政部对美国较大的汽车企业及

---

① 2007 年 8 月开始，美联储连续 10 次降息，隔夜拆借利率由 5.25% 降至 0%～0.25%。2008～2009 年这一年的时间，美联储购买了 3000 亿美元长期国债以及由房利美与房地美发行的抵押贷款支持证券。

汽车金融服务公司如通用汽车、克莱斯勒以及联合金融等提供了上百亿元的资金支持来帮助它们因为金融危机带来的危机，通过可行性重组缓解汽车行业的金融危机；另一方面，AIG 是全球著名且独占鳌头的保险服务金融机构，因为金融危机的影响，AIG 大量的合同相继违约，这也导致面临沉重的偿债压力，若无法还债致使破产，这必然使得金融体系崩塌，因此财政部与美联储决定共同联手救助AIG，让其业务重组。为此，财政部与美联储提供了 1820 亿美元支持，其中财政部认购 AIG 优先股，美联储为其提供融资支持，AIG 也因此避免了破产，抓住了救助的机会，加快了重组的进程。

6. FDIC 负责处置破产银行及其资产

对于那些无法通过重整或重组的破产银行的救助，FDIC 将对破产银行的业务做善后工作，具体包括：对于破产银行的资产负债进行批量出售或者向银行的存款用户赔偿受保存款；对于不良资产的救助，FDIC 运用市场化操作，利用批量出售、股权合作等手段，实现了不良资产的处置及增值。2008~2012 年，FDIC盘活了 465 家美国商业银行，稳定了金融市场的秩序。

（1）"好银行+坏银行"模式。为了挽救次贷危机带来的负面影响，《紧急经济稳定法案》于 2008 年 10 月 3 日正式出台，其主要内容旨在允许银行将部分不良资产自行出表，从而不影响其正常的经营活动，为此成立一个专门的机构去承接这些剥离的不良资产。[①]

（2）实施公私合营投资计划（PPIP）。PPIP 是由美国财政部、FDIC 和美联储联合制定的，旨在通过三方[②]提供给资金支持来促成多方的收购（特别是促成市场上个人资金的收购）。利用市场化模式对庞大体量的不良资产进行剥离，从而提升金融机构存贷的流动性。这个计划遵循着三个基本原则：第一个是最大限度利用纳税人的每分钱；第二个是政府与私人投资者共享收益、共担风险；第三个是私人投资者对计划中的不良贷款和不良证券要竞争定价。

PPIP 具体运作方式为由美国财政部、联邦存款保险公司以及美联储共同联合出资，带动市场上的私有资金去购买不良资产。一方面，美国财政部将投入救助计划的一半资产与私人资本共同建立合营基金来购买不良资产，联邦存款保险

---

① 即所谓的"坏银行"。由"坏银行"对其不良贷款进行管理。通过此方法，使得那些本可能因为不良资产过多将被破产清算的银行通过自行剥离部分不良资产后达到正常运营的状态，从而减小了因过大体量的不良资产带给银行业的冲击。2009 年，花旗集团曾将超过 7000 亿美元的问题资产剥离给花旗控股。实际上这一理念就是中国成立四大资产管理公司分别承接工、农、中、建四家国有大型银行不良资产的模式，目前被很多国家政府吸收借鉴。

② 财政部的公共资本金、美联储的公共信贷资金以及联邦存款保险公司的公共担保体系。

公司则可为那些想购买不良资产但又资金短缺的个人投资者提供融资担保,最大杠杆率达到 6 倍。另一方面,美国财政部将投入救助计划的剩余一半资产投入不良资产以及证券的处置上,通过解决问题资产,降低金融机构的不良率,从而增加金融机构的资金流动性。另外,对于解决不良证券资产,总共有美联储主导和财政部主导两种模式。①

公私合营投资计划具有充分利用社会资源筹资、主要对象是金融资产中的不良贷款、高度市场化运作的特点。对于政府来说,这种方式可以通过公共资金来撬动私人资金,从而促进私人投资者参与处置不良资产。对于私人投资者来说,不良资产投资市场很大的问题是融资问题和信息不对称问题。一方面,通过融资手段来购买不良资产,其融资利率较高,因此会加大购买不良资产的购置成本;另一方面,信息不对称导致了无法判断资产的真实价值。政府如果能够将这两个问题比较好地解决,那么交易量必定会像滚雪球一样被触发。但对于不良资产供应商的银行来说,其出售不良资产的意愿并不强,原因有三点:一是不良资产的售价低于银行的预期,售价较低,因此银行更愿意通过别的方式来解决不良资产;二是坏账的累积在财务层面上会导致银行的利润率减少;三是不良资产会对银行资产负债表带来冲击从而影响二级市场投资者对于公司股票的投资。因此,在实际执行过程中,虽然私人投资者投资意愿较强,但是由于银行出售不良资产意愿并不强,该计划在美国的执行效果并不是很理想。

为刺激国民的消费,美国政府采取了四个方面的措施来改善此情况,具体包括:第一,美国政府通过减免抵押贷款的税率以及提高家庭及个人的退税来刺激国内消费;第二,给予企业更多的税收激励;第三,地区税收优惠与部分企业税收刺激;第四,美联储还通过购买国债来缓解次贷危机对经济造成的影响。②

三、美国金融不良资产处置策略对他国的启示

美国对不良资产的处置具有借鉴性,其主要通过成熟的一级市场、二级市场以及美国财政部的资金杠杆力量来集中处置剥离的不良资产。储贷危机之后,美

---

① 具体来说,美联储主导的处置模式是美联储利用抵押证券化资产收购融资工具(TSLF)进行项目融资以及私人投资者的一部分自有资产一起去购买不良资产。而财政部主导的处置模式是合格的私人投资者若愿意成为合营基金的管理人,他们可以申请担任基金管理人的角色,而美国财政部则作为项目盒子人,与私人投资者共担项目盈亏。

② 2008 年 2 月 14 日,布什签署了总额约为 1680 亿美元的法案,通过大幅度退税刺激消费和投资,避免经济衰退。此外,美联储还通过购买国债等方式为经济市场注入资金流动性。据统计,2008～2009 年期间美联储共购买了 3000 亿美元的长期国债以及由房地美和房利美发行的抵押贷款支持债券。

国各类贷款（包括房屋抵押贷款、消费贷款、租赁、工商企业贷款和农业贷款）不良率长期居于 3% 以上。为解决此问题，美国成立了 RTC 来消化储贷危机带来的不良资产，通过清理以及破产重组的方式在五年时间里，将不良率从原来的 5%~6% 降至 2.5% 以下，RTC 在金融危机的功劳是不可磨灭的。此后，美国的不良资产处置行业迎来了全面商业化运营时期，历经多轮经济周期的调整和发展，美国不良资产处置行业呈现出高度的市场化的特征，具体来说表现为以下三个方面：

第一，不良资产处置的高度证券化。在金融创新、改革浪潮的推动下，美国成为最早实行不良资产证券化的国家，并且经过几轮经济周期的洗礼，不良资产证券化发展得愈加完善。在 19 世纪 80 年代储贷危机期间，RTC 为快速、有效地清理和处置一时间大量爆发的不良资产，积极推动实施资产证券化和各类资产支持证券（ABS、MBS 等），由此引发国内的一场金融创新浪潮。20 世纪 80 年代末期，美国 Grand Street 银行发行了第一单 CDO 结构的不良资产证券化产品（NPAS），由此开启了美国不良资产证券化的发展历程。20 世纪 90 年代初，RTC 为加快不良资产的处置速度、提高资金回收率，开始发行 CMBS 结构的不良资产证券化产品，该类资产以房地产或住房抵押贷款作为基础资产池，其现金流相对较为稳定。而这一举措不仅加速了不良资产的流动性以及回现速率，还让更多的市场参与者加入进来共同消化不良资产，逐步恢复经济。储贷危机结束后，RTC 被解散，但 RTC 为解决储贷危机采取的不良资产证券化，被美国商业银行及其他金融机构纷纷推行。随着不良资产及信贷资产证券化成为美国金融业的标配产品，不良资产市场作为一个完全商业化的另类投资市场，不良资产投资和处置机构通过购买资产证券化产品参与不良资产市场。①

第二，形成消费金融细分市场。在美国银行贷款结构中，个人消费和住房贷款的占比较高。根据统计，2015 年美国的个人消费贷款和住房贷款比例高达 47.3%，而同时期中国的个人消费贷款和住房贷款比例仅有 21.5%。这一银行贷款比例差异导致美国在不良资产市场中存在个人不良贷款处置市场。在该市场上，美国发展出了两家上市公司，分别是 RPA 集团和安可资本集团。截至 2015 年第三季度，两家公司的净利润分别为 12714.3 万美元、4578.8 万美元。PRA 集团和安可资本集团在 2010~2014 年的毛利率分别维持在 33%~40%、17%~

---

① 2015 年美国不良资产及信贷资产证券化产品的新增发行量达 317.58 亿美元，此外以信贷资产（包括大学生贷款、信用卡贷款和房贷等）为基础资产的资产支持证券（ABS 或 CLO）新增发行量也达 393.78 亿美元。

24%，加权平均净资产收益率均维持在 18%～23%。这两大上市集团都主要从事个人不良贷款的收购、处置与清收，业务范围包括运用数据和模型为银行以及消费金融公司提供专业的处置服务，从而赚取服务费和不良贷款投资收益。

第三，专业化的投资机构和标准化的处置方式。由于美国成熟的一级和二级资本市场、完善的配套政策措施以及受地域范围较大的限制，美国不良资产较为分散。同时，经过两次经济危机爆发后对不良资产集中、规模化的处置，美国不良资产市场的处置渐趋标准化，并出现一批专业化的不良资产投资机构。在经济下行阶段，不良资产大量爆发时收购和接收不良资产，在经济周期回升后进行不良资产的变现处置，美国国内形成了一批成熟、专业的挖掘不良资产投资价值的不良资产投资处置机构。这些机构中，有部分选择以对冲基金形式将不良资产市场作为自己投资策略的配置范围。美国的不良资产投资机构、对冲基金大多是以投资金融机构发行的相关不良资产和信贷资产证券化产品或者相关企业的高收益债券、非投资级债券来参与不良资本市场投资。以下整理了截至 2017 年美国各类重要的大型投资机构不良资产投资基金的概况（见表 4-1）。这些优秀的不良资产处置机构充分利用不良资产行业逆周期的属性投资以获取丰厚回报。以橡树资本为例，它连续 26 年实现净内部收益率达 17.1%，其成功之处在于善于分析信贷增速与不良贷款率的相关性，从而反向投资于不良资产，就如其在经济下行前通过筹集资金低价购买不良资产，而后等经济恢复或平稳发展后又以高价出售，从而取得了优厚的投资回报。

表 4-1　美国各类重要的大型投资机构不良资产投资基金

机构名称	不良资产投资基金	基金总值（亿美元）	净收益率（％）	总值占比（％）
黑石集团	私募股权、特殊机遇房地产投资、困境信贷投资	1750	15	48
橡树资本	困境信贷、房地产机会投资、特殊机遇投资	815	17.1	82
阿波罗	特殊机遇信贷投资	127	12	8
战神	高收益债	16	7	3
凯雷集团	特殊机遇信贷投资、困境信贷投资	44	14	2

总体而言，美国应对最近两次较大规模的经济危机以及金融不良资产爆发是成功的，世界其他国家都从美国经验中学习到了利用金融不良资产处置熨平经济周期波动，特别是配合财政手段和货币手段尽快走出经济低谷的政策。但

美国作为金融不良资产处置策略选择的先行者，也为观察者发现其中的更优方案提供了素材。

（一）美国金融不良资产处置的成功之处

20世纪80年代末以来，伴随经济全球化的发展，各国经济周期对他国经济周期的影响越来越大，逐步形成了波动相对一致的世界经济周期。美国作为世界经济的主导国家，其金融不良资产处置的效果在影响本国经济周期波动的同时，也对世界经济周期波动产生直接影响。美国作为较先专业化处置金融不良资产的国家，在储贷危机以及次贷危机中创新了不良资产的处置模式。比如成立RTC专门处置金融不良资产、不良资产证券化、资产救助计划（TARP）、公私合营投资计划等多种具有典型性的措施，增强了美国金融机构的抗风险能力，使美国实体经济得以快速恢复，促进了世界经济向前健康发展。

1. 开创专门机构提高了不良资产处置效率

20世纪80年代，为了解决储贷危机的问题，1989年，美国政府颁布了《金融机构改革、复兴与加强法》①；成立RTC，专门负责处置储贷机构的不良资产，这是一种通过专门机构集中处理不良资产的方式，成立好资产与坏资产相分离的创新结构，其目标是快速有效地将不良资产出售，争取较高的利润收入。RTC按照国会制定的法律框架接收符合标准的不良资产，然后通过资产证券化、股本合资等一系列高效的资产处置手段，实现了不良资产风险的排除，使其成为在危机时刻政府出面成立专门机构通过集中接收和处置金融不良资产稳定金融体系、化解金融风险的有效选择。

首先，RTC作为一个独立的机构，在政府的授权下，独立采取措施处置不良资产，无须受制于其他机构的干预，能较灵活地处理复杂的不良资产。其次，RTC有独特的标准化处置流程，以招标为起始点，对不良资产进行尽职调查和评估，随后让潜在的投资者进行竞标，以价高者得的方式出售资产。这不仅可以有效地实现快速出售的目的，还能增强竞争性以及公平性。最后，RTC除依靠政府的财政支持以及传统的处置不良资产的方式外，还结合市场化的模式对资产进行处理，结合了美国发达的债券市场，把证券化首次引入到了住房抵押贷款中来增加信用等级，通过资产组合等多种方式把流通性差的抵押类不良资产转化为活跃度更高的有价证券，从而可以实现不良资产快速处置的投资目标。另外，RTC还联合了私营部门组建合资企业等来处置不良资产，这些多元化的处置手段，使得

① 旨在对管理框架进行重组，为需要的储贷机构提供足量资金，并将那些没有持续经营能力的储贷机构进行处理以达到及时止损的目的。

RTC 的处置收获了良好的效果。① 到 1995 年，美国的储贷危机基本解决。

2. 不良资产证券化是处置金融不良资产的重要手段之一

金融不良资产证券化这一高效措施使得美国不良资产处置的进程有了很大的飞跃。RTC 成立之初接管的住房抵押类贷款高达 340 亿美元。为了处置如此庞大的抵押类贷款资产，联邦国民抵押协会和联邦住房贷款抵押公司通过竞争拍卖的方式从 RTC 处购入符合其标准的资产，再把这些资产组合通过包装、提高信用质量、信用增级等手段转变成金融市场上活跃度更高的有价证券进行上市。私营证券计划是由 RTC 针对部分不符合特定标准的不良资产而专门制订的，其增信方式是用现金储备抵押贷款证券做保证后，然后再进行公开的发行。资产实现证券化后不仅可以提升资产的市场活跃度，还可持续获得资金支持，减轻处置压力，降低资金成本，当然这需要在不增加负债的前提之下。同时，美国证券市场的活跃及较强的流动性，也为处置不良资产提供了天然的优势。通过资产证券化这一手段，RTC 处置了总账面金额 422 亿美元的抵押贷款。RTC 获得更多的现金流后，则有充分的周转资金为更多的不良贷款处置提供支持。把高风险的不良资产转化为低风险的证券，这无疑会增强金融机构的抗风险能力，优化其财务报表上的数据，降低经营成本，在一定程度上挽救了清偿能力较差的金融机构。将金融体系的潜在风险分担给愿意承担的投资者，拓宽了处置渠道。不良资产证券化产品也满足了各层次投资偏好者的投资需求，扩大了投资者的可投资范围。资产证券化作为一种新型的投资工具，使得信贷市场与资本市场的关系进一步被拉近，从而使得信贷流动性增强，投资渠道拓宽。不良资产证券化能产生高收益、低成本的效果，在成本比较固定的情况下，处置财产越大就会与处置成本呈现出明显的反比趋势。同时超额的服务费设计理念，也让发行机构有了更多的动力去处置不良资产。不良资产证券化的公开发行数据要求为规模化处置不良资产提供了数据，积累的经验有利于投资人识别风险而敢于扩大投资。不良资产证券化成为处置美国储贷危机中不良资产最为有效的手段之一，最关键的核心在于美国科学的资产证券化制度、严格的资产评估规则、灵活多样的债券发行方式与畅通的证券流通体系。

3. 政府强有力的措施抑制了金融风险扩大化

次贷危机爆发后，随之而来的就是美国大量金融机构陷入瘫痪，暴露了大量

---

① 在 RTC 存续期间，共接管了 737 家储贷机构，共处理资产 4026 亿美元，处理成本为 845 亿美元，约占资产的 22%。其中，清理了其中 653 家储贷机构，所持资产账面值共计 923 亿美元。从 1992 年开始，储贷机构在连续 5 年亏损后首次获得盈利，在全美金融机构资产排名中进入前 5 名。

的不良资产，金融体系到了崩溃的边缘。在此背景下，为了**挽救金融市场和恢复**经济，美国政府采取了强有力的措施，防止了金融体系的全面崩盘，恢复了正常的信用体系。

在两次经济危机发生后，美国均出台了相应的法律法规[①]，以立法的方式确定金融不良资产的处置策略和方案。同时授权美国财政部和美联储提供巨额资金和信用担保实施救援计划，拯救危机带来的负面影响，恢复金融稳定。在保留了金融机构的前提下，由政府主导设立专门处置金融不良资产的机构以及不同类型的公私合营投资基金来处置不良证券和不良贷款。美国政府充分认识到在危机时刻仅仅依靠政府的力量是不足以解决金融不良资产问题的，其通过财政部、美联储以及联邦存款保险公司的资金提供担保来促进私人资金在市场上的投资，并利用高度的市场化机制，给予市场定价的模式达到最终处置不良资产的效果。美国以较少的公共资金高效地处置了大规模不良资产，使得处理问题贷款和问题债券的财政资金乘数效应放大多倍，撬动超过万亿的以不良资产形式沉淀的资金，从而增强市场的流动性，对市场经济的恢复起到了积极的作用。不良资产的定价是根据私人投资者竞价所得，完全遵循市场机制，公私合营使得政府与私人投资者共担风险、共享利润，实现了政府主导与市场化手段并重的金融不良资产处置最佳模式。首先，公私合营投资基金在帮助金融机构剥离坏资产方面起到了很好的作用，促使金融机构提高了资产的质量以及市场的透明度，有利于市场机制的恢复以及道德风险的减少。其次，公私合营投资基金购入大量的不良资产，并在经济周期从低迷转向复苏后从容处置不良资产，有利于控制金融资产价格的大幅度波动，防止不良资产价格的过度下跌导致的信贷缩水，从而避免金融机构进入去杠杆化和资产价格下跌引起的恶性循环中。

总之，美国政府高效的处置措施，使得美国的金融体系慢慢地从将要崩溃的边缘得到恢复。具体效果包括：

（1）对银行业通过实行先救助后处置的模式，给全国大约数千家银行提供了资金支持，使银行系统逐步恢复了正常，缓解了因危机带来的金融恐慌，并且阻止了可能带来的金融体系的全盘崩塌。另外，对汽车行业、房地产行业等实体经济采取的重组与救助相结合的模式也促进了相关市场的恢复。美国房价没有崩溃，数百万家庭免于破产，大量实体经济的工人免于失业，经济适用房政策还解决了数十万人员的基本生活保障，实现了金融业和实业的共同脱困和民众的多赢。

---

① 美国于 1989 年颁布了《金融机构改革、复苏和加强法》，于 2008 年颁布了《紧急经济稳定法案》。

（2）金融企业的核心抗风险能力得以加强。通过银行救助计划，银行资本金规模翻了一倍①。随后经过资金的补充，许多机构剥离了非核心业务，并以优化重组等方式使核心业务重新恢复了竞争力。同时，通过对抗风险能力和经营管理水平低下的中小金融企业的兼并重整，形成了金融企业的规模化，增强了金融体系的抗风险能力。

（3）在经济危机的爆发过程中，企业债券违约率也呈现爆炸式增长。通过稳定金融体系，使美国企业债券违约率也出现明显下降，防止了实体经济的崩溃，保留了具有持续经营价值的实体企业。

综上所述，虽然两次经济周期大幅度下探带给美国金融市场的冲击是显而易见的。但是在这两次危机中美国政府采取的果断高效的处置措施，在解决了金融不良资产问题的同时，也反作用于经济周期的波动，使美国经济能够尽快走出低谷，实现复苏。

（二）美国金融不良资产处置中出现的问题

美国采取各种措施解决不良资产问题取得成功的同时，我们也需要看到这些措施在运用过程中存在的问题。

1. 成本过高，资金使用有不公平现象

美国不良资产处置措施，尤其是针对两次金融危机而出台的应急之举耗费极大，以"不良资产救助计划"（TARP）为例，TARP雏形仅十来页的方案就需要上千亿美元的国会审批资金，而2008年世界上80%国家的国内生产总值的总和还不到7000亿美元，而这些资金的来源却是全国普通纳税人。不良资产处置措施之一是设立坏账银行，但TARP并没有公布收购不良资产的标准，这种不透明的行为使得一些人觉得这些措施是为保护大型金融企业而设立的。TARP首任特别监察长尼尔·巴罗夫斯基认为当时的美国财政部部长盖特纳对花旗银行有特殊照顾，甚至提出TARP其实是出于某种私利才特别制定的。盖特纳对于某个主体能通过政府获取到多少钱有很大决定权，这使得人们对于分配资金的合理性、公平性产生怀疑。用纳税人的钱救助自身风险控制不力的金融企业，既不符合市场纪律，对于所有民众来说也是不公平的。

TARP的原有制定目标除了增加金融市场的稳定性外，也有提升金融机构向实体企业持续提供资金的能力，从而使经济活力得到快速恢复，即在恢复金融市场秩序后，TARP继续发挥作用，促进经济发展。但是由于在政策落地时，财政

---

① 银行资金规模达到4500亿美元，银行核心资本充足率在2013年也突破了10%，并且通过美国联邦存款保险公司（FDIC）的有效处置，美国破产银行数量仅剩24家。

部未能与相关金融机构就提高向实体经济放贷比例等在注资合约中明确约定，银行就未将获取到的资金用于该计划原所期待的用途上，这显然不太符合 TARP 间接救助实体经济的目的。当然，美国财政部之所以在合约中并未约定要求银行增加放贷，除了担心银行会因对该条款无法接受而拒绝注资合约外，也是因为当时的工作重点其实是利用公共财政资源快速将金融机构的资产负债表进行"修复"，而并非出于可持续发展的目的使经济能够实现长期发展。

此外，TARP 的另一个重要作用，即通过降低房产止赎率减轻房贷者压力，最终也未能得到很好的体现。当时 TARP 能够得到众多议员支持正是因为它可以将普通民众从楼市危机中解救出来。但是在项目具体落实的过程中，或许是对金融机构有所偏袒，TARP 对于金融机构的帮扶和资金支持明显超过了普通民众，甚至没能充分发挥和调动全部的资本金，使得 TARP 应有的效果大打折扣①。

上述情况与美国的政治体制和经济体制相关，政府对于经济的影响力还不够强。而美国的大财团对于政治的影响力则是显而易见的。

2. 监管不足，道德风险事件频发

数千亿美元的救助资金拨付后，在具体执行中如何使资金按计划使用需要严格的监管。在美国次贷危机中，国会从项目中划拨出了 1500 万美元，设立了 TARP 特别监察长这个职位，目的是用来监督这个计划合法且有效地实施。在经济和金融的灾难面前，有人在实施救援，也有人企图从中发灾难财。在金融危机发生的时候，金融诈骗也层出不穷，甚至不乏金融机构通过不法手段来谋取利益，骗取政府发放的救助金。由政府来承担兜底责任，使更多不法分子利用政策及管理的漏洞在灾难中充分敛财，而最终造成的损失却需要由社会大众来买单。

3. 仅为事后措施，无法起到防范金融风险的作用

斯蒂格利茨教授提出美国金融系统存在四个根本性的问题，通过金融危机发生后的救助计划只能暂时性地将问题转嫁给广大纳税人。金融企业的经营倾向于在经济周期上升期不加区别地过度放贷，而在经济下行期间为自保而抽贷。对于金融企业自己在经营过程中制造的不良资产，美国没有常设性的金融不良资产处置机构，只有在金融不良资产累积到巨大的规模而暴露后，再通过设立临时性的救助机构来收购和处置金融不良资产。最好的解决金融不良资产的方式是通过严

---

① TARP 中原有 456 亿美元用于帮助房贷者，但由于项目设计不善，根据 TARP 特别监察长办公室提供的数据，截至 2013 年 3 月，仍有 312 亿美元没有动用，即只有约三成资金发挥了活力，这成为 TARP 的关键败笔之一。

格监管减少其发生，并且在金融不良资产尚未累积到系统性金融风险前通过常规化的处置措施不断予以消化，保障金融体系的持久健康。但美国对于企业经营自由的理念限制了政府在经济正常运行过程中干涉金融企业对自身不良资产的处置。而大部分金融企业或者没有认识到金融不良资产的危害和真实情况，或者不愿意暴露自身经营风险，而寄希望于经济发展会自行解决其金融不良资产问题，以至于没有事前防范和事中处置的金融不良资产风险在美国的经济体系中不断累积，形成周期性现象，一定会在经济发展到下行区间的时候爆发。从而需要政府以巨大的成本进行救助，并在过程中承受部分有影响力的金融企业"大而不倒"，获得不当救助，中小型金融企业则被兼并、破产，纳税人和民众的利益遭受实质损害的情况反复发生。这属于体制的痼疾。

针对美国金融不良资产处置策略的研究，我们认为，政府应当在金融不良资产处置行业中始终保持主导地位，一方面是通过立法使金融不良资产的监管和处置有法可依，另一方面是设立专门处置金融不良资产的国有常设机构，负责全经济周期状态下金融不良资产的收购和处置。同时，政府应当重视市场化主体对金融不良资产处置的巨大作用，在经济周期上行期间主要由市场化主体收购和处置金融不良资产，在经济周期下行期间，政府应采取果断措施，由国有金融不良资产处置主体联合市场化主体的力量，共同处置金融不良资产。建立一个公平、公开、公正的金融不良资产专门市场是非常必要的，这样有利于防止道德风险，强调自负其责的市场纪律，也可以防止部分金融企业和实体企业利用自身的优势地位影响政策的实施者给予特殊对待，损害市场的诚信和公平。只有这样才能够吸引民众共同出资出力解决因为经济周期变化而必然产生的金融不良资产，从而通过对于金融不良资产的高效处置，熨平经济周期的大幅波动，带领经济快速走出低谷，由金融不良资产的市场化投资人享有跨周期处置金融不良资产的收益，对冲市场因为金融不良资产而遭受的损失。

第二节　日本经济周期中金融不良资产处置情况

金融不良资产在日文中被称为"不良债权"，是指银行等金融机构持有的由于贷款（融资）对象经营恶化或倒闭导致可能难以回收的贷款。日本的不良债权界定的范围在泡沫经济崩坏后出现了几次变化，分类也不同于贷款五级分类中的后三类，较为复杂。根据不同的统计标准，不良债权的数据也有所不同。根据日本官方网站公布的不良债权划分标准，主要划分为以下三种类型：第一种是风险管理债权，在 1996 年 3 月以前仅仅包括破产企业债权和延滞债权（通常在 6个月以上）两类，1998 年 3 月以后，根据贷款的客观标准划分，在原有基础上又增加了延滞债权（一个季度以上）、放宽贷款条件债权两类。第二种是金融再生法公示债权，以贷款、有价证券等总信贷为对象。① 第三种是银行自我检查债权。② 但是就"银行自我检查债权"来说，说到底是金融机构为了进行核销而进行的内部程序，并不是以在金融机构之间形成比较为前提的，所以将其作为不良债权的概念是不恰当的。

由于不良债权的界定标准不统一使得日本不良债权的实际情况难以准确把握。在 20 世纪 90 年代末期，日本与美国 SEC（证券交易委员会）关于不良债权的定义基准日渐趋同，自那之后日本各界都基本采用了"风险管理债权"这一定义来表示不良债权的数量。③ 不良债权具体的三种划分情况见表 4-2。

表 4-2　不良债权的公示标准

	风险管理债权	金融再生法公示债权	银行自我检查债权
开始实施时间	1993 年 3 月	1999 年 3 月	1998 年 3 月
对象资产	只包括贷款	包括总信贷	只包括总资产
债权标准	按债权划分	按债务人划分	按债务人划分
不良债权分类	破产企业债权	破产更生债权或相当于此类的债权	第一分类 第二分类 第三分类 第四分类
	1998 年之前为 6 个月以上延滞债权，此后为 3 个月以上延滞债权	危险债券	
		需要管理债权	
	放松贷款条件的债权		
对已冲销不良债权的定性	计为不良债权	计为不良债权	不计为不良债权

"二战"后日本以战败国的身份参与世界经济的运行，其政治和经济在很大程度上受占领国美国的影响，应该说"二战"后美国按照自己的意志重建了日本。根据 1956 年日本内阁公布的《经济白皮书》，1945~1954 年被认为是战后的

---

① 还可再细分为破产更生债权或相当于此类的债权、危险债券以及需要管理债权三类。

② 可分为回收不能债权、回收有重大担忧债权以及回收要注意债权三类。

③ 张季风. 日本不良债权处理的突破性进展与课题 [J]. 日本研究，2005（1）：39.

经济恢复期，从 1954 年后日本经济进入正常的轨道，呈现出与美国为首的世界经济主导国相对同步的经济周期波动。如果把日本从 1954 年纳入世界经济周期进行考察，其目前也是处于始于 20 世纪 80 年代初的世界周期从衰退期向萧条期的过渡阶段。而且其在上一个世界经济周期中，从"二战"后到 1968 年，用了两个中经济周期的时间发展成为资本主义国家中的第二大经济体，成为世界经济中非常重要的一员，直到 2010 年其 GDP 总量被中国超越。但迄今仍然作为世界第三大经济体，保持着高度的经济现代化水平。研究世界经济，日本是重要的环节。图 4-9 及图 4-10 展示了 1960~2018 年日本经济的变动情况，日本经济周期性的波动特征比较明显，如果按照经济周期来看，日本战后的经济周期大体分为 18 个经济短周期。如果按照朱格拉周期来看，则日本战后经历了 6 个经济中周期。而根据日本经济增长率的波动幅度看，从 1954 年以后，日本大致可以分为三个经济时期，分别为 1954~1974 年的经济高速增长期、1974~1993 年的经济平稳增长期和 1993 年之后的经济低速增长期。

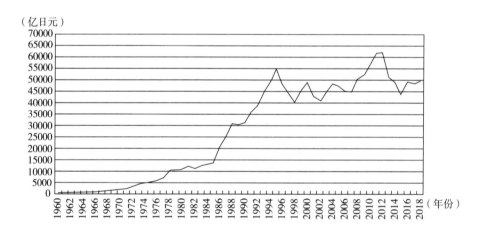

图 4-9　1960~2018 年日本 GDP 变化情况

资料来源：日本内阁府网站，https：//www.cao.go.jp/statistics/index.html。

　　1954~1974 年[①]，日本经济增长率的平均值为 9.35%，被认为是经济高速增长期。这个阶段类似于中国的 1978~2000 年，平均经济增长率为 9.52%。在这二十年间，虽然金融体系内也一定会产生金融不良资产，但由于经济的高速发展，

---

　　①　在此期间，日本于 1968 年以其 146601072685.511 美元的国内生产总值超过西德，成为世界第二大经济强国。

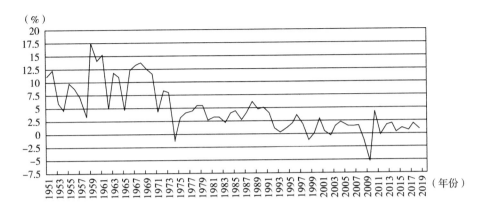

图 4-10　1951～2019 年日本经济增长率变化情况

资料来源：日本内阁府网站，https://www.cao.go.jp/statistics/index.html。

金融不良资产的累积速度低于金融企业的发展速度，因金融不良资产而产生的风险和负面效果，都被蓬勃发展的市场消化掉了。而且日本从明治维新以来，即实行资本主义制度，市场经济到"二战"结束已经发展了一个长经济周期。所以市场化手段足以消化日本在经济高速发展期间产生的金融不良资产。到 1973年，第一次石油危机爆发。1973 年 10 月 1 日至 1974 年 1 月 1 日，国际油价从每桶 3.11 美元上升到 11.65 美元。这对于自然资源匮乏、工业生产原料和销售市场都依赖于外国的日本而言，在国际油价上涨的情况下，其工业品的成本必然上涨，导致其工业品在国际市场上因价格的昂贵而竞争力下降。日本净出口额在 1972～1973 年短短一年时间下降了约 2.1 万亿日元，而在 1974 年日本的净进口额几乎要突破 1 万亿日元，净出口额的严重下降再叠加净进口额的上升，使得日本生产能力过剩的严峻情况更加突出，由此，1974 年日本经济增长率降至-1.4%，和 1973 年相比下降了 9 个百分点。在此次经济周期下探到底部的区间内，必然也会产生大量的金融不良资产，但由于日本在 1993 年之前没有公布金融不良资产数据，所以无法确定这段时间内经济周期波动对金融不良资产的影响。

　　1974 年作为分界点，日本经济结束了高速增长。1975～1993 年的经济增长率的平均值为 3.7%，被称为经济平稳增长期。在这个阶段日本从经济高速增长降挡为中速发展，由于增速变化而产生的结构性摩擦，必然产生较大规模的金融不良资产。1975～1983 年为一个经济中周期，1983～1993 年为另一个经济中周期。在第一个阶段，日本经历了第二次石油危机和两伊战争。① 第二次石油危机与两伊战争相叠加，影响了全球石油产品的供应量和石油价格，在很大程度上影响了日本的对外出口，进而影响日本经济增长。日本对外出口下降不只因为产品的成本上升进而国际竞争能力下降，还由于世界经济形势的恶化，作为日本主要出口国的美国的经济增长率为-1.82%，其他发达资本主义国家的经济增长率约为-1.1%左右，日本的主要海外市场国的购买力下降，同样影响了日本经济的增长率。由此，从1979年开始日本经济增长率逐渐下降，从1979年的5.5%下降至1983年的2.3%。但是此期间内，日本的平均经济增长率仍然维持在4%以上。

从1983年开始的日本第二个经济中速增长中周期，虽然曾经因为《广场协议》的签订使日元在一定期间内出现了升值，致使1986年日本的经济增长率一度下降至2.6%，但是从整体来看，1983~1990年经济增长率的平均值为4.22%。这一高增长率，不仅是日本在石油危机之后进入平稳增长期中出现的较高速度的经济增长，在经济发达国家中也是十分优秀的，高于同时期美国的平均经济增长率。从世界经济周期的角度看，这个时期日本能够实现平均值为4.22%的经济增长率，主要是得益于国际石油价格的稳定回落，世界经济周期处于复苏的上升阶段。作为日本主要出口国的美国，经济增长率由1982年的-1.82%增至1983年的4.58%，并且连续8年为正值②。此阶段可以看到世界经济周期在主要经济体中的高度同步性。另外，日本政府在此时期采取了较为有效的货币政策和财政政策，带来了内需增加拉动经济增长的效果。在货币政策方面，日本银行坚定地实施宽松的货币政策，从1986年1月起至1987年2月，连续5次下调贴现率，创下了2.5%的历史最低贴现率。在财政政策方面，当日本政府发现1987年第二季度经济增速放缓后，果断在5月末出台了6万亿日元规模的紧急经济对策，包括4.3万亿日元的公共投资、追加投入的7000亿日元的住宅金融公库融资和超过1万亿日元的减税。由此产生的政策效应是1987年第三季度日本个人消费坚挺、住宅需求大幅增加、叠加紧急经济对策带来的公共需求的扩大，1987年第四季度，政策效应更加明显，尽管出口减少，但是因住宅需求、公共固定资本投资等

---

① 1978年底，作为世界第二大石油出口国的伊朗政局发生变化，亲美的温和派国王巴列维领导的君主立宪政体被推翻，革命领袖阿亚图拉鲁霍拉·穆萨维·霍梅尼成立了政教合一的伊斯兰共和国。1978年12月26日至1979年3月4日，伊朗石油出口全部停止，世界石油供应突然减少了500万桶/日，造成石油供应短缺，石油价格从每桶13美元猛升至34美元，引发了第二次石油危机。1980年9月22日两伊战争爆发，9月26日两伊停止了石油的出口，世界石油市场上每日短缺150万桶石油，尽管沙特阿拉伯等海湾国家提高了石油的供应量，但是世界石油市场上的石油供求关系依然严峻，直至11月，两伊逐渐恢复了石油供应，供求关系才有所缓和，但在两伊战争期间，石油价格高于战前。

② 美国的经济增长率于1991年下降至-0.07%。

扩大带来的日本国内内需增长，促使经济持续增长。进入 1988 年第一季度，日本经济持续扩张，尽管住宅投资的增长开始减速，但是工薪阶层的消费开始增长，叠加企业设备投资、公共固定资本形成的内需，从而实现了 1988 年的经济增长率达到 4.18%，其中内需的贡献率为 6.1%。[①] 从 1987 年的第三、第四季度开始，上述高增长的局面一直持续至 1990 年的第四季度。20 世纪 80 年代后期的经济增长率都高于 1974 年后稳定增长期的平均增长水平，使得 20 世纪 80 年代后半期出现了较高的平均经济增长率。然而，到 1990 年，世界经济增长开始减速，美国经济增长率降至 1.89%，次年降至 -0.07%。加上 1990~1991 年的海湾战争，使日本从 1991 年的第四季度出现了经济负增长，但是由于依靠 20 世纪 80 年代后期较为强劲的经济发展惯性，日本 1991 年全年的经济增长率仍为 3.8%。日本 1983~1991 年初的这段经济扩张期持续时间较长，其原因主要包括两点：第一点是实现了内需主导型的经济增长。根据日本经济企划厅发布的《1991 年度经济财政报告》，在这一阶段，日本经济增长是以内需贡献为主导的。1974 年末至 1975 年初进入平稳增长期后，外需在经济增长中的贡献度逐渐增大，特别是在 20 世纪 80 年代前半段，外需的贡献度为 1.4%，对经济增长的贡献率达28%，是比较典型的外需主导型经济增长模式。20 世纪 80 年代后半期至 1991 年初，日本能够实现的经济增长率大约维持在 5% 左右，内需所能提供的贡献度约为 6.4%，而外需所占比例为 -0.7%。也就是说，20 世纪 80 年代后半期至 1991 年初的这段经济扩张期，实现了由外需主导型增长模式到内需主导型模式的转变。第二点是经济增长的过程中出现了资产价格的大幅上涨。1985 年，签订"广场协议"的结果就是日元大幅升值。为了能够缓解出口产业因为日元升值产生的出口压力，日本当局提出金融缓和的政策，使流通资金出现了过剩的情况。这些过剩的流通资金进入了股票及不动产市场，导致股票和不动产的价格上涨。然而股票价格无法得到实业的支撑，其价格必然下降。针对不动产市场而言，土地价格与土地承租企业的盈利率是成反比关系的，根据供求理论，要想价格趋于均衡，就需要降低市场对土地的需求，相对合理的做法就是发行土地购入债券，但这也为之后的经济衰退埋下了隐患。

1991 年第三、第四季度至 1993 年，日本经济进入该经济周期的衰退期。1991~1993 年经济增长率平均值为 1.7%。其原因主要在于两个方面：一是在 1989 年 12 月 29 日日经平均股价达到最高 38915.87 点之后，由于实体经济出现困境，无法支撑虚高的股价，从而开始了持续的股价下跌。二是由于政府认为是

---

① 崔岩. 日本平成时期经济增长与周期波动研究［M］. 北京：社会科学文献出版社，2016.

不动产价格过高才导致实体经济发展无力，故决定干预土地价格。20 世纪 90 年代，日本大藏省颁布了《关于控制土地相关融资的规定》，要求加强所有金融机构控制对不动产等土地金融的贷款，这直接导致不动产价格急速下跌，致使日本各大银行以不动产作为担保的债权及借款人属不动产行业的债权大量成为不良债权。持有不良债务的金融企业自身风险大幅暴露，无力再向实体经济提供信贷支持；实体企业在债务负担之下，大量破产，造成失业率大幅上升[1]，民众的消费意愿和消费能力都严重下降，导致内需严重不足。加之美国 1991 出现经济负增长后的风险传导，多重因素叠加，导致日本经济进入衰退期。而且从 1993 年之后，日本从中速经济增长期进入了迄今为止已近三十年的漫长的经济低速增长期。同样由于金融不良资产统计数据的缺失，我们无法获知这一时期日本金融不良资产的整体真实状况。但从一些数据上可以看出当时日本金融危机的严重程度。自 20 世纪 90 年代开始直至 21 世纪初，每年都有超过 1 万家以上的企业倒闭，1998 年有 1.92 万家企业破产，负债规模达到 14.38 万亿日元。日本金融企业不会倒闭的神话也不复存在了[2]。日本政府对这一时期金融不良资产的情况一直未能真实披露，西方经济学界认为这一时期日本金融不良率甚至可能达到 25%，存量金融不良资产金额在 100 万亿日元以上。日本政府由此认识到金融不良资产问题的严重危害，分别从 1993 年和 2002 年起从风险管理债权和金融再生法公示债权的角度对不良债权的金额及两种统计方式计算出的不良债权率进行了统计。从 2002 年以来的数据来看，两种角度定义的不良债权总额的差距较小，不良债权率的差距也较小。故 2002 年以后的金融不良资产变化趋势可以作为与经济周期波动趋势相对比的依据。下面将 1993~2002 年以及 2002 年至今分为两个阶段研究日本经济周期与金融不良资产处置之间的关系。

一、日本近三十年两个阶段经济周期与金融不良资产的联系

日本经济自 20 世纪 90 年代以来，经历了数次经济周期的波动，大体分为泡沫经济崩坏时期和次贷危机时期。从图 4-11 可以看出，日本经济的周期性波动与不良债权总体呈逆相关关系。经济周期进入下行区间后一段时间，金融不良资产率上升；待经济周期处于上行区间时，金融不良资产率下降，不良债权处置进展缓慢。从总体上看，日本近三十年来的不良资产的总量一直较高，使得日本经济在泡沫经济破灭以后的恢复速度一直较慢，到目前为止，日本 GDP 总量仍然

---

[1] 日本 2000 年失业率为 4.9%，2001 年为 9.3%。
[2] 东京协和以及安全两家信用社在 1994 年成为首批倒闭的金融企业。

低于 1995 年 5.4 万亿美元的水平。

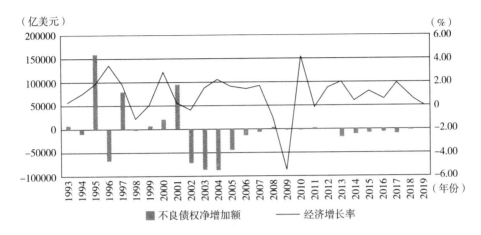

图 4-11 日本经济增长率与不良债权净增加额

资料来源：日本内阁府网站，https：//www.cao.go.jp/statistics/index.html；日本金融厅网站，https：//www.fsa.go.jp/common/paper/index.html 年度经济白皮书。

1993 年的经济增长率进入谷底后，日本经济进入低速增长期，甚至 2010 年后被称为经济增长停滞期。尽管期间呈现出经济恢复的动向，然而长期的经济萧条仍是主要发展趋势。1993～2018 年的平均经济增长率约为 0.94%。1986 年至 1991 年初泡沫经济时期的后遗症之一就是产生了大量的不良债权，导致日本经济在之后很长的一段时间里未有起色。其中，亚洲金融危机与之后因美国次贷危机引发的世界金融危机时期，日本的经济增长率一度呈现负增长。在这两个经济周期中的低谷期内，又产生了大量的金融不良资产，日本政府也在过程中采取了相应的应对经济危机和处置金融不良资产的措施。但一方面金融不良资产的总量过大，另一方面经济发展处于停滞状态，导致日本难以消化掉如此巨大的不良资产。而且日本是一个资源匮乏型的国家，本国虽然人口基数较大，但内需在达到顶峰之后难以扩大，资源主要依靠进口以及收入中出口占比巨大的经济结构使其受到外部经济周期波动的影响巨大。由于从 1993 年以后，日本开始统计金融不良资产情况，所以本书绘制了日本从 1993 年至今的经济增长率曲线和金融不良率曲线的对比图（见图 4-12），从中可以看到这一阶段内日本经济周期和金融不良资产处置之间的关系。

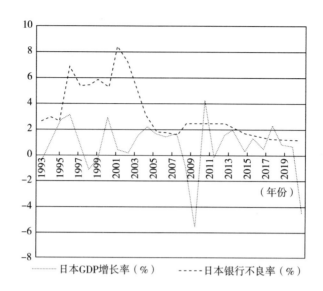

图 4-12　日本 GDP 增长率与银行不良率关系

资料来源：日本内阁府网站，https：//www.cao.go.jp/statistics/index.html；日本金融厅网站，https：//www.fsa.go.jp/common/paper/index.html 年度经济白皮书。

（一）1993~2002 年经济周期波动与金融不良资产处置

1993 年之前，日本没有统一的金融不良资产定义和统计。1993 年从风险管理债权的角度定义金融不良资产，但直至 1998 年 3 月，对于风险管理债权的认定标准也还在不断发生着变化。日本金融厅所统计的不良债权推移表注释部分标注，1993 年 3 月至 1995 年 3 月，1996 年 3 月至 1997 年 3 月，以及 1998 年 3 月之后的风险管理债权的定义是不同的，说明在此期间对风险管理债权的认识是不断发展的。自 1993 年 3 月起至 1999 年 3 月，接受监督并赋予公开不良债权金额义务的主体也在发生变化。例如在 1995 年 3 月之前，只统计都银、长信银、信托的风险管理债权数据；在 1998 年只统计日本全国各银行的风险管理债权数据；而从 1999 年 3 月开始，日本全国范围内的金融机构，只要业务范围具有吸收存款就都需要公开自身持有的不良债权金额，所以这一阶段金融不良资产的数据因存在标准不一而形成的较大误差。图 4-13 表示的是风险管理债权总额与不良债权率。

从图 4-13 可以看出，从 1993 年起日本金融不良资产的总额呈现出急剧上升的趋势，从 1993 年的 13 万亿日元上升到 2002 年的 43 万亿日元。而同期日本GDP 增长率的波动则没有这么陡峭。日本 1993~1996 年经济增长率是逐年上升

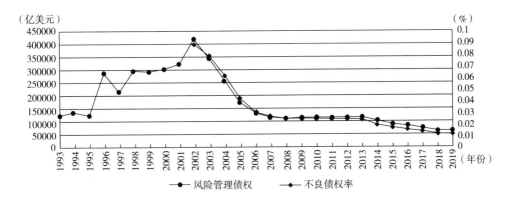

图 4-13　日本风险管理债权总额与不良债权率

资料来源：日本金融厅网站，https：//www.fsa.go.jp/common/paper/index.html 年度经济白皮书。

的，最高在 1996 年达到了 3.1%。但风险管理债权的总量在 1995～1996 年增长了一倍有余，达到近 30 万亿日元。经过 1997 年的一次回落后，从 1998年起风险管理债权总额就一直在增长。特别是 2001～2002 年，有一次大幅度的上涨。可见，数据统计失真是这一阶段日本金融不良资产的真实情况。日本房地产泡沫破灭之后累积的金融不良资产应该是在 2002 年才相对真实地显露出来。政府基于金融不良资产的真实情况，才有可能做出正确的处置决策。

在 1985 年《广场协议》签订后，日本收支顺差不断扩大，社会对日元升值具有合理期待，同时美元又在不断贬值，使得原本在美国的大量资本涌入日本，最终因日本本土无法消化而造成资本的严重过剩。市场的投资和发展机会开始逐渐减少，实体经济资金也从原来的不足转为过剩。受日本金融自由化的影响，日本资本市场已逐渐发达，各企业的贷款需求已无法满足各银行日常的放贷盈利需要，银行出于贷款市场份额及对利益的追求，不惜违规发放贷款。同时，银行也因资本过剩增加了需用土地及债券作为担保的贷款。日本银行贷款总量在 1985～1987 年对于不动产经营者的贷款提升了 20% 以上，银行持有的股票市值几乎占据当时东京证券交易所总股票市值的 1/5 左右。社会各界看到土地与股票的暴利后，一股脑儿涌入房市与股市，直接导致日本地价和股价爆发式增长。当时，日经平均股价已涨至 38915 点，创历史新高，全国商业用地平均价格提升超出 1.5倍，一度创造了日本的"土地神话"，然而土地和股票价值高涨的背后是远远超过实际价值的泡沫，且用土地抵押融来的钱又投向了房市，循环往复造成越来越大的经济泡沫。[①] 1990 年 10 月 1 日，股价下降了 50%，约 2 万日元。泡沫经济崩溃，地价同年也开始急剧下跌。日本不动产研究所调查显示，以东京为首的六大城市商业地价指数下降率达到 87%（见图 4-14），资产的快速贬值直接导致银行及企业的投资无法收回，原本可以按约偿付的贷款无法在约定期限内支付，由此使得银行产生大量的不良债权。

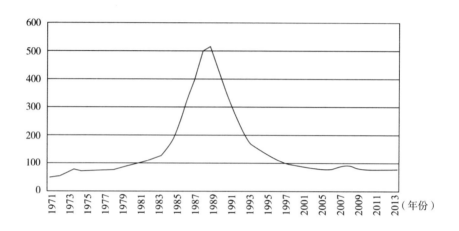

图 4-14　1971~2013 年日本六大城市商业地产指数

资料来源：日本不动产经济研究所网站，https://www.fudousankeizai.co.jp/。

日本经济在泡沫破灭以后，在相当长的时间内都基本上处于一蹶不振的状态，股价和地价持续低迷，破产企业不断增加。所有用不动产、有价证券作为担保的贷款，大量成为不良债权，使得不良债权余额不断攀升。在经济长期萧条的大背景下，非但没有有效处理已经产生的不良债权，还新增了许多新的不良债权。20 世纪 90 年代，日本的金融不良资产集中在"萧条三产业"，这三个日本主要的实体经济一直低迷，再加上日本银行和政府初期对金融不良资产采取消极回避的应对态度，使得处理进展缓慢。相反，金融机构的巨额不良债权的累积成为日本金融危机发生的根源所在，也成为经济复苏的"拦路虎"。巨量不良债权使银行的金融中介功能严重地降低，这也最终引发了整个经济运行的恶性循环。银行处置不良债权的成本越来越大，经营效益受到严重限缩，资本充足率因不良债权规模的提升而不断下降，与之相伴的便是银行抵御风险的能力，使银行不敢

---

① 杨栋梁. 20 世纪末日本不良债权问题探析［J］. 南开学报（哲学社会科学版），2015（1）：37-47.

再轻易放贷,大大提升了企业的借贷难度。一方面,信用通道被"惜贷"现象所阻隔,对企业正常的投资产生了严重的影响;另一方面,因为企业本身有严重债务问题,破产风险增大,企业也不敢积极寻求银行借款和扩大经营。若在这种情况下,长期缺乏有效措施的干预和管理,则会导致企业越来越难以借到资金,无法更新技术设备,加大破产风险,而银行也无法通过放贷获取利益,抵御风险能力降低,土地、股票等资产的价值不断贬损,市场活跃度大幅降低,经济进入大萧条。无法大刀阔斧地处置不良债权,其他产业的企业也因为资本不足不能进行产业结构调整,最终使得整个国民经济长期陷于恶性循环之中,无法解脱。

此外,不良债权因无法得到有效的处置和清理而长期大量地存在于各行各业中,使得社会上总量相对固定的人才、不动产、资金等资源长期闲置在低效或僵尸企业中,无法被一些高效能企业充分合理地适用从而创造更大价值,对资源是一种极大的浪费。1990年以后日本经济的总体效率未能得到很大发展,从整体角度来看,正是因为银行对效率低下产业和企业的大量放贷,最终无法按约得到偿付才形成巨额的不良债权存量,影响经济提速发展。

日本从20世纪90年代初泡沫崩溃开始出现到21世纪初,不良债权持续产生,长时间得不到解决的原因主要有以下三个方面:

(1)泡沫经济时期经济高涨的产业主要以不动产业、建筑业、批发零售业为主,俗称"萧条三产业",日本银行对这三个产业的企业在特定时期内进行过度放贷,对不动产等进行巨额投资。而泡沫经济破灭后,地价、股票等资产价值快速贬损,使得资产负债表出现明显失衡,再加上市场经济低迷以及流通方式竞争加剧,使得给这些行业的企业贷款出现持续不良化。泡沫经济崩溃后资产价格通货紧缩(地价和股价下跌)进一步冲击着"萧条三产业"。在泡沫经济崩溃后的约10年里主要是商业地产的价格持续下跌,这就使得土地在资产中占比份额高的不动产、批发零售业企业的资产贬值,资产与负债严重失衡。实际上,这三个行业所持有的土地资产额在全行业中占比达到54%[1],但是这三个行业的附加价值总额仅仅占全行业的34%。在地价急速上涨的泡沫经济时期,很多企业大量投资土地,尤其是这三个行业的企业,投资土地的金额占了全部行业的一半以上,这也导致其恢复缓慢,持续受泡沫经济崩坏的不良影响,收益持续低迷(见图4-15)。尤其是批发零售业受到了流通方式的强烈影响,企业与企业之间的业绩差距拉大。

---

[1] 其中不动产业占比27%,建筑业占比7%,批发零售业占比20%。

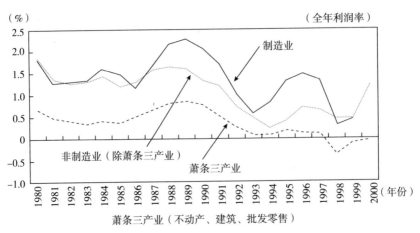

萧条三产业（不动产、建筑、批发零售）

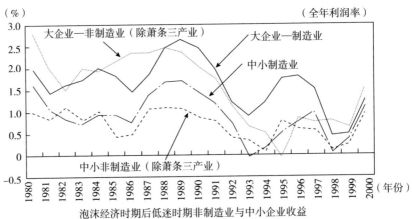

泡沫经济时期后低迷时期非制造业与中小企业收益

图 4-15　不同行业、不同规模企业的收益

注：大企业指注册资本 1 亿日元以上的企业，中小企业指注册资本未满 1 亿日元的企业。事实上，根据批发零售业上市公司销售额的调查结果，销售额增长企业和减少企业的差距扩大了，且增长企业中贡献最多的是 1991 年以后新上市的新设企业（见图 4-16）。"萧条三产业"的企业，由于对土地的过大投资以及收益低迷，导致负债过剩，最终大部分成了银行的不良债权。这三个行业过剩债务比率①在泡沫时期大幅上涨，虽然崩坏后的 10 年里有所减少，但同 20 世纪 80 年代前半期相比仍然非常高（见图 4-17）。

资料来源：日本财务省网站，https：//www.mof.go.jp/。

（2）即使是受泡沫经济崩坏影响较小的企业，在长期经济低迷和产业结构调整压力增强的情况下，不同行业规模和不同企业的业绩差距也在扩大，比如制造业及其他部分行业也产生了部分不良债权。除不动产、建筑、批发零售三个行

---

① 过剩债务比率＝金融债务/附加价值额。

业外的非制造业和制造业，整体过剩债务并不多，尤其是整个制造业的过剩债务比率基本和泡沫经济前持平（见图4-17）。但从企业的收益能力来看，与1999~2000年销售额经常利润率相比，包括特别损益的销售额当期利润率的改善幅度要小很多（见图4-15）。将不同行业规模以前的销售额当期利润率与泡沫经济崩溃后的相比较，在市场经济持续低迷的情况下，非制造业和中小企业销售额当期利润率持续低迷。另外，如前文所述，三个行业之外的制造业和其他行业企业的破产数自1997~1998年以后与以前相比有所增加。在产业结构调整的进程中，就像批发零售业，每个企业的业绩差距也越来越大，不动产业、建筑业、批发零售业这三个行业之外也出现了持续的不良化的情形。[①] 批发零售业的销售额变化如图4-16所示。

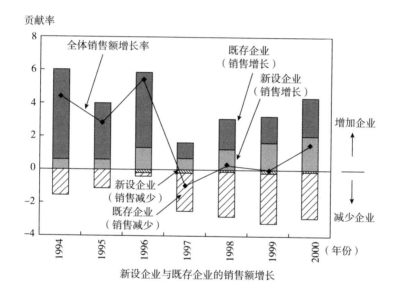

图4-16 批发零售业销售额

注：①对象选取的是20世纪90年代的上市公司；②既有企业是1990年以前的上市公司，新设企业是1991年以后上市的企业。

资料来源：日本财务省网站，https：//www.mof.go.jp/。

（3）1997年的亚洲金融危机对日本经济造成冲击，在随后的四年时间里，将日本金融不良资产的真实情况显现了出来。1997年亚洲金融危机后，1998年

---

① 日本内阁府平成13年度经济财政报告に参考。

和 1999 年日本经济出现了负增长。1997 年的亚洲金融危机主要从以下三个方面影响日本的经济增长：第一，由于亚洲其他国家货币贬值导致日元相对升值，日本国内生产的产品竞争力下降，从而导致出口量下降。第二，日本海外工厂的生产和销售，乃至就地销售下降。第三，亚洲金融危机时期，由于亚洲其他国家货币贬值而导致了日本从其他国家的进口额上升，打击了相应的国内产业。而经济周期下降到谷底的结果，就是随后金融不良资产的大爆发。在 1998 年 7 月以后，日本多家政府机构及银行对资产等进行了集中检查，并由金融监督厅在 1999 年 7 月颁布了金融检查手册，旨在提高银行在开展审查资产工作中的精准度。银行从 2001 年开始对债务人分类及贷款资产的审查严格化，导致更多的债权被认定为不良债权。在审查标准严格的情况下，再加上借款企业业绩持续低迷，不良债权统计数越来越贴近真实情况。

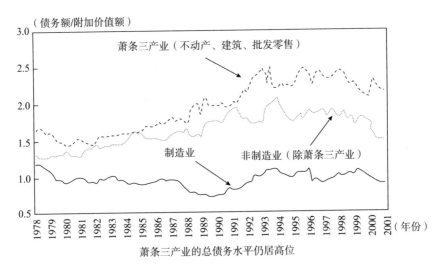

图 4-17　企业债务的发展

资料来源：日本财务省网站，https://www.mof.go.jp/。

（二）2003 年至今日本经济周期与金融不良资产处置

2003 年开始，日本经济复苏，居民消费能力和需求有所提升，经济增长呈现缓慢上升的态势。日本经济从 2003 年开始慢慢复苏，其 GDP 在 2002 年增长了 1.2%，2003 年则增长了 3.2%，不良债权率从 2002 年 9 月的 8.1% 下降到 2004 年 3 月的 5.2%，在 2005 年基本实现日本政府提出的到 2005 年 3 月末银行不良债权率降至 4% 左右的目标（见图 4-18）。不良债权净增加额逐年下降，这也表明经济复苏时期，能加速不良债权的处理，提高经济效率，使经济增长波动降低，整体趋于平稳。①

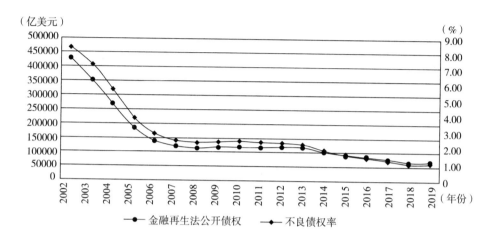

图 4-18　日本金融再生法公开债权与不良债权率

资料来源：日本金融厅网站，https：//www.fsa.go.jp/common/paper/index.html 年度经济白皮书。

　　2008 年，日本经济再次受到挫败的主要原因是美国次贷危机，日本经济于第二季度开始呈现负增长。美国次贷危机之所以如此深刻地影响了日本经济，主要有两个方面的原因：第一，日本的金融机构自持较大额度的两房债券及股票，并发行了相关的基金。② 第二，在金融缓和政策结束之后，由于货币以及金融政策刺激而产生的内需消失，从而导致了其内需不足的老问题重新出现、经济发展主要依赖出口。次贷危机带来的世界经济动荡导致世界整体购买力下降，日本出口随之减少。除此之外，世界经济动荡时，资金多流向石油、贵重金属等抗风险能力较强的能源类商品，而日本资源匮乏，严重依赖进口，一旦能源类商品价格上涨，日本企业的利润必然降低，因而经济下滑。但是，从图 4-18 可以看到，2008 年以后，日本的金融不良率虽然有所上升，但总体趋势仍然是平稳中下降的，金融不良资产的总量从 43 万亿日元降到了 15 万亿日元以下，甚至从 2015 年以后降到了 10 万亿日元以下，金融不良率从 2006 年降到 3% 以下，2015 年以后降到了 2% 以下，属于较低的金融不良资产水平。究其原因，一是日本从 20 世

---

　　① 赵儒煜. 2004：颠簸前行中的日本经济［J］. 现代日本经济，2005（2）：1-3.
　　② 甚至日本中央银行及外汇资金特别会计机构也持有高达 80000 亿日元的两房债券。美国次贷危机造成了日本金融机构的直接损失。

纪 90 年代末期开始重视金融不良资产的处置，政府加大了监管和处置力度，通过十年左右的时间将本国的金融不良资产真实显现并真正消化处置掉了。金融不良资产的有效处置，反作用于日本经济，使其保持一个平稳的发展状态。即使受到 2008 年次贷危机的冲击，日本经济也很快走出了困境。可见金融不良资产处置能够熨平经济周期波动的效果从日本近三十年来遭遇的两次经济危机对经济周期波动的影响可以得到验证。二是日本从 2003 年以后，虽然经济增长比较慢，但其作为成熟的经济体，市场的容量还是巨大的，即使出现了 2008 年和 2009 年的经济重创，仍然很快恢复到平稳的状态。日本经济从 1995 年达到顶峰以后，就基本显示了其资源禀赋条件下在目前经济周期环境下的最大可能性，在很长的一段时间内，日本的经济任务都是保持其现有的经济发展水平不要下滑，所以经济周期发展的平稳也促使日本金融不良资产的状况比较平稳。

二、日本 1993 年以后的金融不良资产处置策略

这一阶段日本不良债权的处置分为 1993 ~ 2002 年以及 2003 年以后这两个部分。从 1993 年起，日本开始真正建立金融不良资产监管和处置制度，通过尝试多种方式解决泡沫经济崩坏后大量金融不良资产累积的问题，终于摸索出一套适合自己的金融不良资产处置方式。2003 年以后，一直延续着相应的处置方式，并进一步予以优化。而且通过制度的实施，消化掉了在 2003 年以前累积的大量金融不良资产，使日本的金融不良资产规模下降到了一个较为安全的区间内。所以在次贷危机爆发对日本经济产生巨大冲击，随之产生大量金融不良资产的情况下，日本通过这一套较为成熟的处置方案，较为有效地处置了次贷危机时期产生的金融不良资产，日本的不良债权总额及不良债权率均未产生明显波动，处于风险可控的范围内。

（一）日本对金融不良资产处置立法

1998 年 2 月，政府颁布《金融机能稳定措施法》，修订了《存款保险法》。依据上述金融稳定化的 2 部法律，提出 30 兆亿日元计划，其中 17 万亿日元用以保护存款人，13 亿日元注入金融机构。政府向金融机构注资是有条件的，申请注资的金融机构必须提出经营健全化计划。后政府又投入 18 万亿日元保护健全债务人，之所以会花费 18 亿日元保护健全的债务人是因为拓殖银行时，许多健全的债务人因找不到业务往来银行而破产。[①] 有了该笔资金，当金融机构破产后，过渡银行可以继续与健全的债务人进行业务往来。1998 年 3 月，日本政府向

---

① 傅钧文. 日本银行界的不良债权及其解决措施 [J]. 世界经济研究，1999 (1): 3-5.

21 家银行注入 18156 亿日元，对相关银行进行整改，但没有取得良好的效果。1999 年，日本政府向 15 家濒临倒闭的金融机构注入大约 74592 万亿日元，使 15 家金融机构的资本充足率在半年内提升了 2%。2002 年 9 月，日本政府向金融机构注入 20180 亿日元，[1] 该部分资金主要是购买金融机构持有的其他公司的股权，此举主要是为了简化银行与企业间的复杂关系，动摇日本的主要银行制度，减少银行因为企业的破产而导致自身经营不善的情况发生。从 1998 年开始，日本政府向银行注资的幅度基本上呈上升趋势，投入巨量资金挽救银行业，该行为在世界范围来说也比较少见，体现出日本稳定金融市场、维护经济秩序的决心。日本的金融机构在面对泡沫经济的崩坏时，自身也在寻求存活办法，很多银行选择进行重组。在日本政府的支持下，1999~2006 年，由四家新合并成立的金融控股公司[2]主导日本银行业，这四家公司主要由原来的 20 家大型银行以及 13 家都市银行合并组成。出于提高处置效率及充分发挥重组优势的考虑，日本银行业成立四家金融控股公司，然后在控股公司内部进行业务重组，这就包括规模化运作不良债权项目。[3]

1998 年，日本出台了《关于通过特定目的的公司来进行特定资产流动化法律》，为资产证券化的发展提供保障和便利，如降低 spv 的成立要求，给予 spv 优惠的税收政策。但日本的金融不良资产证券化效果并不明显。

1998 年 10 月 16 日，日本政府颁布了《金融机能再生紧急措施法》，该法律主要是关于金融机构的破产问题，并立法规定设立"过渡银行"管理破产的金融机构。"过渡银行"是由会计、法律、经济等专业人士组成，"过渡银行"接管破产的金融机构后，将会区分银行的债权，作不同方式的处理。将不良债权出售给国有债权整理回收机构，由于有正常债权的存在，"过渡银行"还需要维持金融机构的正常运营。同时，因过渡银行接管破产金融机构的期限是一年，"过渡银行"会在此期间内寻找其他金融机构兼收购破产的金融机构的方案。破产的金融机构如果一年内未能被收购，过渡银行可以申请再管理一年，破产的金融机构最多被接管三年。如最终不能被收购，由整顿回收机构负责兜底收购，日本第

① 李晓峰 . 银行不良债权处理对策的中日比较 [J] . 现代日本经济，2005（1）：25.
② 四家金融控股公司分别是瑞穗集团（包括原来的日本兴业银行、第一劝业银行、富士银行）、日本联合金融控股集团（包括原来的三和银行、东海银行、旭日银行）、三井住友集团（包括原来的住友银行和樱花银行）和东京三菱集团（包括原来的东京三菱银行）。
③ 王一江，田国强 . 不良资产处理、股份制改造与外资战略——中日韩银行业经验比较 [J] . 经济研究，2004（11）：32.

一家适用此制度的银行是 1999 年 4 月进入破产的国民银行（属于第二地方银行）。①

1999 年 2 月，日本实施了《债权管理回收业特别措施法》，对不良债权的处置作出了一系列的规定，特别是关于设立债权回收公司方面有着重大的变化。在此之前，不良债权的处置主体并没有相关设立的规定，而新法规定了成立债权回收公司需要经法务省许可。故日本的金融不良资产处置的主体分为 1999 年新法实施前的主体和 1999 年新法实施后的主体。

（二）日本的金融不良资产处置行业主体

截至 2018 年，日本的金融不良资产处置主体一共有 79 家。其中只有一家为国有机构，其他的为市场化金融不良资产处置公司。② 从历史上看，主要存在过以下主体：

1. 共同债权买取机构

自 20 世纪 90 年代初泡沫破灭以来，金融机构的不良债权问题因受经济活动停滞和地产、股权价值下跌影响而不断恶化。但是，日本各界对经济局势的判断十分乐观，虽然已经逐渐地认识到泡沫经济破灭后经济形势严峻，但依旧对日本经济的恢复能力抱有坚定的信心。政府认为不良债权问题是金融机构自身的问题，金融机构需要自己寻求解决方法。日本各界相信在迅速地对为数不多的小型金融机构进行破产处理后，整个金融系统不会发生大规模的混乱，舆论认为公共资金投入是不必要的，主要还是依靠银行自身化解。但随着不良债权问题凸显，日本国内逐渐意识到需要有秩序地处置不良债权。1992 年日本全国银行协会联合会的会长行三菱银行发表了关于设立不良债权收买公司的方案。主要内容是：金融机构向收购公司申请出售拖欠还款的有不动产担保的债权，收购公司根据不动产鉴定师的鉴定，以评价委员会决定的价格买下相应债权，然后收购公司通过向市场出售抵押不动产，收回借款。基于上述想法，1993 年 1 月，私人金融机构（城市银行、长期信贷银行和信托银行等 162 个金融机构）投资成立了共同债权买取机构（Cooperative Credit Purchasing Company，CCPC），该公司从金融机构购买有房地产担保贷款的不良债权。CCPC 设立的宗旨是处理购买的抵押房产，并激活低迷的土地交易。出资的金融机构以价格判定委员会作出的估价向共同债权买取机构出售有不动产抵押的不良债权，出售金额和债权账面金额间的差额就需要金融机构按照损失进行处理。因为 CCPC 设立是由金融机构完成的，所以当其

---

① 王洛林. 日本金融考察报告 [M]. 北京：社会科学文献出版社，2001：23.

② 资料来源于 http://www.moj.go.jp/housei/servicer/housei08_00065.html。

不能够处置完所买的不良债权时，造成的损失就需由金融机构承担。到 2001 年 3 月为止，CCPC 共花费 5.8 万亿日元购买账面价值合计 15.4 万亿日元的债权，但只实现了 4.7 万亿日元的回收。2001 年 3 月以后，CCPC 不再经营。

2. 东京共同银行

1994 年，日本东京安全、协和信用组合出现经营危机。两家金融机构的债务超过了 1100 亿日元，通过自身化解危机已不可能。1994 年 12 月 9 日，财政部和日本银行公布上述两家金融机构的处理方案：由存款保险机构出资 400 亿日元，日本银行和约 150 家民间金融机构分别出资 200 亿日元，于 1995 年 1 月 13 日设立了东京共同银行。东京共同银行在成立后接管了两家信用组合的资产和负债、存款和贷款等业务，其中不良债权出售给专门的债权回收机构。1996 年 9 月 2 日，东京共同银行更名为整理回收银行。①

3. 住宅金融债权管理机构

日本的住房专业金融机构使 20 世纪 70 年代以来，由金融机构出资成立的专门进行住宅贷款的公司。1971 年 6 月，由三和、东洋信托、横滨等 9 家银行出资设立的日本住宅金融是最早的住房专业金融机构，此后，城市银行、信托银行、第二地银行等分别作为出资方成立了共 7 家住房专业金融机构。伴随着日本经济的崩坏，房地产行业下跌明显，这导致住房专业金融机构的经营急剧恶化。1995 年 8 月，日本财政部对各家住房专业金融机构进行了深入检查，发现 7 家住房专业金融机构有 6.41 万亿日元的损失，占其总资产的一半。后日本政府对 7 家住房专业金融机构进行破产处理。20 世纪 90 年代中后期，住宅金融债权管理机构应运而生，它是由相应住房专业金融机构的母公司与日本银行共同出资设立的，接盘 7 家住专的不良债权，并初步预计花费 15 年时间对实现对债权的回收。该机构注重查询借款人的隐藏资产，例如曾经通过司法手段冻结了大阪的不动产公司末野兴产 1200 亿日元的隐藏资产。住宅金融债权管理机构后与整理回收银行合并成为整理回收机构。

4. 国有整理回收机构

1999 年 4 月 1 日，存款保险机构合并整理回收银行与住宅金融债权管理机构，组成了整理回收机构（The Resolution and Collection Corporation，RCC）。1999 年 6 月 1 日，该机构取得了司法部的营业许可，许可番号为第 9 号。RCC 是参照美国资产重组托管公司（Resolution Trust Corporation，RTC）设立的。RCC

---

① 随着 1998 年 2 月《存款保险法》的修订，整理回收银行现职能还包含接管那些除信用组合外破产的金融机构。

主要从事债权买卖、产业再生业。2011 年，RCC 前身住宅金融债权管理机构设立的 15 年的处置周期已到，因为日本房地产市场的持续低迷，住宅金融债权管理机构的二次损失被认定达到了 14017 亿日元。关于产业再生方面，从 2001 年起截至 2019 年 9 月，参与了 697 家企业的再生，在企业再生过程中起到重大的作用。

截至 2019 年 3 月，RCC 共花费 97695 亿日元收购债权，累计回收 101207 亿日元。回收的金额超过购买债权的金额，由于该机构设立的主要目的并非盈利，而是处置日本泡沫时期巨大的不良债权，该机构在日本化解不良债权危机中扮演了重要的角色。[①]

5. 市场化债权回收公司

1999 年 4 月 6 日成立的 premier 债权回收公司，是日本国内第一家取得债权回收许可的市场化公司，许可番号为第 2 号，现该公司仍在营业中。该公司的股东为美国通用金融财务控股公司（GMAC Commercial Holding）。同年，高盛、赛伯乐资管、龙星基金、摩根士丹利等多家外资在日本设立债权回收公司，一时造成日本国内的恐慌，日本国内惊呼欧美准备买空日本。但实际上外资在日本不良债权市场上购买的不良债权占比并不高，而且外资系处置的效果也不太好，早期成立的外资债权回收机构很多都撤出了日本市场。如通用金融、瑞银设立的债权回收公司都已经不在法务省许可的名单之中。日本的民营债权回收公司中有部分是由银行设立的，例如许可番号为第 10 号的 SMBC 债权回收株式会社，其股东为三井住友银行。银行设立的民营债权回收公司在成立之初并没有直接处置不良资产，其成立是为了规避例如银行不能持有非经营性不动产等相关规定，有着特殊目的。但后来，银行成立的不良债权公司逐渐开展真正的处置业务。日本民营的债权回收公司设立必须经过法务省的批准，才可以从事债权收购、处置的业务。依据《债权管理回收业特别措施法》，如果没能获取到法务省等相关部门的许可同意而自行从事债权收购、处置业务，则会被罚款，甚至受到刑事处罚。在日本，民营债权回收公司若获得许可，与国有债权回收公司一样，可直接从金融企业购买不良资产。截至 2018 年 12 月 31 日，日本 79 家债权回收公司，收购的不良债权账面价值合计 4392246 亿日元，现实回收 520507 亿日元。除去 1 家国有债权回收公司及少量的外资债权回收公司，国内民营的债权回收公司是日本消化不良资产的绝对主力。

---

① 资料来源于 https：//www.kaisyukikou.co.jp。

（三）日本金融不良资产的处置方式

1. 核销

对坏账进行核销是一种传统的处置方式，而日本大藏省也在经济发展的不同时期对核销处置抱有不同的态度。在泡沫经济崩坏前，大藏省因担心银行对坏账直接核销会导致偷逃税款的情况发生，因此要求银行谨慎对坏账采取核销的处置方式，并严格审查其合理性，对越过幅度的核销额实施征税手段。但随着银行不良债权增幅加大，大藏省开始鼓励银行对坏账采取核销的方式进行处置。

2. 债权转让

日本先后设立了共同债权买取机构、住宅金融债权管理机构以及东京共同银行等，这些机构可通过一定比例的折扣收购银行的坏账，对因此而发生账面上的损失，当局允许可全部免税核销处理。① 这些机构在收购金融不良资产后予以处置。

3. 金融企业破产

日本早期期望对体量小的金融机构进行破产清算，保住大金融机构以稳定金融秩序。然而，1997 年 11 月 17 日，北海道地区最大的金融机构拓殖银行宣布破产，标志着日本银行大而不倒的神话不攻自破。后续多家大型金融机构也相继倒闭。大型金融机构的倒闭是金融不良资产引发系统性金融风险的标志。金融企业破产后，一般由国有整理回收机构接管，对其全部资产进行处置。

4. 不良债权证券化

日本在 1990 年前后就开始研究不良资产证券化，1991 年首个不良资产证券化项目正式成立。日本的不良资产中有一定数量的不动产担保类不良债权，不良资产证券化以该类不良资产为基础，通过日本政府为项目信用增级，取得了一定的处置效果。但是由于早期相关法律法规不完善，资产证券化的发展不如预期。随着日本经济形势不断恶化，巨量的不良债权急需处理。由于日本政府严格区分不动产市场及金融市场，由不同的部门分管两块市场，日本金融机构甚至不能持有非经营用途的房地产。资本市场与不动产市场缺少互动，且日本房地产交易不够活跃，租赁市场过于倾向保护租户，以不动产为主的证券化产品难以稳定地产生预期的收益，阻却了许多投资者，也使得不良资产证券化在日本不良债权的处置中未能成为常规的处置手段。

2002 年，日本不良债权率高达 8.8%，远远高于正常水平，从某种意义上来说，阻挡日本经济发展的罪魁祸首已然变成不良债权。从 1992 年开始到 2002

---

① 傅钧文. 日本银行界的不良债权及其解决措施［J］. 世界经济研究，1999（1）：3-5.

年，日本通过 10 年时间投入了巨大的财政资金也未能将不良债权危机化解。小泉政府上台后，提出以结构改革的方式处置不良债权，即使忍受改革带来的阵痛也要解决不良债权危机。竹中进驻大藏省后，提出了明确的不良债权处置目标，到 2005 年不良资产率在原有基础上下降 50%，2002 年之前产生的不良债权在 2005 年之前处置完毕，并公布提出了系统化的处置政策，用以稳定金融体系和解决不良债权问题。处置政策主要分为三个方面，即金融系统重构、促进企业再生及加强金融监管。

首先，金融系统重构。确认金融监管保护的对象是储户，投资者和借款的企业和个人等，以此为基础促进存在严重问题的金融系统重构。金融厅（FSA）建立了"金融问题特别工作组"对政策执行情况进行监测，以期实现在 2006 年解决不良贷款问题，化解金融系统性风险的目标。一是在经济困难时期充分考虑中小企业的融资需求问题。对于中小企业具备经营能力和还款实力的，通过建立中小企业贷款信托公司对其进行贷款，分层次地提供金融产品。二是对于陷入经营危机企业的贷款需求，由贷款机构严格审查该企业的诚信记录，对于未达计划的企业及时发出改正指令，并可以拒绝其贷款申请。三是对于存在严重金融不良资产问题的银行，政府以出资购买金融机构发行股票的方式注资，以国有化的方式维持该金融机构的继续运营。如私营理索纳银行 2003 年由于资本充足率过低，不得已向日本政府求援，政府向理索纳银行投入 2 万亿日元公共资金，使该银行成为一家国有银行。在政府注资之前，政府要求银行按照监管标准制定相关的措施改善运营，理索纳银行提出引入外部董事长和公司外部董事，治理机制中引入"公司与委员会"模式，成为日本第一家引入该治理模式的银行机构。[①] 政府对银行实行国有化后，按照金融不良资产处置的政策，加快处置速度。大部分银行为避免被政府控股，通过降低价格、加速将不良资产转让给债权回收公司的方式降低自身的金融不良率。除了国有化私营银行，金融业之间的并购重组也在该阶段完成，形成了四大金融集团的银行业格局。四是通过引入时价会计准则替代之前日本采用的历史价格计算方式。在这种会计准则下，如果金融企业不快速剥离不良资产，产生的损失会直接影响其自有资本充足率，从而陷入破产或被政府国有化的境地。所以在这种环境下，大部分的金融企业选择尽快处置金融不良资产。通过上述一系列的措施，日本的金融不良资产处置力度空前，使大量累积的金融不良资产得以离开金融企业进入市场，而金融企业也变得更加审慎，同时能够满足市场对资金的需求，所以金融系统较之以往更加安全了。

---

① 曹廷求，潘林. 日本理索纳银行的公司治理及其启示 [J]. 上海金融，2006（10）：59-61.

其次，促进企业再生。为了盘活陷入困境的企业，从根本上化解不良债权，日本政府出台了企业再生计划。为保障该计划的实施，日本颁布《产业再生法》。一是增强 RCC 企业再生科的功能。RCC 于 2001 年 11 月 6 日设置了企业再生科，以拯救有再生可能性的企业。2002 年 10 月 30 日，金融省提出需要进一步加强 RCC 企业再生的职能，并要求银行对企业再生项目提供充足的资金。从 2001 年起至 2019 年 9 月，RCC 的再生科参与了 697 家企业的再生，为企业再生计划作出了卓越的贡献。二是营造企业再生环境。为了实施企业再生计划，政府通过修改税法、商法等保证中小企业融资顺畅、减少缴纳，并要求各地的相关职能部门参与到政府的企业再生计划中，拿出切实可行的再生方案。日本央行为配合企业再生计划，采取了进一步宽松的货币政策，保证再生企业的资金使用及周转。三是增设新的企业再生机构。2003 年 4 月 16 日，为了将企业再生计划更加顺利地继续推进，基于《产业再生法》，存款保险机构设立了负责企业再生机构（Industrial Revitalization Corporation of Japan，IRCJ）。该机构成立后主要以濒临破产的企业作为再生对象，收购企业除主银行债权以外的债权。企业再生机构与主银行协同处理再生企业重组事宜，必要时会向相关部门争取一定扶持的政策。企业再生机构在其存续期间一共帮助 41 家企业再生，收购成本大概是本金的 6 折左右。被收购的企业大多在自身行业内有一定的资源及影响力。例如百货行业的大荣百货、资源行业的三井矿山、化妆品行业的佳丽宝化妆品公司等。[①] 从再生效果上看，产业再生机构计划的回收比较顺利，解决了企业的困境，例如大荣百货、三井矿山、佳丽宝都摆脱了不良债权的影响，重新焕发了活力。由于该组织的实际效果比较好，提前完成了目标公司的再生，于 2007 年 3 月 15 日提前解散。日本不仅只有政府设立的专门的企业再生机构和 RCC 的企业再生科，其他债权回收公司陆续都设立了各自的企业再生部门，通过该种方式处置不良债权。企业再生计划发挥了积极的作用，不仅减轻了不良债权对金融企业的伤害，更重要的是帮助陷入债务困境的实体企业维持继续经营的可能性。相较于其他方式，企业再生方式使债权债务双方以及市场都获得了多赢。

最后，加强金融监管。一是严格资产评估，引入现金流折现的 DCF 模式。在间接计提呆账准备金的过程中，不良贷款仍留在资产负债表上并未减少。由于抵押价值降低和经营状况恶化，不良贷款的数量进一步增加。当通货紧缩导致坏账增加时，基于过去的坏账率，准备金往往会减少。因此，对大型银行进行管理的大额债务人评估使用 DCF 方法，以防止大型银行隐藏金融不良资产。二是严

---

① 孔丹凤，冯涛．日本的不良债权处理：1998-2006［J］．金融研究，2007（7）：74．

查银行资本充实率。对于资本充实率不足的银行，由政府直接注资实行国有化。三是实施强化资本税制改革。引入新的准备金免税摊销制度，对于未达到破产程度的债务人，根据金融厅的监督和检查，将评估的结果认定为免税对象。四是加强外部监督。引入外部审计师对银行的账簿作定期检查。对于未按照改善计划执行的银行，对其单位及直接责任人做出行政处罚，并强制要求继续按照计划执行。五是加强早期纠正措施及早期警戒制度的实施。两制度主要是针对银行经营风险，早发现、早纠正，并通过预警机制提前介入监管。

到 2006 年 9 月，日本国内的不良率降至 2.9%，困扰日本多年的不良债权问题基本得到解决。由于历史沉淀的金融不良资产问题基本得到解决，日本在 2008 年的次贷危机中虽然经济遭受重创，但金融不良资产并未出现爆发。从表 4-3 可以看出，2008 年日本不良率为 2.4%，随后的几年，不良率几乎没有波动，到 2018 年日本的不良率已经降到 1% 左右。

表 4-3 2008~2018 年日本不良资产率变化情况

年份	2008	2009	2010	2011	2012	2013	2014	2015	2016	2017	2018
不良资产率（%）	2.4	2.4	2.5	2.4	2.4	2.3	1.9	1.6	1.5	1.3	1.1

资料来源：日本金融厅网站，https：//www.fsa.go.jp/common/paper/index.html。

在此期间，日本基本延续了前期处置不良债权的方案，并没有太多新举措，主要是针对特定企业实施了一些特别政策，防止不良债权的产生。一是紧急保证制度。主要是针对以石油为代表的受资源价格因素影响较大的企业，在次贷危机发生后，日本扩大了该制度的适用范围，对因某项资源价格飙升而导致经营困难的企业予以帮助，通过宽延其还款条件，防止这些企业因为债务问题而陷入危机。二是安全网贷款。为防止大量企业因周转不顺导致陷入经营困境，日本政府金融机构扩大贷款规模。安全贷款的规模在随着总规模的扩大而不断扩大，截至 2010 年 9 月末，贷款余额合计达到了 11.5 万亿日元，占政府金融机构对中小企业贷款总额的一半。① 三是雇佣调整补助金制度。在经营不善的情况下，部分工人临时暂停工作或者离职，需要企业支付的费用由国家给予补助。2009 年领取补助的企业达到最高峰，涉及人数占日本劳动人数的 5%。四是政府介入稳定金融机构。如通过收购大型银行在公开市场发行的股票，防止因银行股票大幅下跌

① 池内拓郎，胜田秀树，峙崎俊，丹下诚久仁，平田英明. 日本政府的企业金融危机对策及其效果 [J]. 日本研究，2011（2）：61.

而引发金融体系的恐慌。五是政府联合私营企业共同成立企业再生支援机构（Enterprise Turnaound Initiation Corporation of Japan，ETIC）。该机构成立于 2009 年，日本政府拥有 50% 的股份，其他股东由 130 家私营企业组成，主要对陷入债务困境的大型实体经济主体进行救援。①

三、日本金融不良资产处置策略对他国的启示

日本从 1990 年泡沫经济崩坏开始，金融不良资产问题被暴露出来，到 2005 年日本金融不良资产问题基本解决，处置周期大概 15 年时间。该时期也被日本国内称为"经济发展消失的 15 年"。一方面，经济增速停滞。1990~2005 年，企业及家庭的债务增加，导致需求下降，日本经济增速放缓，甚至在 1990~1994 年、1998~2000 年出现了负增长。另一方面，企业数量减少。1990 年后，日本经济的另一个显著特征是市场主体对经济活动的参与度下降，主要表现为新增企业数量减少，而退出市场的企业数量增加。1990 年，日本政府修改了《商法》，将现有及新设公司的注册资本金皆调整至 1000 万日元（换算人民币约为 65 万元）。在日本各界的积极努力下，从 20 世纪 90 年代后半段至 21 世纪初，新增企业数量呈上升趋势，但是净增加企业数量为负值，原因在于债务过剩而导致破产退出市场的企业增多。可见，金融不良资产问题长期得不到解决对经济造成的伤害。而从 2005 年以后，由于找到了较好的金融不良资产解决方案，即使面对 2008 年次贷危机对经济的巨大冲击，仍然没有出现金融不良资产规模的明显波动，可见日本在后期采取的金融不良资产处置措施是较为有效的。日本金融不良资产处置给其他国家的启示主要包括以下几个方面：

（一）统计数据失真造成金融不良资产问题被掩盖

不良债权爆发初期，日本国内对不良债权重视程度不够，放任不良债权问题由银行自身化解。而银行采取隐瞒不良债权实际情况的方式，导致不良债权危机持续加剧。尽管日本在泡沫经济崩坏后的第一个十年中已经处置了一些不良债权，但由于统计标准的逐步严格化，使得以前被掩盖的金融不良资产不断被动暴露，新的不良债权由于社会普遍对经济发展趋势持悲观心态而持续爆发，且无法从政策与市场方面得到有效、及时的处理和化解，长期恶性循环造成金融不良资

---

① 如 2010 年，陷入困境的日本航空公司宣布破产，当时不能偿还的负债达到 23000 千亿日元。作为日本国有的大型航空公司，请求 ETIC 实施再生支援。通过金融机构恢复贷款并对到期债务延期偿还的方案，并配合以缩减成本、改善经营管理等企业重组措施，2011 年日本航空即实现扭亏为盈，达到历史上最高的 1884 亿日元的利润水平。经过两年的援助，日本航空实现了再次上市。在 2018 年度全球最佳航空公司的排名中，日本航空居第 10 位；2019 年全球最佳经济舱航空公司中日本航空位列第一。

产总额节节攀升。从日本泡沫经济破灭后的 1993 年 3 月末至 2001 年 3 月末，整体看日本银行不良债权余额存量呈现出明显的上升趋势，直至 2001 年 3 月末已发展到约 32.5 万亿日元（见图 4-19）的规模。在这期间同呈上升趋势的还有不良债权比率①，在 2001 年 3 月末已上升到 6.6%。同时期的美国商业银行不良债权比率仅占约 1%。另外，除银行以外，信用金库、信用组合等非银行金融机构的风险管理债权达到 43.4 万亿日元。产生此种情况的主要原因在于 1998 年不良债权的定义发生了较大变化，定义扩大带来风险管理债权额的增加，加上泡沫经济崩坏导致资产价格下跌与经济低迷，加剧了贷款的不良化，从而不良债权总额持续增加。1998 年以后，由于定义统一，日本的不良债权没有出现因定义扩大数量随之增加的情况。但是由于巨大的存量集中揭露，引起了市场的恐慌情绪，处理不良债权的速度比不上新不良债权爆发的速度。所以不良债权在 2002 年才逐步达到顶峰。可见金融不良资产问题首先需要数据真实，政府才能根据真实状况做出处置金融不良资产的正确决策。否则被错误的数据误导而对状态判断失误，其采取措施的力度就不能有效地解决问题。金融不良资产大量累积没有得到及时处置，是形成金融系统性风险的主要原因，会对经济造成巨大伤害。

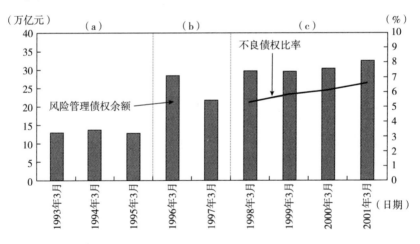

图 4-19　1993~2001 年日本不良债权的发展

资料来源：日本金融厅网站，https：//www.fsa.go.jp/common/paper/index.html.

（二）前期金融企业自行分散处置模式在经济周期下行时效果不佳

日本前期对金融不良资产形势误判，寄希望于金融企业自行解决不良债权问题。然而金融企业从本质上是不愿意揭示和处置不良债权的。因为不良债权处置

---

①　不良债权比率＝风险管理债权/贷款金额。

压缩了金融企业的收益，公示高额的不良债权损失以及经营负利润有可能引发挤兑从而使金融企业本身陷入破产困境。银行的"当期利润"（税前）是将银行的"业务纯利润"（从放贷、债券等各项收入来源中，扣除利息等费用后的银行本业的利润）减去"不良债权处理额"再加上股份等相关损益（股份的分红）得出的结果。日本银行的当期利润在泡沫经济崩坏后呈现持续低迷。主要原因就在于和不良债权处理额相比，1995 年 3 月以后连续 7 年业务纯利润无法覆盖不良债权的处理费用。这也意味着今后伴随不断产生的不良债权，因处置而显性化的损失严重压缩了银行的利润（见图 4-20）。另外，关于银行的不良债权处理额，不仅是记入坏账准备，即所谓间接折旧这一会计上的处理，同时伴随最终处理的直接摊销。高额的银行不良债权处理额与不良债权新产生额均超出了银行每年的预算。从图 4-21 能看出从年初制订的计划到年中计划调整再到年末的实际数据之间存在着巨大的偏差。不良债权处理损失大幅度超过年初计划，一方面显示出经济的真实情况超过了金融企业的预期；另一方面也可以看出金融企业倾向于减少或减缓金融不良资产的处置，使其当期利润能够显示为正值，从而维持其主体的信用水平。所以，金融企业尽量延迟公布不良债权的真实情况，在当时有许多银行持有的破产企业债权中在该企业破产前半年或一年仍然被核定为正常和关注类，并没有被认定为不良债权。只有等这些企业被宣布为破产后，才不得不将这部分债权列为损失类不良债权。此外，当会计标准不够严格时，不良债权的损失额需要在处置完成后才被计算，而没有处置前可以由金融企业自行定损，金融企业倾向于拖延处置已经被认定的不良债权，更多地将其放在次级类而不是真正的可疑类或损失类中。还有日本的主银行制度使金融企业在处置与自身关系密切的债务人时力度不大。允许金融机构与企业，以及两个企业之间相互持股是日本在公司治理方面与欧美企业的最显著区别①。基于互为持股的关系，则相应成为具有获利及决策属性的股东身份。这直接导致双方会更侧重于业务往来、充分创造经济价值，而忽略监管职责以及法律风险，甚至想办法隐瞒银行庞大的不良债权，拖延不良债权的处理。正是在这种机制下，造成泡沫经济崩坏后日本不良债权处置缓慢、消极。日本政府逐渐认识到问题的严重性，竹中平藏大臣在制定解决对策时提出或要追究银行管理人员对产生不良资产的相关责任，对这些银行实行国有化，对责任人员严格问责。但竹中平藏大臣提出的对策因触及银行管理层的既得利益，日本最大的 7 家银行联合发表声明表示强烈反对，迫于反对者施加

---

① 比如日本三井住友银行的前几大股东分别是住友生命保险公司、日本信托银行、日本生命保险公司、三菱信托银行、UFJ 信托银行等。

的巨大压力，最终在当局发布的不良债权处置方案中，政府放弃了要将银行国有化，以及对银行管理人员追究责任等条款。由于银行改革方案的力度被削弱，延缓了日本不良债权的处置进程。① 同时，结构性不良债权处理难度加大在一定程度上拖延了不良债权的处置时间。上文已经提及萧条三产业的不良债权总额占到2001 年 3 月末公布的风险管理债权余额的 54%，囿于资产价值严重贬损，且这三个产业与地价关系密切，使得银行无法顺利推进对这三个产业内拖欠贷款的企业申请破产或放弃债权的处理计划。

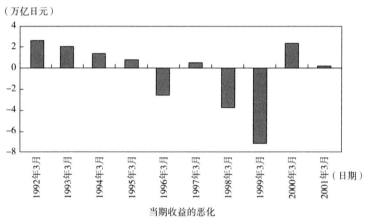

当期收益的恶化

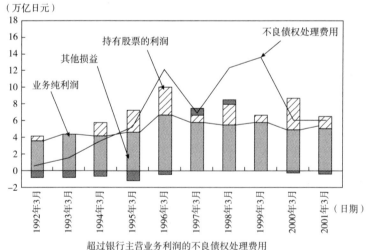

超过银行主营业务利润的不良债权处理费用

图 4-20　银行收益的发展

资料来源：日本银行网站，https：//www.boj.or.jp/。

---

①　袁跃东. 日本银行业的不良资产为何难以解决 ［J］. 世界经济，2003（3）：27-29.

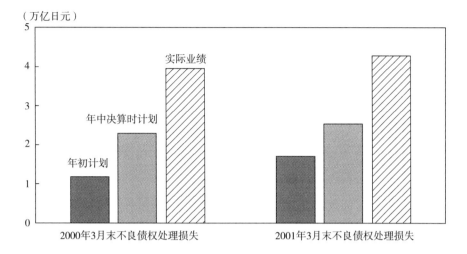

图 4-21　不良债权处理损失预算与实际费用（主要 16 家银行）

资料来源：日本金融厅网站，https：//www.fsa.go.jp/common/paper/index.html。

　　然而，金融不良资产不会因为金融企业将其放在正常和关注类就不存在了，也不可能因为迟延处置就减少其损失。相反，越隐藏越积累，越迟滞越损失。对于不良债权处置损失持续超过本业收入的问题，银行的正确做法应该是尽快处置不良债权，消除市场对于不良债权大幅增加以及处置迟缓的担心，而不是通过掩盖使公众对于金融企业的诚信产生怀疑，从而引发对金融体系的信任危机。

　　（三）前期日本政府的处置手段不够果断，政策出台后执行不严

　　欧美很多国家处理不良债权通常用四五年时间就能够解决，但在日本这个处置的周期却需要两至三倍的时间，甚至更久，与其他国家相比，日本的不良债权问题明显就有长期化以及解决速度迟缓的特点。[①] 虽然日本政府对于金融不良资产的处置也投入了大量资金。[②] 但是，日本不良债权问题产生后，日本政府并没有果断地采取主动处置不良债权的有效措施，且后期在执行过程中逐步加强力度，但一直到泡沫经济崩坏后的整整十年都没有有效解决金融企业严重的不良债权问题。直至 2001 年日本首相小泉纯一郎上任后情况才有所改变。2002 年 8 月

---

①　刘红．日本不良债权长期化的原因探讨［J］．日本研究，2008（3）：23.

②　如 1996 年 5 月，为了处理 7 家住宅金融专业公司的破产，日本政府决定投入 6850 亿日元的公共资金。1998 年 2 月，投入 30 兆亿日元，其中 13 兆亿日元注入金融机构，另外 17 兆亿日元保证存款全额受偿及购买不良债权。1998 年 3 月，向 18 家大银行及 3 家地银注资 18156 亿日元。1999 年 3 月，向 15 家银行注入 74592 亿日元，购买银行的优先股、次级债；同年 9 月，又合计花费 80342 亿日元。2002 年，投入 15868 亿日元；同年，再次注入 20180 亿日元。2006 年，向 2 家银行注入 405 亿日元购买优先股。

2 日，日本金融厅发布了民间金融机构所产生不良债权的数据信息，截至 2002 年 3 月底已多达 52.4 万亿日元，同比增长了 95000 亿日元。面对如此高额的不良债权，2002 年 10 月 30 日本政府终于提出要实施"加速改革综合对策"的政策，该政策的主要内容是由不良债权处理、雇佣对策以及产业再生等概念组成，主要为了推进银行不良资产的清理以及促进产业振兴，同时提出到 2005 年 3 月底，要将日本银行的不良资产通过处置减少一半。不过，它最终并没有被采纳①。可见，日本政府在处置金融不良资产政策上所遭遇的阻力是巨大的。没有果断的措施，采取妥协折中的方式，只会使金融不良资产的风险不断累积，拖累恢复经济的政策措施也不能实现其预期效果。从上述投入住专资金来看，其仅仅造成了日本大量的财政赤字，在当期的效果并不明显。到现在为止，日本政府当时投入的资金只回收了一半左右。

（四）政府以立法方式保障政府主导的稳定性和一贯性

日本为保障政府对金融不良资产处置政策的贯彻落实，采取了颁布相应配套法律的方式，来保障政府主导政策的稳定性和一贯性。例如，日本颁布了《住专处理法》②、金融三法③。金融再生时期，日本为了推进金融企业的运营及破产，颁布一系列关于与金融企业相关的法律。④ 日本关于不良债权的立法活动从认识到金融不良资产问题之初，到处置过程中的各个阶段，都保持了法制化原则，使社会主体对于政府的政策导向和目标有所预期，从而自觉地将自身的行为与政府的指引保持一致，共同致力于解决金融不良资产问题。

（五）充分发挥市场化主体在金融不良资产处置中的作用

从 1999 年 2 月实施《债权管理回收业特别措施法》开始，日本正式规定了债权回收公司的设立问题，民营和外资纷纷进入日本不良债权市场。民营、外资债权回收公司与 RCC 一样，都可以平等地在市场上收购和处置不良债权。这有利于通过市场化竞争使金融不良资产的交易价格贴近于真实价值，减少金融企业

---

① 银行不良债权处置方案初稿于 10 月提出时不仅遭到银行界人士反对，甚至部分有影响力的政治家也明确表示出相反的意见。

② 日文名称：「特定住宅金融専門会社の債権債務の処理の促進等に関する特別措置法」。

③ 即《确保金融机构经营健全性法》（「金融機関等の経営の健全性確保のための関係法律の整備に関する法律」）、《更生特例法》（「金融機関等の更生手続の特例等に関する法律」）、《存款保险修正法》（「預金保険法の一部を改正する法律案」）。

④ 如 1998 年 2 月颁布促进金融稳定化的《金融机能稳定措施法》和《修订存款保险法》两部法律，1998 年 10 月颁布《金融再生法》《金融机能早期健全化措施法》，2001 年修订《存款保险法》。围绕内阁出台的金融再生计划，颁布了围绕计划内容的法律。例如，2002 年颁布的《促进重组特别法》《产业再生法》，2004 年颁布的《金融机能强化法》等。

的损失。同时，市场化机构的处置效率更高，有利于快速高效地推进不良债权终极处置，弥补国有机构的效率短板。日本现共有 79 家债权回收公司，除 RCC 外，其他均为民营及外资公司，可以说民营及外资是日本不良债权处置市场的绝对主力。从 2002 年以来，日本不良率开始逐渐下降，通过政府引导，形成了一个成熟且有能力的、以国有主体为依托、以市场化主体为重要力量的金融不良资产处置行业，发挥了重要的作用。

（六）企业再生计划符合金融不良资产处置功能定位

企业再生计划是日本"金融再生计划"中非常重要的一部分。为此，日本政府设立了专门的企业再生机构——IRCJ，并在 RCC 推动设立企业再生科。IRCJ 选择再生的企业在行业内都有一定的影响力并大多数都是关系国计民生的行业主体。当这样的大企业陷入经营困境时，由政府出资购买该公司债权，帮助公司重组，实现再生，有利于行业的稳定和整体经济的稳定运行。在存续期间 IRCJ 成功帮助了 41 家企业。RCC 的企业再生科从设立一直存续到现在，一直致力于帮助行业内有价值的公司再生，据统计共帮助 697 家公司实现再生。虽然两机构帮助企业的数量上并不是特别大，但是帮助的企业都是在行业内有较好重组价值的公司。帮助各行业较好的企业，对于各行业稳定和对整个经济秩序的稳定都有重要的作用。所以，企业再生计划一方面是通过恢复大型企业的正常经营减少金融企业因此遭受的损失，维护金融体系的安全；另一方面是通过减轻实体经济的债务负担以及进行资源优化配置，使具有持续经济价值的企业得以生存和发展，保护了企业的组织和整体价值，提高整个社会的经济发展能力。所以企业再生计划是最符合金融不良资产处置功能定位的方式。

本章小结

本章主要是对美国和日本两个国家在不同经济周期阶段处置金融不良资产的政策措施以及实际效果进行分析。通过定性与定量研究发现，美国在处置金融不良资产的很多方面要优于日本。如美国开创性地设立专门性的政府机构在经济下行、金融不良资产爆发时期接管和处置陷入破产困境的金融企业以及金融不良资产；金融不良资产处置的高度市场化和证券化；政府采取果断措施利用金融不良资产处置政策配合财政政策和货币政策平抑经济周期的波动。而日本在通过立法方式确保金融不良资产处置政策的稳定性和一贯性上表现较好；在企业再生计划实施的力度上体现了金融不良资产处置对实体经济恢复的重大作用。两个国家共同的优势都是市场化程度比较高，市场化主体在金融不良资产处置中弥补了政府能力的不足，通过市场化主体的逐利行为，在经济周期下行时为投资找到好的出口，当经济周期上行时将资产逐步释放，实现投资收益的同时完成了资源的跨周期配置，也帮助金融企业化解了周期性风险。从日本处置金融不良资产长期化的历史可以得到以下结论：金融不良资产处置政策的制定首先要站在数据真实的基础上，隐瞒金融不良资产只会使问题严重化，累积形成系统性金融风险，拖累经济长时间无法复苏；金融不良资产处置中政府的作用巨大，集中处置的效果好于分散处置，应当通过政府的严格监管和果断措施将金融不良资产问题处理在发生之初，而不是期待经济自行转好而自然消化掉存量的金融不良资产。否则，即使政府投入大量资金，实际上也保护了不遵守市场纪律的金融企业和诚信水平低下的实体企业，造成了实际损失由储户和纳税人承担的不公平现象，不利于金融不良资产处置行业的健康发展。

第五章　中国金融不良资产处置

　　1978 年是中国改革开放的元年，从此以后中国对内建立了社会主义市场经济体制，对外融入了世界经济的一体化进程。改革开放迄今已经 40 余年，从 1981 年市场经济体制调整后至今，大体经历了四个中经济周期。通过观察中国在这 40 余年间经济增长率波动的情况，我们可以发现，在 2000 年以前，中国经济增长率的波幅较大，如第一个经济周期从 1981 年开始增长，持续到 1984 年达到该阶段的高位经济增长率 15.19%，而后就马上下降到 1986 年的 8.95%，其后从 1987 年开始增长，1988 年开始下跌，到 1990 年到达这一经济周期的谷底，经济增长率为 3.92%；其后开始的第二个经济周期，高位经济增长率 14.22% 出现在 1992 年，随后一路下降到 1999 年的 7.66%。第三个经济周期以后，经济增长率的波幅减缓，2001~2007 年，中国经济有长达七年的持续拉升，在 2007 年达到 14.23%，即使在 2008 年和 2009 年出现经济增长率的下降，但也保持了将近 10% 的增长率。从 2011 年中国的经济增长率下降到 9.55% 以后，中国的经济增长率呈现出下降的趋势，但总体波幅都相对和缓。中国的金融不良资产行业始于 1999 年中国信达资产管理公司的设立，在此之前，中国的金融不良资产由金融企业自行处理。而从 1999 年以后，中国开始了集中处理。本书对于金融不良资产与中国经济周期的研究即从 1999 年始，到目前为止经历了两个经济周期。从中国经济增长率波动与金融不良资产率波动数据对比看，随着中国出现金融不良资产处置行业，金融不良资产处置的效果与经济周期之间存在着密切的联系。金融不良率在 2003~2013 年一路下降，而经济增长率则一路上升。2010 年以后经济增长率下降，金融不良资产率则从 2013 年开始上升。经济周期状况与金融不良资产状况逆相关并存在一定延迟性。金融不良资产处置反作用于经济周期，能够熨平经济周期波动，通过对比 2000 年前后，中国有无金融不良资产处置行业阶段经济周期波动的幅度即可得出此结论。中国金融不良资产处置行业从无到有只用了 20 年的时间，图 5-1 展示了这 20 年发生的重要事件与相应经济周期事件的状况。

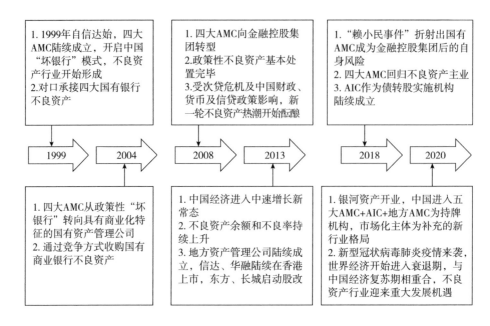

图 5-1　中国不良资产行业 20 年发展历程

第一节　中国金融不良资产处置在近两个
经济周期中的情况

　　中国自 1999 年开始成立金融资产管理公司专门处置金融不良资产，此时不良资产的处置效果反作用于经济周期，所以本书绘制了中国 2000~2020 年的经济增长率曲线和金融不良率曲线（见图 5-2）的对比，可以看到这一阶段内中国经济周期和金融不良资产处置之间的关系。

一、1999~2010 年金融不良资产情况

　　20 世纪 80 年代初到 90 年代末期，中国完成了从计划经济向市场经济的转型，且这 20 年间中国进行了三次经济结构的调整。计划经济时代的银行贷款在这个过程中形成了大量呆账、坏账；因为经济体制和经济结构的重大调整又产生了大量的金融不良资产，加之 1997 年亚洲金融危机波及中国，金融不良资产状况进一步恶化。历史遗留的不良资产加上新产生的不良资产，实际上已经造成了国有银行的实质危机。在这种背景下，必须采取果断措施解决高额的金融不良资

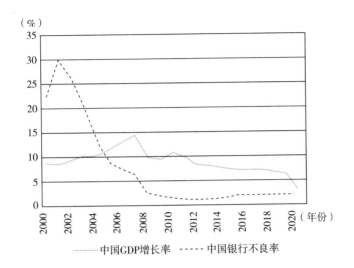

图 5-2　中国 GDP 增长率与银行不良率关系

资料来源：中国国家统计局网站，http://www.stats.gov.cn/；中国银保监会网站，http://www.cbirc.gov.cn/cn/view/pages/tongjishuju/tongjishuju.html。

产问题，经过决策层研究，决定借鉴国外处置金融不良资产的经验，结合中国的实际情况，采取从国有银行中分离资产管理公司的"好银行—坏银行"模式剥离银行体系的不良资产。

　　20 世纪末，信达、华融、长城、东方四家资产管理公司相继成立①。中国通过设立四大国有资产管理公司处置金融不良资产的思路具有一定创新性。第一，资产管理公司的主体是从产生不良资产的银行分离出来的，当时最大的四家国有银行直接从人员和资产两个层面将自己一分为二，快速解决了机构设立的效率问题。第二，不良资产从银行转移到资产管理公司是由财政部采取一比一的价格支付给银行，资产管理公司获取不良资产没有支付对价②，这样一方面由财政资金负担了国有金融企业的巨额损失，使其留下优良资产以继续经营发展；另一方面资产管理公司也有足够的空间，减轻当时以国有企业为主体的债务人整体的债务

---

　　① 1999 年 7 月 5 日，中共中央、国务院《关于转发〈国家发展计划委员会关于当前经济形势和对策建议〉的通知》中要求："推进建立金融资产管理公司的试点工作，中国工商银行、中国农业银行、中国银行和中国建设银行分别成立金融资产管理公司，收购、管理、处置国有商业银行剥离的部分不良贷款。"它们与工商银行、农业银行和中国银行相对应，分别接收了 4077 亿元、3458 亿元和 2674 亿元的不良贷款，总额达 1.4 万亿元，其资金来源主要为财政部出资，中国人民银行再贷款 5700 亿元及发行 8200 亿元金融债券等。

　　② 财政部全额向银行支付债权本金为对价，然后无偿转移给资产管理公司进行处置。

负担，支持国有企业改革；不良资产处置主体之间没有竞争关系，也没有市场化主体能够进入不良资产处置的一级市场。第三，四家资产管理公司设立时的目标是明确的，即处理完本次剥离的不良资产，使命完成后，四家资产管理公司也就没有存在的必要了，所以设立时规定的存续期是十年。四家资产管理公司人员围绕着这一阶段性目标开展不良资产处置工作。考虑到越早处理完成，就能越早回归"好银行"，所以处置的动力比较足，随后大规模开展向外资以及民营主体的转让。中国在非常短的时间内形成了一级市场，并由四大资产管理公司对应接收四大国有银行不良资产加以处置，培育出再接受转让的以民营和外资主体构成的二级市场。也就是在这个时候，中国专业化处置金融不良资产的序幕才得以正式地开启。

在这一阶段，由于四大资产管理公司本身接收金融不良资产是没有成本概念的，其政策性目标就是快速处置接收的不良资产，因此最高效的方式就是培育二级市场的买受人，进行批量转让。造成这一阶段进入二级市场的主体在缺乏竞争的情况下，以较低的成本获取了金融不良资产包，而与处置不良资产相适应的经济周期正处于快速上升阶段，债务人的偿债能力和资产价值不断提高，所以第一批市场化主体投资和处置金融不良资产的利润比较丰厚。2001 年，中国首次进行了不良资产国际招标①。由于价款支付的方式是分期付款，在交割期内，华融的现金回收就已经超过了第一期价款，随后摩根士丹利进行了分拆出售，实现了高额利润。而高盛仅一个项目变现就实现了全部投资成本。以至于在一段时间内市场上形成了不良资产收购和处置是造成国有资产流失和小部分人一夜暴富的观念，使市场化主体在其后的政策和司法层面都遭受了打压。该阶段行业主体的主要处置手段就是打包折价出售，其次就是通过诉讼主张债权，另外就是对于国有企业债务人进行大幅减免从而进行和解。在此基础上，通过财政部、银监会制定规则，最高人民法院进行司法解释和个案批复等一系列方式，确立了金融不良资产处置的基本原则和规则。由于金融不良资产行业的出现，金融企业得以通过政策性支持的方式大量剥离不良资产，资产负债表一下子从濒临破产转变成了非常健康的状态，走上良性发展的快速轨道，并且有能力支持实体经济的发展，使中

---

① 中国华融资产管理公司将账面价值为 108 亿元人民币的不良资产包通过公开竞价方式转让给了以摩根士丹利为首的投标团。该投标团包括雷曼兄弟、所罗门和 KTH 资金管理有限公司等国际知名投资银行以及国内的中金丰德公司。该资产包里共计有 254 个不良资产标的，分布在国内 18 个省市。收购价格为账面价值的 6.5%，分四期支付。另一个以土地为主的不良资产包，被高盛通过现金加合作经营的方式收购了。华融账面价值为 19.72 亿元的资产包由 44 个抵债房产和土地项目构成，交易价格为账面价值的0.65%。

国经济在 2000 年以后步入发展的快车道。

2004 年，中国国有商业银行股份制改革拉开了帷幕。在国有商业银行改制上市的过程中，为提升资产质量，参与主体不同程度地进行了资产重组及不良资产剥离的工作。2004~2005 年，中国建设银行、中国银行股改再次剥离约 5000 亿元不良资产，交通银行剥离了约 650 亿元，中国工商银行剥离了约 4500 亿元，中国农业银行则在 2008 年剥离了约 8000 亿元，除此之外的其他商业银行也在这个时期剥离了大量的不良资产。在此阶段，商业银行的不良资产一级市场转让开始使用竞争手段，资产包的转让开始采用招投标、拍卖等公开方式进行竞争性定价，在四家国有资产管理公司之间进行竞争。这一阶段的特征为：一级市场仍然只有四大资产管理公司；资产管理公司之间并非定向接收不良资产，而是采取竞价的方式向所有资产出售方进行收购；资产管理公司收购和处置不良资产引入了成本概念，需要进行经营。在该阶段，四大资产管理公司通过对接收或收购而来的金融不良资产的处置，从单纯地接收、处置对口金融企业不良资产的阶段性特定目的的主体，成长为具有多种金融牌照、体量巨大的金融控股集团。在这个过程中，中国政府也认识到金融不良资产是一个长期性问题，金融风险的防控需要持续经营的专业化处置机构，所以将四大资产管理公司的经营期限从十年改变为无固定经营期限。自此，四大资产管理公司成为可以自主按照公司制原则进行经营决策的市场主体。四大资产管理公司在原有不良资产业务之外开始积极探索多元化业务的发展，将不良资产业务范围逐渐拓展至非银行金融类机构及非金融类机构，并通过重组、并购等方式布局了包括证券、期货、信托、银行、保险等在内的多元化业务平台。

2004~2007 年，不良资产二级市场较为活跃，市场化主体积极参与到不良资产的投资和处置中，在获取收益并发展自身规模的同时，也为终端处置消化巨量金融不良资产、实现行业政策性目标做出了贡献。例如：成立于 2003 年的浙江文华控股有限公司从浙江市场开端，从事金融不良资产包的收购和处置；2006 年与外资合作成立上海文盛投资管理有限公司，在上海从事不良资产业务；2007 年进入北京市场，在处置区域和处置资产体量上都初具规模。而不良资产二级市场在 2007 年达到顶峰后，由于政策和司法的限制，以及四大资产管理公司作为二级市场供应方自身存量的削减，无法提供足够的市场供应，使市场化主体的生存空间受到打压。2008~2013 年是中国金融不良资产市场的萧条期，这期间包括外资在内的大量市场化主体纷纷退出中国不良资产市场。中国金融不良资产二级市场交易显现出不活跃的状态。

这一阶段金融不良资产的处置手段被总结为"打包、打折、打官司",即以债务人财产信息对称为基础的资产批量转让、与债务人的债务重组和诉讼追偿。其间,也出现了金融不良资产证券化、债转股等新型处置手段。该阶段由于金融不良资产处置行业的发展以及处置手段的多元化,中国金融业积累多年的不良资产基本被消化,中国金融业进入黄金发展期。该阶段中国经济周期的数据是一个上行的曲线,而相对应的是中国金融不良资产的曲线持续下降,降到了一个极低的历史水平。在此期间,四大资产管理公司完成了从单一处置不良资产到多金融牌照金融集团的转变,自身实力得到了质的飞跃,虽然处置金融不良资产的能力被弱化,但其自身综合实力的增长为后一阶段处置新阶段的金融不良资产积蓄了力量。同时,从有 10 年存续期的阶段性企业成长为无固定经营期限的普通法人主体。而在这个阶段,由于经济发展上行,存量金融不良资产基本被消化,新产生的金融不良资产数量较少。四大资产管理公司都存在着金融不良资产处置业务萎缩的情况,由于四大资产管理公司"惜售",造成金融不良资产交易二级市场衰退,经历了第一轮金融不良资产处置的民营和外资主体大量退出中国金融不良资产市场。市场主体的减少使中国金融不良资产处置市场陷入低潮。待中国经济周期进入新常态之后,市场对于金融不良资产的消化能力在一定阶段出现了承接能力不足的现象,而该现象的存在同样反作用于金融体系并随之影响经济周期。

二、2011~2020 年金融不良资产情况

2010 年以后,中国经济发展进入了一个新的经济周期,经济增长速度从高速上行的发展形态转为中速发展的新常态。这个变化有世界经济周期变化的影响,也有中国自身的因素。2008 年,次贷危机席卷全球,虽然当时中国的资本项目还没有完全地放开,资产证券化也还处在一个比较初级的阶段,受美国次贷危机传导的伤害不是十分严重,但是,对于已经改革开放 30 年,深刻融入世界经济体系的中国来说,其金融资产和实体经济同样在此次危机中遭受损害,而且中国政府持有大量美国"两房债券"和美国国债,实体经济也遭遇了出口的下行压力。这一系列的压力在 2010 年以后才逐步显现出来。中国政府为应对危机,采取了一系列的财政政策措施和货币政策措施。其中,2008 年 11 月 9 日推出的 4 万亿元经济刺激、9~12 月连续下调基准利率和存款准备金率的宽松货币供应政策虽然短时期内缓解了经济周期下行的压力,但是由于没有配套使用金融不良资产处置政策,市场上仍然对金融不良资产在未来的状况抱有乐观的心态,造成中国房地产市场开启了长达十年的一路上行,房价泡沫逐渐形成,即使经过政府

多轮调控，效果仍不够明显。同时，这一期间形成了大量债务问题。2008~2015年，中国 M2 也增至了 91.7 万亿元，同阶段的 GDP 增长规模则是 35.99 万亿元；2007 年，中国社会融资规模为 5.97 万亿元，而到 2013 年达到 17.32 万亿元；地方政府负债从 2007 年到 2014 年增加了 16.4 万亿元，到达了 30.28 万亿元，增长幅度为 118%；实体企业的负债规模在这一时期增长了 200%，杠杆率大幅提升。2010 年经济增长率开始换挡后，经济增长下行累加债务紧缩，形成了大规模的金融不良资产。2013 年，中国金融不良资产官方数据出现了金融不良余额和不良率持续双升的情况。融资贵、融资难问题引发了影子银行问题。这期间，原本应该解决金融不良资产问题的四大资产管理公司，正忙于通过放贷实现经营收益。安邦保险、包商银行等金融控股公司大行其道。P2P 等"创新金融"模式推波助澜，中国金融业的风险问题逐步暴露。

2018 年是中国金融不良资产集中暴露的开始，2018 年 2 月 23 日，中国保险业监督管理委员会宣布对安邦保险集团实施为期一年的监管，后经过延期于 2020 年 2 月 22 日宣布安邦保险集团拆分为大家保险集团，结束对安邦保险集团的接管。2019 年 5 月 24 日，包商银行被中国人民银行和银保监会接管，2020 年 11 月 23 日，银保监会批准包商银行破产。2019 年 7 月 28 日，中国工商银行、信达和长城两家资管公司正式入股锦州银行，对锦州银行进行重组。2015 年 e 租宝事件引发了互联网金融的爆雷潮，2018 年 P2P 平台爆雷达到最高点，根据要求①，除了部分合规的在营机构外，其他机构能退的就要尽量退出，应该关闭的尽量关闭。到 2020 年，中国银保监会宣布，高峰期达 5000 余家的 P2P 网贷机构全部清零，这些被归零的机构涉及未能收回的债务规模达到 10000 亿元。大型企业陷入债务困境的情况从 2018 年开始也集中爆发。2018 年，浙江盾安集团债务危机爆发，涉及债务超过 450 亿元；渤海钢铁破产，涉及负债 1920 亿元。2019 年，中国申请破产重整的上市公司达 14 家。2020 年，北大方正进入破产重整程序，其负债规模达上千亿元。海航集团旗下海航控股 2021 年 1 月公告称 2020 年度预计亏损 580 亿~650 亿元，其重要股东海航集团被海南银行申请破产重整，据悉其负债规模达到 7000 亿元。在这个阶段，中国的金融不良资产已经不仅是银行所独有，其他金融企业也持有大量的不良资产。

中国金融不良资产行业在这一阶段也呈现出市场化和多元化的发展趋势。2010 年，信达率先进行股改，成立中国信达资产管理股份有限公司，随后，华

---

① 中国互联网金融风险专项整治工作领导小组办公室、P2P 网贷风险专项整治工作领导小组办公室联合下发的《关于做好网贷机构分类处置和风险防范工作的意见》。

融、东方、长城也陆续进行股份制改造。2013 年及 2015 年，中国信达与中国华融分别于香港联交所成功上市。2021 年 1 月 9 日，银河资产管理有限责任公司正式成立，这也标志着在时隔二十余年之后，中国的全国性金融不良资产管理公司迎来新成员，形成五大资产管理公司的格局。

2013 年，银监会开始批准成立地方资产管理公司，在该地区范围内与全国性资产管理公司共同参与收购金融不良资产。① 随后，政策陆续放开，一个省允许设立两家甚至三家地方资产管理公司。金融不良资产一级市场主体不断扩大。

2017 年 8 月，中国银监会发布《商业银行新设债转股实施机构管理办法（试行）》，允许商业银行设立金融资产投资公司，为从事银行债权转股权及配套支持业务的非银行金融机构，该机构英文名称为 Asset-investment Company，缩写为 AIC。② 其注册资本最低为人民币 100 亿元。目前，中国五大国有商业银行均已设立了金融资产投资公司③。这一阶段，金融不良资产二级市场趋于活跃，民营、外资、基金、信托等各种类型、各种形式的主体参与到金融不良资产处置行业中，形成了全方位、多层次的行业主体构成。④

中国银保监会 2021 年工作会议透露，2020 年末，中国不良贷款余额为 3.5 万亿元，不良率为 1.92%。2020 年全国处置银行业不良资产达 3.02 万亿元，2017~2020 年处置不良贷款的总额超过之前 12 年的总和。2021 年仍将处置 3 万亿元以上不良资产。可见，中国尚未处置消化完毕的银行业不良资产余额达 10 万亿元以上，而整个金融业的不良资产总额约达到 20 万亿元。在这一阶段，呈现出以下特征：一级市场主体扩容明显，市场交易活跃，竞争激烈；二级市场主体趋向于多元化，并随着竞争出现分化，处置不良资产的主体自身沦为不良的现象出现；不良资产的类型从金融企业出售不良资产到金融企业本身陷入困境，整体需要进行不良资产处置。

---

① 银监会发布《关于地方资产管理公司开展金融企业不良资产批量收购处置业务资质认可条件等有关问题的通知》。

② 其经营范围包括：在其收购的国有银行不良贷款范围内，管理和处置因收购国有银行不良贷款形成的资产，可从事追偿债务；对资产进行租赁或者以其他形式转让、重组；债权转股权，并对企业阶段性持股；资产管理范围内公司的上市推荐及债券、股票承销；发行金融债券，向金融机构借款；向人民银行申请再贷款；等等。

③ 它们分别为建信金融资产投资有限公司、农银金融资产投资有限公司、工银金融资产投资有限公司、中银金融资产投资有限公司、交银金融资产投资有限公司。

④ 目前，我国不良资产管理行业已形成了全国性资产管理公司、地方资产管理公司、金融资产投资公司、民营及外资市场化资产管理公司共同发展的新局面。

第二节　中国金融不良资产处置行业的主体构成

　　中国 2020 年在增加了银河资产管理公司为第五家全国性金融资产管理公司后，形成了全国性金融资产管理公司、地方金融资产管理公司、民营和外资金融资产管理公司、债转股实施公司为主体的多元化不良资产市场全新局面。而这些主体根据性质可以分为政策性主体和市场化主体两类。

一、政策性主体

　　中国金融不良资产处置行业从成立至今，国有主体一直占据核心地位。而国有主体设立的目的是从政策实施层面进行经营，其不以营利为目的。如从四大国有银行分离出来的四大国有资产管理公司形成了中国金融不良资产行业，到一级市场扩容而成立的地方资产管理公司，目前已经存在的银行系金融资产投资公司，大部分皆为国有独资或控股。它们不管是在自身体量上还是在所持有以及处置的总体资产规模上，都大大超过了其他类型的市场主体。我们从 2018 年四大资产管理公司年报的分析中可以得出以上结论。从资产规模看，中国华融17100.87 亿元，中国信达 14957.6 亿元，中国东方 10867.55 亿元，中国长城6693.01 亿元。从净资产看，中国华融 1686 亿元，中国信达 1564.93 亿元，中国东方 1271.08 亿元，中国长城 645.07 亿元。净利润较 2017 年出现大幅下滑：中国华融 15.09 亿元，较上年 266 亿元下降 94.92%，中国信达 118.8 亿元，较上年 187.6 亿元下降 36.67%，中国东方 95.51 亿元，较上年 123.51 亿元下降22.67%，中国长城 25.58 亿元，较上年 104.71 亿元下降 75.57%。从金融不良资产主业看，华融的资产规模有约 8662.5 亿元，信达资产规模有约 6430.4 亿元。2018 年，中国金融不良债权招标规模为 27733.47 亿元，成交规模为 8909.38 亿元。其中银行招标规模 2619.6 亿元，四大资产管理公司招标规模 20322.44 亿元，占比 73.28%；地方资产管理公司招标规模 1961.71 亿元，占比 7.07%。从成交规模看，银行转出规模 4625 亿元，其中四大资产管理公司购入 4474 亿元。此外，目前已经获批的 59 家地方资产管理公司中，绝大多数是国有独资或国有控股。五家金融资产投资公司成立之后进行了大规模的不良资产收购，但其收购后的处置手段目前局限为债转股。而从事一般性金融不良资产收购和处置的资管公司，随着四大资管公司的股改上市，国有独资已经逐步转化为国有控股为主体。具体如表 5-1 和图 5-3 所示。

表 5-1　地方 AMC 与全国性 AMC 比较

	地方 AMC	全国性 AMC
性质	没有金融牌照	金融机构
监管模式	省级人民政府批准设立，仅金融不良资产批量处置业务受财政部、银保监会监管，不适用审慎监管要求	接受财政部和银保监会全面监管
经营目标	兼具政策性和营利性的商业机构	政策性机构
融资	一般性企业融资方式	银行间市场直接融资
限制	仅收购本行政区划内的金融不良资产；处置方式为债务重组，不得对外转让（2016 年取消对外转让限制）	可收购全国范围的金融不良资产；所有处置方式均可实施

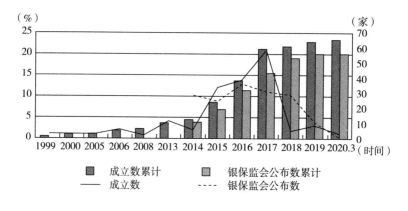

图 5-3　地方 AMC 数量变化

资料来源：中国银保监会网站，http：//www.cbirc.gov.cn/cn/view/pages/zhengwuxinxi/zhengwuxinxi.html。

二、市场化主体

2013 年以前，中国以金融不良资产处置为主业的市场化主体比较少。2013年以后，由于新一轮金融不良资产主要是世界经济周期波动以及中国经济发展从高速发展转为中速发展的结构调整造成的，所以其处置所要面临的问题异常复杂，这也对处置机构的数量、人才储备、技术水平以及经验等方面都提出了更高的标准，市场化主体参与的范围要求也更广。这期间出现了较多的民营资产管理公司参与到中国金融不良资产处置行业当中。其中除少量地方资产管理公司，如安徽国厚金融资产管理有限公司外，其他目前只能在二级市场收购金融不良资产，或从事金融不良资产处置服务工作。所以中国的民营金融不良资产管理公司虽然数量众多，但总体规模不大。较大规模的如上海文盛资产管理股份有限公司，也已经从民营独资转向民营控股的混合制股东结构。外资进入中国金融不良资产二级市场，最早可以追溯到 2003 年的华融一包，当时摩根士丹利和高盛分别组成投资联合体，向中国华融购入金融不良资产包，开外资进入中国金融不良资产市场之先河。2008~2014 年，外资基本退出了中国金融不良资产市场。而在2014 年以后，又纷纷重回中国金融不良资产市场。据不完全统计，活跃于中国金融不良资产市场的外资机构包括高盛、黑石、橡树、嘉沃、海岸、龙星、阿波罗、德意志银行等。总体来看，外资在中国投资金融不良资产的规模并不大，且处置主要依托中国本土的服务商。市场化主体除机构以外，个人也可以投资和处置金融不良资产，但一些特定人员，如公务员、国有资产管理公司工作人员、代理金融不良资产案件的律师等，不能购买相应的金融不良资产。而且自然人由于受资金和管理能力的限制，其购买金融不良资产的比例极低。

不良资产处置市场的各参与主体从业务类型上大致可分为区域性、专业性和综合性三类。现阶段，各个参与主体在处置不良资产时既要突出业务重点又要加强合作，从而达到功能上的互补。首先，就是要发挥各自的优势，聚焦业务重点。地方金融资产管理公司和民营金融资产管理公司应借助于"本土化"的优势，以收购区域性的不良资产为主营业务，重点在于化解局部性的金融风险。银行系在做深债转股主业的同时，开拓以债转股方式兼并重组金融企业的业务模式。全国性金融资产管理公司应更关注跨区域、高技术要求的项目，特别是要化解好具有潜在系统性、综合性、引领性的金融风险。其次，政策性金融不良资产处置主体以政策性目标为主，以营利性目标为辅。着重利用政府资金和政策，规模化收购金融企业的不良资产以及接管陷入破产困境的金融企业，并为实体经济中的大型困境企业提供重组方案，帮助实体企业脱困重生。其经营的重点是化解金融风险和支持实体企业、优化资源配置、构建诚信环境。市场化主体则在追求自身利润的营利性目标下，配合政策性主体通过终端处置金融不良资产，实现金融不良资产行业的政策性目标。所以，金融不良资产行业的各类主体应建立"优势互补、协同发展"的合作机制。通过各参与主体的功能互补和有序合作，实现金融不良资产行业的健康发展。

第三节　中国金融不良资产处置方法

中国的金融不良资产处置方法基本上都是借鉴国外已经实践过的方法。由于中国金融不良资产行业的主流一直是国有性质的政策性主体，而且在很长一段时间内，金融不良资产债务人以国有企业为主，所以在处置方法上，对于不同类型的处置主体，方法适用也是有一些特殊之处的。

一、资产转让

资产转让从转让的标的看，可分为债权转让、物权转让、收益权转让等方式。债权转让是金融不良资产转让中最常见，也是使用最多的方式，由原金融债权人以一定的价格（一般而言低于债权账面值）转让给受让人，受让人成为新的债权人，继续向债务人追索。债权转让属于过渡性金融不良资产处置手段，从全社会而言，其并未消灭或减少金融不良资产总量，仅仅变更了债权人主体，使金融不良债权从原有金融企业中转移出来，优化了金融企业的资产负债表。物权转让是指持有金融不良资产（物权）的产权人以一定的价格将物权转移给他人。金融企业持有不良资产性质的物权，一般情况下是通过以物抵债被动取得的，因为金融企业持有此类物权有时限要求，故将其转让给能正常持有该物权的主体是金融不良资产终端处置的一种方式。收益权转让是指不变更债权或物权产权人的主体地位，而将因债权或物权而可能产生的收益转让给他人。圆满的债权包括要求债务人偿还全部债权本金和利息、罚息等附属权利，并将债权进行处分的权利。圆满的物权包括占有、使用、收益、处分的权利。债权人或物权人将其权利中的一部分进行转让，一般即为收益权转让。转让人可以因此收取相应的对价，受让人因此获得收取相应收益的权利。但从金融不良资产本身而言，并没有发生转移，也未被终端处置，所以也是一种过渡性的处置手段。

从转让资产的数量上看，分为批量和单户两种转让。2017年，中国财政部下发通知，将10户以上改为3户以上[①]，即3户以上的金融不良资产包属于批量转让，要求适用批量转让的相关规定；而3户以下（不包含本数）的金融不良资产转让则可以不适用批量转让的特殊规定。关于批量转让的特殊规定主要包括以

---

① 2012年财政部、银监会印发《金融企业不良资产批量转让管理办法》规定批量转让指金融企业将10户以上金融不良资产组包转让的情况。

下几点：第一，金融企业的范围是被明确限定了的①；第二，能够受让批量转让的主体被限定为四大资产管理公司以及地方性资产管理公司；第三，确定了可以转让以及禁止批量转让的金融不良资产范围②；第四，批量转让必须采取公开方式，如招投标、拍卖、交易所挂牌等方式，而非批量转让则可以不受上述规定的约束，更加灵活，但不如批量转让可以快速大量将金融不良资产从原来的持有方剥离出来。所以批量转让是高效将金融不良资产从原持有方中转移出来，快速降低不良资产余额和不良率的主要方式，金融企业最常使用。

2021 年 1 月 12 日，中国银保监会发布《关于开展不良贷款转让试点工作的通知》（银保监办便函〔2021〕26 号），对金融不良资产转让实现了以下几个方面的突破：

第一，允许个人不良贷款批量转让。此次参与试点的范围仍然比较狭窄③，但此变化使中国长达二十余年金融不良资产局限为对公债权的范围得以突破，关注到数量更为广泛的个人金融不良资产领域。而且，个人金融不良资产的受让者范围有所突破，对于地方资产管理公司受让个人金融不良资产不受地域限制。另外，个人金融不良资产由资产管理公司受让后，只能通过自行清收和债务重组手段，不得再次转让。

第二，允许对公单户不良资产进行转让。在此之前，不良资产转让在中国即等同于批量转让，无论是 10 户以上还是 3 户以上，金融企业在转让不良资产时，即使主要目的就是其中的一个单户，也要加上几户其他资产凑成一个资产包进行批量转让。这一限制在〔2021〕26 号银保监办便函之后，得以解除。

第三，受让金融不良资产转让主体的范围，从原有的金融资产管理公司 AMC 拓宽至金融资产投资公司 AIC。

中国金融不良资产转让区分为一级市场和二级市场。一级市场指金融企业将不良资产转让给全国性金融资产管理公司、地方资产管理公司和金融资产投资公司。二级市场指上述一级市场受让主体再将受让的不良资产出售给市场化主体的市场。一级市场的限制比较严格，受让人需要经过牌照的审批，一般属于政策性主体。二级市场限制较少，受让人没有牌照要求，一般属于市场化主体。

---

① 为中国境内设立的国有及国有控股商业银行、政策性银行、信托投资公司、财务公司、城市信用社、农村信用社以及银监会监督管理的其他国有及国有控股金融企业，其他中资金融企业属于参照执行。
② 如债务人和担保人为国家机关的资产、个人贷款等金融不良资产禁止批量转让。
③ 个人贷款范围是被认定为不良的个人消费信用贷款、信用卡欠款和个人经营类信用贷款，但不包括住宅按揭抵押贷款和汽车消费贷款。

二、债务重组

债务重组即债权人与债务人之间进行协商，将原已经违反约定或即将违反约定的债权金额、偿债方式、偿债期限进行重新约定，双方之间达成新的合意，并按照和解方案履行的金融不良资产处置方式。如果债务重组的新约定得到全面履行，则金融不良资产处置完毕。如果再次发生违约，则需要继续通过其他措施予以处置。受《贷款通则》等银行业法规的约束，未经国务院批准，银行不得豁免债权本金及利息。一般而言，在金融企业对于债务人的债务重组方案选择中，不包括同意债务人打折偿还债务，所以运用该手段的空间不大。金融企业将不良资产以折扣的方式转让则是允许的，作为支付了折扣对价购买不良资产的新的权利人而言，则不受《贷款通则》的约束，可以和债务人订立更为灵活的债务重组方案，包括允许债务人打折偿还。对于债务负担沉重、无力偿还全部债务，或者陷入暂时流动性困难、需要缓解债务压力的企业而言，债务重组是减轻企业负担，使其能够恢复正常状态、维持生产经营的唯一途径。对于金融不良资产处置主体而言，债务重组也是快速消化不良资产、支持实体经济发展的终端处置手段。

三、诉讼执行

当债务人违约之后，通过协商的方式无法达成和解，则需要通过诉讼的方式确定双方之间的权利义务关系，并通过强制执行的方式促使债务人履行生效判决。诉讼执行是一种对抗性的金融不良资产处置手段，对于债务人而言，具有一定的惩罚性。该措施对于构建社会诚信环境、打击逃废债的行为比较有力。诉讼不仅包括直接针对违约债务人以及担保人的诉讼，还包括针对依据法律规定，由于特定行为需要就债务人的债务承担偿还义务的其他主体。如债务人资产的继承人、债务人的债务人、债务人出资不实或抽逃出资的股东，因无法对债务人清算或违法注销而应承担连带偿还责任的清算义务人等。债权人可以根据相关法律规定以及证据，突破合同相对性原则，向合同相对方以外的主体追索债权。中国法律对于政策性金融不良资产处置主体通过诉讼手段追偿债权给予了一定的特殊权利。如可以通过报纸公告的方式通知债权转让事实和进行催收，从而达到中断诉讼时效的效力；又如在诉讼费减免和担保方面给予一定优惠。另外，对于市场化金融不良资产债权人则设置了一定的限制，如国有债务人在债权转让至市场化主体后不再计息。总体上，金融不良资产债权人与一般性债权人的诉讼权利和义务是平等的。

四、债转股①

中国债转股在 2000 年以后的第一轮金融不良资产处置过程中就有使用，四大资管公司通过债转股成为了很多实体企业的股东，不仅如此，它们也在债转股的过程中帮助许多国有企业获得重生。这一阶段，基本上是政策性债转股，被转股的债务人企业为国有企业。而在 2010 年以后的这一轮金融不良资产处置中，债转股基本采用市场化手段②。2018 年，金融不良资产债转股实施机构正式成立，它必定成为未来债转股这一终端处置方式的主导者。债转股方式，有力地支持了具有持续经营价值的实体企业发展，为其摆脱债务负担提供了有效的实现方式。同时，金融企业通过债转股，保障了债权的安全，通过成为股东以后优化实体企业的经营管理，用企业未来的经营收益实现债权的保值增值和最终退出，是跨周期实现金融不良资产高效处置的良好方式，也是既保障金融企业的利益，又支持实体经济发展的双赢手段。其实施效果的好坏主要取决于债务人企业是否具有持续经营的价值以及能否通过现代公司治理机制优化债务人企业的经营管理，通过企业价值的提升促进国家经济的健康发展。

五、资产证券化

金融不良资产证券化，即将持有的金融不良资产通过一定的组合方式，使该组合资产能够产生比较稳定的现金流回收，并通过增信措施，将金融不良资产组合转化为可以在金融市场上流通的证券。通过该方式，金融不良资产持有人通过证券化获得现金回收，而证券持有人则因购买证券而可以获得预期的回报。2006~2008 年，中国东方、中国信达、中国建设银行累计发行了 134 亿元规模的资产证券化产品。2008 年美国次贷危机后，中国停止发行金融不良资产证券化产品。2016 年，中国重启不良资产证券化，当年累计发行 14 单不良资产支持证券，发行金额 156 亿元，累计处置银行信贷不良资产 510.22 亿元。2020 年，金融不良资产证券化产品共发行 55 单，发行规模 282.6 亿元，处置金融不良资产1500 余亿元，具体如图 5-4 所示。相对于 2020 年 3 万亿元的金融不良资产处置

---

① 债转股是金融不良资产处置中债务重组的一种特殊形式，即债权人与债务人的股东约定，或者在司法破产重整程序中，通过重整方案的表决通过，用债务人企业的股权抵偿债务，债权人成为债务人企业的股东，从而消灭债权债务关系。债权人在成为股东后，可以通过股权转让、回购、分红等方式实现退出。

② 2016 年《关于市场化银行债权转股权的指导意见》出台后，市场化债转股更是占据了主流。

规模，金融企业通过发行金融不良资产证券化产品处置不良资产的热情并不高。因为该措施资产仍然需要金融企业负责处置，而且还要支付证券承诺收益，能产生稳定现金流的不良资产并不好确定，因为已经是违约债权，所以该过渡性处置手段在中国的运用范围并不广。然而，从国际经验看，资产证券化是利用社会资金跨周期处置金融不良资产的有效手段。其实施的关键一是通过真实的资产评估和值得信任的资产处置主体吸引收益要求低、兑付周期长的规模化社会资金将金融不良资产真正从金融企业买断；二是通过市场化激励手段，选择优秀的金融不良资产处置主体，以最优的终端不良资产处置方式对受让的金融不良资产进行处置，以稳定的现金流回报给证券化产品的投资人，使其有信心在经济下行期间，将自有资金持续投入到金融不良资产证券化产品中去，待经济上行时，分享经济发展的收益。

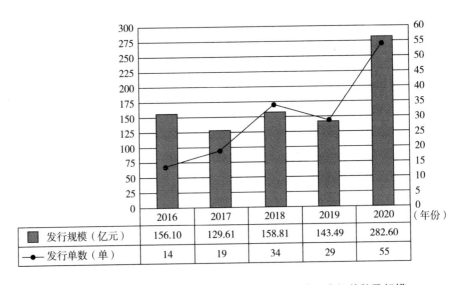

图5-4　2016~2020年中国金融不良资产证券化产品发行单数及规模

资料来源：中国债券信息网，https://www.chinabond.com.cn/。

六、破产清算与重整

破产清算是消灭债务人的主体资格，完成后，该债务人被处置的全部资产按照法律规定进行偿债后即注销。而破产重整往往给债务人一个新生的机会，通过达成债务重整方案偿债后，债务人主体继续生存。对于有继续生存可能性和价值的企业，通过破产重整获得新生是一个好的选择，有利于减轻债务人企业的债务负担，使其恢复正常的生产经营。而对于产能落后的僵尸企业，破产清算可以把其占用的社会资源释放出来，配置到更加高效的市场主体中去，有利于社会整体利用资源效率的提高。在金融不良资产处置中，对于陷入债务困境的企业，如果具有继续经营的价值，在金融企业的债权保护以及实体经济的健康发展方面，破产重整往往比破产清算的方式更为有效。一般而言，破产重整通过引入重整投资人，保留了企业的组织价值，其提出的债务解决方案比通过破产清算能够偿还债权人的方案一定更优。而且，债务人企业通过引入重整投资人，在减轻了债务负担的同时，有机会优化经营和管理，解决债务人企业原有的问题，从而使债务人企业获得重生。2021 年以来中国大型企业破产事件不断发生，涉及的债务金额动辄以千亿元计，比较知名的如北大方正集团、海航集团等。

破产还包括金融企业的破产清算及重整。中国金融企业破产的情况并不多见，首家出现在海南，1988 年，海南发展银行宣布破产。2012 年，河北肃宁尚村农村信用社被批准破产，它也是中国首家破产的农村信用社。2021 年 3 月，包商银行被北京市第一中级人民法院裁定破产。在这些金融企业破产程序中，所有资产的处置都属于金融不良资产的终端处置。

七、核销

金融企业对于不良资产，在其内部的处置手段中，核销是非常重要的方式。根据相关规定①，金融企业可以将不良资产产生的损失通过会计方式确定后，在计算企业所得税时进行税前扣除，即用经营利润对冲经营亏损。核销只是一种会计制度，并非金融不良资产的终端处置方式。它并不是对债务人的债务豁免，金融企业仍然可以就全部债权向债务人主张偿还，或通过其他金融不良资产处置方式进行处置。2020 年，受疫情影响，产生了较大规模的金融不良资产，在处置的 3 万多亿元不良资产中，大部分采取了核销的手段。而这些核销的金融不良资产仍然需要通过其他处置方式予以最终消化。而且，只有规模较大、盈利水平较高的金融企业才能够通过核销的方式暂时在账面上核销不良资产，小型的金融企业没有利润和自有资金承受大规模的经营亏损，通过核销这种非终端处理方式积累下来的风险最终仍需由金融企业承担。

---

① 财政部 2017 年发布的《金融企业呆账核销管理办法》以及《企业资产损失所得税税前扣除管理办法》。

第四节　两轮经济周期下中国金融不良资产处置的经验与问题

中国金融不良资产行业形成至今经历了两个中经济周期，从不良资产处置效果上看，总体上是优秀的，对促进中国经济发展、熨平经济周期波动发挥了重大作用。中国两轮经济周期中，中国金融不良资产处置发生了以下三个方面的变化：

第一，金融不良资产形态从过去的以损失类和可疑类为主转向以次级类和可疑类为主。第一个阶段内中国金融不良资产是历史积累下来的陈年债务，其担保措施受当时产权政策的限制，物权担保比较少而信用担保比较多，而且金融企业自身管理水平较低，其发放贷款并非根据市场规律而是依照行政命令，随着经济体制改革过程中借新还旧难以维系、互保企业三角债死结、企业改制、经营不善而面临淘汰等因素变化，形成违约后大多数债权的还款来源无法得到保障，因而损失率较高，基本被分类为损失类和可疑类资产。1999～2000年，金融不良资产剥离时是政策性的，所以没有定价问题，但该部分资产在四大资产管理公司处置过程中的回收率也可以反映当时资产的质量。其后，在商业化转型阶段，金融企业转让给金融资产管理公司的不良资产包，其定价基本反映了当时金融不良资产的形态以损失类和可疑类为主，转让价格从债权本金的1%到30%不等。而金融不良资产处置进入第二个阶段以后，由于金融企业改革遵循市场规律，风险控制管理加强，且配套的产权制度逐渐完善以及经济发展水平不断提高，新增的金融不良资产形态主要构成是次级类和可疑类，从这一阶段金融不良资产包交易的价格也可以反映出这一点。在经济较为发达的"长三角地区""珠三角地区"以及北京地区，金融不良资产包的交易对价不断攀升，基本在本金的30%~80%。

第二，处置手段从寻求债权人与债务人之间的信息对称转向寻求抵押资产供需方之间的信息对称。在第一阶段，由于资产形态以损失类和可疑类为主，资产转让价格较低，由此资产受让人的主要工作是通过挖掘债务人的财产线索实现债权可回收价值与债务人偿债能力的接近。信息对称是金融不良资产处置中的一个永恒主题，即债务人的偿债能力只有债务人最清楚，而债权人掌握的信息只能无限接近于真实情况，一般无法达到和债务人完全一致的水平。由此，对于损失类和可疑类不良资产，债权人的主要工作即发现债务人的财产线索，从而通过诉讼执行、与债务人在其偿债能力基础上的债务重组谈判以及以发现财产线索为基础的资产定价和资产推介出售债权这几种主要方式实现金融不良资产处置。进入第二阶段以后，由于资产形态以可疑类和次级类为主，债权的担保措施以物保居多，而且随着金融企业管理水平的提升，金融企业与债务人之间信息不对称的差距减少了。随着金融不良资产交易价格的提升，受让人越来越难通过对债务人财产的信息对称能力实现投资收益，而对于抵押物或者债务人其他资产的优化配置，将债务人占有的资产配置到利用效率更高的主体中去的信息对称能力要求凸显出来。随着经济增速放缓，经济结构调整，资产价值普遍上涨的趋势已经改变，部分区域资产价值回落，流动性变差成为普遍现象，如何找到利用资产效率高的主体，需要时间，也需要更多的结构安排。所以传统的处置手段即"三打一拍"的司法手段逐步转向"三重"（重组、重整、重构）以及资产证券化、债转股等跨期进行资源优化配置的投行手段。

第三，金融不良资产产生的主要原因从经济体制和经济结构的调整，转为经济周期波动和经济增速换挡的影响。中国从 1978 年开始进行经济体制改革，经历了几个阶段，到 2000 年初步建立了社会主义市场经济体制。在计划经济体制时期，企业生产什么产品、产量多少、以什么价格销售都是由政府的指令性计划决定的，企业贷款多少、如何偿还也是由计划决定的。而转型到市场经济体制后，逐步由市场决定生产经营，也由市场决定信贷。在转型过程中，出现大量预期错配而违约的金融不良资产，也在转型过程中淘汰了一批不适应市场机制的贷款主体。另外，中国的经济结构也在此期间经历了三次较大的调整，在第一产业到第二产业和第三产业的结构变化中，有大量企业因为结构性摩擦而陷入债务困境。第一个阶段处置的金融不良资产很多是 20 世纪 80 年代产生的，其中大部分企业是需要进行彻底改制或淘汰的，故处置的手段也对应为对抗性的特点。到 2000 年以后，中国已经进入了完善社会主义市场经济体制的阶段，在这个阶段产生的金融不良资产主要是在市场经济体制运行下产生的，与世界主要经济体产生金融不良资产的原因越来越接近。中国经济越来越深地融入世界经济周期，因世界经济周期从 2010 年开始转入衰退期，从而拖累中国经济从高速增长转入中速增长。而且，这期间叠加了中国企业从改革开放的一代要更新为较成熟的市场化经济一代的要求，经营管理模式的调整和升级需求也使一部分不能适应发展要求的贷款企业陷入困境，由此产生与金融企业预期之间的偏差，从而形成金融不良资产。这类企业本身具有继续生存和发展的条件与需求，所以处置的手段应多兼并重组，少破产清算，以实现企业重生为金融不良资产处置的核心目标。

受经济周期变化的影响，中国金融不良资产处置行业也应当有所变化，既要坚持历经二十年积累的有效经验，也要与时俱进，借鉴国际主要经济体处置金融不良资产的经验教训。本书总结中国金融不良资产行业需要坚持的经验和处理的问题如下：

一、强化国有主体的政策性目标和处置能力

中国金融不良资产处置的第一个阶段，四大资产管理公司的成立对于化解历史积累在金融体系内的巨大风险，作用巨大。当时中国金融企业的资产结构极不健康，整体金融不良率在 2002 年的时候达到了 30%，有些银行不良率甚至已经达到了 50% 以上。实际上中国的大多数银行当时已经处于资不抵债的破产困境。通过 1999~2000 年以及 2004~2005 年两次大规模的不良资产剥离，中国银行业不良率和不良余额大幅下降，经营业绩大幅上扬。其后的十余年是中国金融业飞速发展的时期，无论是从规模上还是利润上看，中国的金融企业都处于世界前列。这归功于中国经济的发展，同时，也正是由于有不良资产处置行业消化了大量金融不良资产，才使得金融企业卸下沉重的不良资产包袱，从而有机会挖掘自身的创造潜力，最终跟上中国经济的发展步伐。中国金融不良资产行业成立之初的主要任务除了化解金融风险之外就是支持国有企业改革的做大做强。应该说，当时中国能够从银行贷到款的，主要就是国有企业。所以，金融不良资产债务人也主要是国有企业。2000~2005 年，恰逢国有企业改革进入深水区，大量的银行债以及由此而形成的三角债，是国有企业改革中的敏感问题。金融不良资产处置的好坏，直接关系到国有企业改革的成败，并影响到整个实体经济的发展。当大量金融不良资产剥离到四大资产管理公司以后，解决了银行不能自行豁免债务人本息的限制。资产管理公司通过与债务人的协商，通过债务延期、减免、债转股等一系列债务重组手段，从根本上减轻了实体经济企业的债务负担，使其能够恢复正常生产。其中，主要的获益企业是国有企业，通过债务重组，有利于其引入投资人进行改制或者自行发展。

中国金融不良资产处置的第二个阶段，在金融不良资产处置行业中，国有处置主体越来越多样化，面对经济体量巨大的中国金融行业存在的风险，为了化解金融风险、支持实体经济、优化资源配置、提高诚信水平，需要国有处置主体发挥更大的作用。国有主体必须坚持非营利性的政策目标，将自身规模化发展是为了适应托底规模不断增大的金融系统性风险作为企业发展的基础。同时，以重组、重整、重构的手段，切实减轻实体经济的债务负担，以自身发展积累的资金

支持实体经济的健康发展，而不是将自身的发展建立在对实体经济的损害上。当然，并不是所有的企业都能够通过债务重组恢复生机。有一些企业，或者是由于体制原因，或者是因为技术原因，或者是因为组织管理原因，已经不适应市场的需要，属于应当被淘汰的企业。如果不通过金融不良资产处置，这类企业还会作为僵尸企业苟延残喘相当长的时间。在此期间，它们仍然会占用有限的社会资源。这时，金融不良资产处置主体就有责任运用诉讼执行和申请破产等手段，将这类企业占用的资源充分地释放出来，使其配置到效率更高的主体中去，从而提高整个社会利用资源的效率。金融不良余额和金融不良率的上扬，对应的是社会诚信水平的下降。通过处置金融不良资产，对于不诚信履行协议的主体予以惩罚，对于诚信履约的主体给予宽待，使整个社会普遍意识到，只有诚实守信，才能够在市场经济发展中获得生存的机会，而试图通过转移财产，利用金融企业的管理漏洞进行逃废银行债等行为，都将会受到法律的严厉惩罚，最终无法在市场上获得生存的机会。我们可以看到，近年来中国的诚信水平得到了稳步提升，诚实守信的观念已经逐渐深入人心，不得不说金融不良资产处置行业在其中发挥了巨大的作用。

一方面，国有主体的金融不良资产处置能力需要不断提升，才能够适应当前较为严峻的金融不良资产形势。国有处置主体本身坚持回归主业，围绕处置金融不良资产的主业提升运用多样化手段终端处置金融不良资产的能力，同时也需要对金融不良资产更加严格的监管，特别是国有金融企业，要如实将金融不良资产数据反映到该企业的财务数据中，为国有处置主体接收国有金融企业的不良资产做好准备。另一方面，国有金融不良资产处置主体下一步提升处置能力的方向，是对于具有严重金融违法违规行为以及陷入破产困境的金融企业采取托管、接管、破产等措施，树立规模再大的金融企业也要守法依规谨慎经营，否则将面临惩罚的经营观。通过不断增强国有金融不良资产处置主体的处置能力，使中国金融体系的风险总体可控，并通过市场化、开放化程度的不断提升，逐步与世界金融体系接轨，适应中国目前作为世界第二大经济体的地位和要求。同时，中国的国有金融不良资产处置主体应当尽量通过合并增加规模，为中国在下一个世界经济周期中成为主导国家，应对世界经济周期波动下世界金融不良资产处置的重大课题做好准备。

二、无差异主体间的垄断竞争影响处置速率

中国的金融不良资产一级市场目前属于"5+2"的垄断竞争格局。五家全国性金融资产管理公司和每个省两家左右的地方资产管理公司是金融不良资产一级市场的主角。这些主体基本上是国有性质，其经营目标基本都是政策性的。

从历史角度看，中国金融不良资产的市场准入是逐步放开的。1999~2013年，仅四大资管公司取得了不良资产收购牌照。2013年，允许设立地方资管公司后，20家地方资管公司陆续成立（包括19家省级公司和1家地市级公司）。2016年，银监会向省级政府下发《关于适当调整地方资产管理公司有关政策的函》，允许各省级人民政府设立两家地方资产管理公司。据财政部发布的《金融企业不良资产批量转让管理办法》，金融企业批量转让不良资产的交易对象只能是上述四大公司和本区域内地方资产管理公司，形成了金融不良资产一级市场"4+2垄断格局"。直至2021年银河资产管理公司正式营业，"4+2"变为"5+2"。从性质上看，这些主体的性质几乎没有差异性，这种无差异的垄断竞争格局，阻碍了不良资产合理价格机制的形成。由于竞争不充分，在金融不良资产供应量持续增加的情况下，五大公司和地方资产管理公司有条件地形成"价格同盟"，倾向于压低价格，严重影响金融企业转让金融不良资产的积极性。在价格分歧无法弥合的情况下，或者交易失败，金融不良资产仍然留存于金融企业中；或者金融企业无奈地选择通过结构性交易实现不良资产的虚假出表，但实际风险并未真正化解。根据银监会发布的通知①，虚假出表的行为被列入严查范围。从资产管理公司内部看，四大公司近年来并未充分聚焦收购和处置不良资产的固有职能和根本使命，据信达和华融年报，两家公司不良资产业务仅占其业务总额的一半，东方和长城的情况也大致如此。目前，四大公司基本实现了"金融全牌照"，为了自身规模和利润的增长，大量从事非金融不良资产处置的金融业务，不仅不利于金融不良资产处置，反而产生了千亿元规模的"内生不良"（即金融资产管理公司对外放贷而产生的金融不良资产），扩大了金融不良资产的总规模。地方资产管理公司在消化存量金融不良资产中逐步发挥作用，但由于其处置经验缺乏、收购范围狭窄、处置能力不足，且与全国性资产管理公司同质化程度较高，市场化程度不够，对处置当前总量巨大的不良资产发挥的作用非常有限。而且由于地方资产管理公司的处置能力有限，大部分地方资产管理公司没有真正开展金融不良资产处置工作，有些地方资产公司只是作为其他真正从事金融不良资产处置主体的通道参与金融不良资产的收购，或者作为金融企业，包括四大资产管理公司掩盖金融不良资产真实情况的工具。除了加大金融不良资产处置成本外，对于消化金融不良资产并没有起到应有的作用。当政府要求这类主体加大收

---

① 2016年3月18日，银监会发布《关于规范金融资产管理公司不良资产收购业务的通知》。

购力度时，这些国有主体又出于企业发展的需求，在一级市场上通过低效的价格竞争获取不良资产市场份额，2017~2018 年，中国不良资产市场出现了严重的非理性竞争情况，国有资产管理公司之间无视不良资产的真实价值，仅仅为了所谓的市场占有率，以高于资产真实价值的高价收购不良资产，并且只重视市场占有率而忽视了终端处置能力的培育。造成中国金融不良资产市场长期以来属于卖方市场，转让价格居高不下，不良资产从国有金融企业转移到国有金融不良资产管理公司，仅仅是换了一个存储主体，并没有从根本上化解金融风险，也不利于通过终端处置实现金融不良资产处置行业的政策性目标。所以，金融不良资产一级市场的垄断不利于培育健康的行业环境，也不利于真正有志于金融不良资产处置市场主体的发展。

三、金融不良资产供给状况不利于行业发展需求

供给引导需求、创造需求，然而，当前金融不良资产市场产品供给行政色彩较强，对金融不良资产投资人的需求考虑较少，造成了金融不良资产市场供需偏离、活力缺乏。当前金融企业和资产管理公司批量处置不良资产，一般以省级分行（或省级公司）为单位组成资产包，投放产品的频率和规模很大程度上取决于自身不良数据与主管部门、监管部门考核指标之间的差异度，以及上级的任务指令。这具体表现在以下五个方面：第一，从地域上看，供应集中在监管数据显示不良率和不良余额排名靠前的省市。第二，从时间上看，供应集中在需要提交考核数据的年末、季度末。第三，从规模上看，基本上是由供给方自身的不良数据决定。第四，不良资产供给方从自身利益考虑，对于状况尚好的不良贷款有"惜售"心理，使一些原本可以尽早债务重组、予以盘活的资产从"关注类"逐步沦为"次级类""可疑类"和"损失类"后才被动地推向市场。第五，不良资产供给方缺乏市场意识，认为不良资产出售仅是政策要求，往往存在"一卖了之"的意识，没有按照市场原则提供相应的售后服务，造成买受人在后续处置中困难重重，不少买受人因此丧失再投资信心，退出不良资产处置市场。金融不良资产的投资人进行收购往往考虑的是自身的资金状况和处置能力，往往选择自身有处置能力的地域和行业进行投资，而且由于非国有金融不良资产投资人往往资金规模较小，在没有得到融资支持的情况下，难以在短时间内投资大规模的金融不良资产。上述产品供给的标准、动力、意识很大程度上是违背金融不良资产处置规律的，由于对金融不良资产投资人的需求考虑较少，使不良资产市场供需偏离，出现价格分歧，缺乏活力，也使很多有能力进行金融不良资产终端处置的主

体被排除在金融不良资产市场之外。

四、金融不良资产处置政策和法律滞后于市场现状

公共政策的视角是分析金融不良资产处置不可或缺的重要角度。20 世纪 90 年代，中国建立不良资产市场的目标是配合国有企业改革，保全国有资产和化解金融风险。围绕上述目标形成了具有深刻内在逻辑的政策导向，包括保护国有企业债务人、防止国有资产流失、国有金融系统内部消化、收购主体和产品供给采取严格审批制等。在此基础上，建立了一系列适应当时形势需要的关于不良资产的具体公共政策和市场配套方式，例如：四大公司的收购资金来源主要为财政和信贷支持；司法和税收等优惠政策仅针对国有银行、四大公司；司法政策对国有企业债务人采取特殊保护；等等。客观地说，当时的金融不良资产供应方主要是国有银行，金融不良资产债务人以国有企业为主，金融不良资产交易方式主要是直接划拨，金融不良资产处置的资金主要是"国家的钱"，上述公共政策导向和具体政策基本符合当时不良资产市场实际情况，也在客观上发挥了国有资产保值增值、推动国有企业改革、维护国家金融安全的作用，完成了特定历史条件下的特殊使命，总体上是积极的。但本轮金融不良资产主要因"资源错配"形成，受经济下行周期和经济增速调整的双重影响，供应方已不局限于国有银行[①]；金融不良资产债务人已从以国有企业为主转变为以民企为主；金融不良资产的交易方式已从直接划拨转变为市场竞价。在金融不良资产市场巨变的情况下，在原有的市场环境下形成的公共政策和配套方式已不利于甚至阻碍了本轮金融不良资产处置。例如：主要靠国家财政和信贷支持，忽视运用社会资金，不符合国家财政资金投向规划，也会使国家承受托底风险；市场准入、税收等优惠政策偏向于国有主体，会造成市场主体之间的权利失衡，不利于更多的主体参与金融不良资产处置，影响不良资产处置速率；对于国有企业债务人进行特殊保护的司法政策，有损公平诚信的市场原则，进而造成金融不良资产市场发育缓慢。而政策导向直接体现于立法和司法上，中国金融不良资产相关的立法和司法工作存在以下问题：

（一）法制工作滞后于当前的政策

当前中国关于金融不良资产的方针政策是化解金融风险，保质高效地加快不良资产处置，这需要相应的法律配套。然而，当前的金融不良资产法制水平尚不能满足这一要求。具体表现为：

---

① 国有银行这个概念在股份制背景下已需调整。

一是立法层级较低。金融不良资产处置关系经济工作全局，但现有立法层级与该项工作的重要性不匹配。目前该领域的法律文件为两套体系，一方面是行政法规和部门规章①；另一方面是司法解释和司法政策②。这两套系统从层级上而言并无高低之分，因为司法解释体系中规定的很多问题并不是对相关行政法规和部门规章的解释，而是创设了特定适用于金融不良资产处置的法律规则，造成了立法问题司法化的情况。在行政法规和司法解释之上，没有一个法律层级的规范性文件统领全局，不利于法制的科学性和统一性。

二是现有法律文件之间存在冲突。现有法律文件是由行政机关和司法机关两个不同的体系在不同时期和特定环境下分别制定的。行政机关制定的文件主要是解决特定主体，即国有金融资产管理公司的职责和行为规范。而司法机关则主要解决特定事项，即涉金融不良资产案件中各方主体的矛盾冲突和利益平衡。当两个体系产生冲突时，需要进行反复磋商和协调，在没有明确达成新的规则之前，冲突的问题久拖不决，增加了社会治理成本。具体表现为：在主体上，《金融资产管理公司条例》规定了金融资产管理公司③及其职责和行为规范。为了配合金融资产管理公司的职责得以落实，最高院出台了一系列司法解释和司法政策。然而，随着时间和条件的变化，金融资产管理公司的内涵和外延都发生了变化，现在金融资产管理公司早已不是国有独资，四大资产管理公司均已经基本完成了股份制改造，信达和华融公司目前已经在香港上市。根据2013年银监会发布的通知④成立的一批地方资产管理公司，其中部分主体为民营控股公司。另外，金融资产管理公司收购的资产范围也早已突破了国有银行不良资产。在此情况下，现有司法机关制定的文件仍停留在2010年之前，根据最高人民法院相关要求⑤，其适用范围仍为国有金融资产管理公司向国有银行收购的不良资产。此适用主体范围上存在的冲突就产生了相当多主体以及金融不良资产案件无法可依的状况。不同主体在处理相同问题时，也会出现同案不同判的情况。在内容上，由于行政机关的立法目的是促进金融不良资产处置，降低处置成本、提高处置效率并保障金融安全，所以制定了诸如批量转让、报纸公告进行债权转让通知和维护诉讼时

①　以国务院第297号令《金融资产管理公司条例》领衔的规章。

②　围绕最高人民法院法释〔2001〕12号《关于审理涉及金融资产管理公司收购、管理、处置国有银行不良贷款形成的资产的案件适用法律若干问题的规定》而延展开的一系列司法解释和政策。

③　《金融资产管理公司条例》规定，金融资产管理公司是由国务院决定设立的收购国有银行不良贷款，管理和处置因收购国有银行不良贷款形成的资产的国有独资非银行金融企业。

④　2013年，银监会发布《关于地方资产管理公司开展金融企业不良资产批量收购处置业务资产认可条件等问题的通知》。

⑤　《关于审理涉及金融不良资产转让案件工作座谈会纪要》。

效、严格审计和审批、资产评估程序等内容。而司法机关则要考虑对金融不良资产债务人的权利平衡，与其他类型债权转让案件当事人的平等，相关法律制度的衔接和适用等。由此产生了金融不良资产按照行政机关的规定进行转让后，被司法机关判令无效或不能全额受偿的情况，对不同类型诉讼主体进行同类诉讼收取不同诉讼费的情况，执行中不按照判决确定的债权金额进行执行的情况，由于对报纸公告催收的效力理解不同而判决丧失诉讼时效的情况，抵押权随同主债权一并转让是否需要进行变更登记以及如何计算优先受偿范围的情况等。这些法律适用上的冲突，造成了金融不良资产价值的贬损，也打压了投资人购买金融不良资产的积极性，不利于快速高效地处置金融不良资产。

三是现有法律文件规制的范围过窄。我国最早的法律文件只规范国有金融资管公司收购与处置国有银行不良贷款的行为。其后，该范围在收购主体方面扩大至国有和地方金融资产管理公司，在收购对象方面扩大至国有信托投资公司、财务公司等金融企业。而司法机关制定的规则仅规制国有金融资管公司收购和处置国有银行不良贷款的行为。这有两个问题：其一，金融不良贷款范围是金融企业设定的，法律上并没有明确的界定。因此，金融企业的认定是纳入现有处置规则的前提条件。而具备金融不良资产实质条件却没有被金融企业认定为不良资产的，就不能够适用现有法律规定。如银行的关注类贷款，其中部分资产完全符合金融不良资产的条件。其二，金融不良资产的范围不应仅止于"不良贷款"，随着金融产品类型的丰富，我国金融不良资产早已突破了银行不良贷款的范畴。虽然目前与银行不良贷款相类似的不良资产处置参照适用现有法律规定，但仍存在真空地带。比如目前由金融资产管理公司自身经营产生的"内生不良"，与银行不良贷款在本质上并无不同，但无法纳入现有法律进行规制。又如新兴 P2P 网络借款平台产生的不良借款，也无法纳入金融不良资产处置法律规则中。另外，对于自身陷入破产困境的金融企业，其占有的资产如何处置、是否能够适用金融不良资产处置的相关规则，法律规定也还是空白。法律配套不完善，造成了目前金融不良资产处置渠道狭窄、速率慢、效率低的现状，不符合国家关于加快金融不良资产处置的要求。

（二）相关主体之间目标导向冲突，不利于社会稳定和国有企业改革

涉及金融不良资产处置主要包括以下几类主体：第一是金融不良资产的产生方，即金融企业；第二是金融不良资产的处置方，即金融资产管理公司等市场主体，包括国有主体、民营主体、外资主体以及混合所有制主体；第三是金融不良资产流转环节中的服务机构，如交易所、拍卖公司、评估公司等；第四是金融不

良资产的义务方，包括国有性质债务人及非国有性质债务人；第五是上述主体的行政主管或监管部门；第六是立法机关；第七是司法机关。

上述主体按照是否代表公共利益划分为公权力主体和私权利主体①。公权力主体的目标导向是维护社会公平正义、维护金融稳定、促进经济健康发展。私权利主体的目标导向是实现自身利益最大化。这两种目标导向之间在一定范围内存在矛盾。如金融企业希望自身不良资产可以根据商业化判断，通过多种类的流转渠道面向所有的资产需求方予以变现，从而提升资产价值，减少损失。而行政主管及监管部门则希望国有资产保值增值，不要出现国有资产流失，并将某些特殊资产保留在国有体系之内。由此公权力主体就会设法限制金融企业的处置自主权，限制难以监管的非公开流转渠道，限制金融不良资产的买受主体范围。这种限制通过立法和司法的方式得以体现，降低了金融不良资产的市场化程度，使流转的难度加大。但如果不加以一定程度的限制，完全市场化的结果有可能造成不适宜流转到市场中的资产因金融企业为摆脱自身负担而流转出去，从而使一些曾经为国家做出巨大贡献、关系国计民生的公共性企业陷入困境无法自拔。不加规划地大量处置金融不良资产，也可能损害实体经济，造成失业等社会不稳定因素。另外，私权利主体之间也存在着利益冲突。如收购金融不良资产的国有金融资产管理公司与作为债务人的国有企业之间在一定情况下是矛盾的。不同主体之间目标导向的不同就会对法律制定产生影响，如果不能设计出平衡各方需求、得到各方认可和遵守的规则，就会造成各方从各自立场出发主张自身诉求的现象。司法机关没有明确的法律作为依据，就可能根据自身的价值取向作出裁判。而各方博弈能力的不同会影响司法机关的价值取向，从而造成裁判结果的不一致，甚至有些裁判结果不符合金融不良资产处置的基本原则，从而产生社会不稳定因素。

上述主体按照所有制形式分为国有主体和非国有主体。《金融资产管理公司条例》第一条开宗明义，其立法目的为依法处理国有银行不良贷款，促进国有银行和国有企业的改革和发展。所以我国产生金融不良资产处置行业的缘起就是为了国有银行和国有企业的改革和发展，其后的法律体系构建也围绕着这一核心。从中国目前金融不良资产的现状看，国有银行和国有企业仍然是金融不良资产处置的关键性问题。但是，随着中国改革步入深水区，金融不良资产处置早已不仅仅是国有主体之间的问题，非国有主体也紧密参与其中。如何对非国有主体的利

---

① 此处的私权利主体是相对于公权力主体而言，是以营利为目的的经济主体，而非仅指私营主体，如国有商业银行在该概念内涵中被定义为私权利主体。

益进行平等保护成为目前需要解决的主要矛盾之一。这其中包括两个主要问题：一是当前金融不良资产处置是否要对国有企业进行特别保护；二是当前金融不良资产处置是否可以完全不区分国有和非国有主体。

从近年来流转到市场上的金融不良资产清单来看，债务人为国有企业的，无论是数量上还是债权金额上占比都非常之低。其原因主要有三个：一是国有企业绝对数量少了；二是国有企业自身强了，具备良好的偿债能力和信誉；三是金融企业在转让时按照规定保障了国有企业上级国资部门的优先购买权。由此可见，在金融不良资产处置中把保护国有企业作为重心已经没有必要了。当然，不排除仍然有国有企业因各种原因沦为金融不良资产债务人，但是从中国为应对当前经济周期和经济发展现状，淘汰落后产能、处置僵尸企业的政策可以得出结论，这种类型的国有企业，通过特殊保护使其成为僵尸企业，不利于资源的有效配置和整体经济的健康有序发展，不利于国有企业改革。对于这类国有企业采取特殊保护措施，从而放弃了民事主体平等保护的基本原则，会毁坏社会公平、诚信的价值信仰，不具有经济性，得不偿失。

不把对国有企业特殊保护作为金融不良资产的重心，并不是说完全不区分国有和非国有。一方面，就金融不良资产产生方的金融企业而言，应当区分国有和非国有。对于国有性质的金融企业，应当通过制定明确处置规范并加强监管的方式防止国有资产流失。而对于非国有性质的金融企业，在保护储户等资金所有权人财产安全的前提下，应当尊重其自身权利和商业判断，赋予其更加灵活和高效的不良资产处置权限。另一方面，作为金融不良资产债务人和买受人，在特定情况下也可以区分国有和非国有。国有企业债务人在历史上担负了超出于其他市场主体的社会责任，在面临困境时，对其予以更多的支持，帮助其卸下包袱、脱离困境是最优的选择。如果把这类不良资产不加选择地推向市场，有可能触发社会不稳定。在金融不良资产投资人方面，在国内主体能够自我消化本国金融不良资产的情况下，如果将大量的金融资产出售给外资主体，可能会影响金融和经济安全，也不利于国家进行政策调控。

本章小结

本章主要是对两轮经济周期下中国金融不良资产处置的情况、行业主体的类型、处置方法的选择以及在此过程中存在的问题进行了详细的分析。虽然中国金融不良资产处置行业起步较晚，但恰逢中国两轮经济周期的变化，在二十年间处置了大量的金融不良资产，为中国经济的发展做出了重大贡献。这得益于对国际先进经验的学习，也得益于中国政府采取了果断的措施，选择了适应中国金融不良资产情况和经济发展状况的处置主体和方式。在世界经济进入由衰退期向萧条期转变的过程中，中国自身进入了一个新的经济中周期。如何处理好在这个变革阶段产生的金融不良资产，是中国能否实现两个一百年目标，成为世界经济主导国的重大课题。需要我们正视中国金融不良资产处置中存在的问题，通过优化和改革，在坚持成功经验的基础上，实现金融不良资产处置的政策性目标，熨平经济周期波动，促进经济健康平稳发展。

第六章　金融不良资产处置机制策略选择

　　始于 20 世纪 80 年代初的第五个世界经济周期已经走到了衰退向萧条的过渡阶段，到 21 世纪 30 年代初，世界经济将经历从第五个经济周期向第六个经济周期的更替。第五个经济周期的内在动因为信息和通信技术，第六个经济周期将转向以生物和基因技术创新为驱动。而引领世界经济发展的国家也将发生变化。我们此时正处于这样一个新旧世界经济周期更替和主导国家变化的过程中，如何处置好由于世界经济发展推动力和推动主体变化出现的经济结构变化摩擦和国家间主导权争夺摩擦而产生的大量金融不良资产，是实现世界经济平稳向上发展的一个关键因素。特别是作为本轮世界经济周期下行的"减速阀"和下一轮世界经济周期"发动机"的中国，如何处置好目前因 2010 年经济增速换挡以来累积的金融不良资产尤为重要。不同的国家应当根据本国的情况，采取正确的金融不良资产处置策略，从而减轻由于国别差异过大而引起的世界经济发展不平衡，达到熨平世界经济周期波动的效果。

　　本节的写作筹备于 2015 年。当时中国的金融不良资产已经从 2013 年开始呈现不断上升的趋势，这是与中国经济增速从 2010 年开始的换挡相对应的。但对于金融不良资产的上升趋势将于什么时间结束，以及中国的经济周期波动趋势该如何发展，笔者并没有一个清晰的判断。笔者在本书的写作过程中开始研究他国，特别是美国和日本的经济周期和金融不良资产状况，渐渐形成了一个较为清晰的认识，即在全球化背景下，世界经济体系中的经济体，相互之间的经济周期发展趋势和金融不良资产之间的对应关系是可以参考和比较的。中国目前的经济周期与金融不良资产之间的关系，类似于美国 20 世纪 80 年代末和日本的 2000 年初。由于经济换挡而产生的金融不良资产可以通过有效的处置手段把金融不良率快速地降下来，以熨平经济周期在遇到极端情况冲击时而产生的剧烈波动，但由于经济周期之间经济增长幅度的换挡，从高速发展换挡为中速发展后，金融不良资产的总量将达到一个较高的水平，而不可能减少到经济高速发展期的数量水平。同时，根据历史数据形成的规律性经济周期发展趋势看，2020 年前后应该又到了一个出现全球性极端事件影响世界经济周期进入一个低谷以及换挡的时期。在这个事件发生前，我们只能预测趋势，但无法预知结果。时间进入 2020 年，一场席卷全球的新型冠状肺炎病毒疫情，让我们确定了这就是促使世界经济周期跌向谷底的极端事件。而在这个事件发生后，各个国家如何应对，以及在经济方面，特别是由此产生的巨量金融不良资产问题方面，各个国家如何应对，都将决定这些国家未来在世界经济格局中的地位，也将由这些世界经济主导国家来决定世界经济发展未来的走向。如果在 2021 年以及今后不长的时间里，新型冠状病毒肺炎疫情得到有效控制，虽然世界经济周期将不可避免地进入由衰退期向萧条期的过渡，但世界上经济健康发展以及先于其他国家走出疫情影响的国家，其经济将进入一个新的中周期，即本轮中周期的复苏阶段。这一阶段将持续 3 年左右的时间，再达到繁荣阶段，所以未来 5 年这些国家的经济发展趋势将出现上涨。由于金融不良资产周期对比经济周期发展的滞后性，在本轮中周期的复苏阶段，金融不良资产的规模将继续增大，直至经济周期达到繁荣期才会开始下降。而规模增大的数量以及持续的时间，很大程度上取决于各国的金融不良资产处置效率。从历史上看，世界各国在处置金融不良资产的功能定位、机制上仍然存在不足。面对世界经济周期更替和主导国家间的争夺，未来的 10 ~ 30 年世界主要经济体应当形成统一的认识和策略选择，才有可能使本国的经济发展符合规划预期，才有可能减轻世界经济动荡造成的损害。同时，对于金融不良资产的快速有效处置，如同疫情的快速有效处置一样，国家间会产生先发优势，率先走出困境的国家将有可能在促进本国经济周期转向上升期的同时，在世界经济格局中占据优势地位，通过自身的经济发展，带动世界经济尽快走出萧条期，进入下一个世界经济周期的复苏期。所以，本章将在前文研究的基础上提出有利于金融不良资产处置和经济发展的优化策略选择，特别是针对中国金融不良资产处置中存在的问题，提出优化建议。

第一节　平抑经济周期波动理念下金融不良资产处置功能定位

本书第二章提出了金融不良资产处置对经济周期的反作用，主要是通过以下四个方面实现的：增强金融企业的抗风险能力，防范和化解系统性金融风险而引发的经济危机；金融企业向实体经济提供融资支持并减轻陷入困境企业的债务负担；提高整个社会对资源的利用效率；在经济下行期间为社会投资提供一个良好出口；共享周期性资产增值收益。由于经济周期是有规律地重复发生的，而金融不良资产也是长期存在的，金融不良资产处置是一个长期的工作，而非临时性、暂时性的，所以，应当以持续性、规律性为基础确定金融不良资产处置的功能定位，且要紧紧围绕平抑经济周期波动这一核心主题。在世界经济周期的同步性环境下，世界各国，特别是主要经济体在金融不良资产处置的功能定位上应当是一致的。然而，现实情况却并非如此，如中国在1999年成立金融不良资产管理公司时，给金融不良资产处置行业确立的功能定位是三个方面，即"化解金融风险、保全国有资产、支持国有企业改革"，这是与中国当时的经济环境相关的。而随着中国20年来的发展，金融不良资产已经不全是国有资产，国有企业改革也已经度过了最艰难的时刻，中国经济已经非常深地融入世界经济当中。当时阶段性的功能定位已经无法满足现实需求。如美国在1989年设立的RTC，它的功能定位主要就是针对储贷协会持有的不良资产和负债进行重组清理，在经过了6年的运行以后，它被认为完成了使命，所以在1995年被关闭。当2008年次贷危机来袭时，本可以利用原有经验发挥作用的RTC已经关闭13年了。所以不同的国家可以根据其实际情况设定阶段性或有其特殊性的功能定位，但主要经济体，或者说融入了世界经济的主力经济体，在金融不良资产处置上应当遵循一般规律，并保持金融不良资产处置核心功能的稳定性。中国作为一个经济大国，金融不良资产处置的功能定位随着经济环境和现实地位的变化，也应当统一到"化解金融风险、减轻债务负担、优化资源配置、构建诚信环境"这四个核心功能定位上，围绕这四个核心构建金融不良资产处置机制和选择金融不良资产处置方式。以中国为例，围绕功能定位应当采取四个方面的策略。

一、化解金融风险

要通过处置金融不良资产化解和防范系统性金融风险，应当主要做好以下几个方面的工作：

首先，需要摸清金融不良资产底数。统计数据的偏差会造成决策者对现状的误判并因此而采取错误的规划。只有真实地反映金融不良资产的现状并分析出未来的发展趋势，才能够采取有效措施，分步骤、有计划地处置和消化金融体系内的不良资产，防止出现大量没有掌握数据的金融不良资产在金融体系内渐渐累积而没有被重视，以致一旦爆发就将难以处置，进而风险从金融系统溢入到经济肌体中，引发严重的经济危机。要摸清金融不良资产底数，第一步是要明确金融不良资产的认定标准，将符合金融不良资产特征的全部资产都全面地纳入其范围内。即将各类金融企业持有的不符合其约定预期的，按照金融业监管规则和标准，应当被认定为不良的投资品，以及陷入破产困境的金融企业持有的全部有形资产和无形资产，都纳入统计范围。第二步是金融监管机构严格履职，要求金融企业严格按照认定标准将所有金融不良资产都规范填报，不瞒报漏报，并按照金融不良资产分级标准真实填报。对于违反监管规定的金融企业，要采取严厉的处罚措施，使金融企业不敢瞒报漏报金融不良资产。根据中国银保监会网站披露的信息，近年来因为隐瞒不良资产而遭受处罚的机构和个人屡见不鲜。几乎每个月都有数起因隐瞒不良资产真实情况而被监管机构处罚的案件。主要违规事项包括违规发放贷款用于隐藏不良资产、违规转让不良资产、大额不良资产未向监管部门报告、虚假处置不良资产等。但目前数十万元的罚款对于金融企业而言并未形成真实压力。监管机构应当采取更加严厉的处罚措施，使金融企业不敢不真实披露不良资产情况。

其次，以枚举式加开放性条款对金融不良资产处置方式予以明确，在不同经济周期阶段上引导金融企业采取有利于化解金融风险的处置方式。目前中国的金融不良资产处置方式主要包括：核销、诉讼追偿、债务重组、资产转让、资产证券化、收益权转让、债转股等。有必要对上述各种处置方式的适用范围和适用条件予以明确，使金融企业可以根据明确的标准选择最有效的方式处置不良资产。以开放性条款的方式鼓励金融企业和资产管理公司不断创新，探索新型的金融不良资产处置方式。同时要防止金融不良资产供给方仅从自身短期利益考虑，对于风险尚未完全暴露的不良资产有"惜售"心理，通过各种"假出表"手段加以掩饰，使不良资产在本体内"空转"。一些原本可以尽早通过债务重组予以盘活的资产从"关注类"逐步沦为"次级类""可疑类""损失类"后才被动地推向市场，造成发生系统性金融风险的可能性被放大。

最后，金融风险的化解需要社会各界力量共同参与，需要培育能够大规模消化金融不良资产的行业主体。金融不良资产行业的发展需要两方面条件：

第一，金融企业在金融不良资产产品的提供上要进行供给侧改革。一方面，提供金融不良资产的金融企业要从银行扩展到包括信托公司、金融租赁公司、基金子公司等全金融领域。另一方面，金融企业提供金融不良资产要改变卖方市场的思维，以市场需求为导向，充分考虑金融不良资产投资人的需求，从行业、资产类型、区域协同、市场主体可接受规模等角度深入研究、设计、提供不良资产产品，消除不良资产产品供给的行政色彩，同时进行合理定价，提高买受方的投资积极性。

第二，加强金融不良资产行业主体的跨周期处置能力。当经济周期处于下行阶段的时候，大量的资产因为受到了宏观经济不景气的影响成为了不良资产，大体表现为金融系统以及实体中不良资产的快速暴露和大量积累。而在经济开始转向复苏和扩张期的时候，其对应的底层资源价值得到逐步的修复，不良资产也在这个过程中得以快速被消化。由于不良资产收购的逆周期性和处置效果的顺周期性，资产管理公司有机会在保持可持续发展的基础上，更好地发挥金融对实体经济的支持作用。一方面，资管公司坚持以金融不良资产经营为主业，在经济下行时期尽可能多地收购金融不良资产，并通过债务重组切入到财务、资产、股权、产业乃至行业的重组，并有效发挥银行、证券、保险、信托、租赁、基金等多元化金融平台的辅助与协同功能，实现资产业务和投资业务的有效结合以及公司可持续发展的盈利模式和发展战略。另一方面，资产管理公司在处置金融不良资产对应的底层资源时，要控制市场供应量，因为在经济下行期间，市场的流动性有限，无法消化大规模的资源。供应量超过需求量只会打压市场价格，引起市场恐慌。所以在经济下行期间，金融不良资产处置行业应当充分利用以物抵债、债转股等手段，将资源从僵尸企业中转移到金融资产管理公司手中，按照市场需求提供资源供应。待经济周期从下行转向复苏和扩张的阶段时，再向市场提供资产，从而利用周期性的价值修复功能实现金融不良资产的跨周期处置。金融不良资产行业主体要增强跨周期处置能力，还要充分利用好资本市场。金融不良资产处置行业是资本密集型行业，经济下行和结构调整时，需要大量资金收购金融不良资产，并且这些资金需要有较长的沉淀期间，以跨越周期。政府的资本市场管理部门应当优化政策，支持资质优、业绩好、持有金融不良资产规模大的不良资产处置主体走向资本市场。这既可使市场主体获得可持续的社会资金，增强市场主体的"逆经济周期"处置能力，还可使处置主体不因资金成本压力而一味迫使债务人低价处置资产还债，更为从容地通过兼并重组、资源优化配置等方式实现投资收益，更有利于"多兼并重组、少破产清算"政策的落地。当然，资本市场的投资需要合理的回报，而国有资产管理公司的性质和目的决定了其不应当是"营利性"的，所以鼓励走上资本市场的主体应该是非国有资产管理公司。同时，应当借鉴 PPP 模式，鼓励国有资产管理公司与非国有资产管理公司多层次、多结构、全方位地合作。例如国有资产管理公司作为有限合伙企业的优先级有限合伙人，只收取最低资金成本，如目前中国的一些资产管理公司提供给其分支机构的三年期资金年化利息低至3%以下，而非国有资产管理公司作为劣后级有限合伙人，通过高效的终端处置工作，赚取较高的投资收益，并将上述收益用于金融不良资产再投资。

二、减轻债务负担

作为处置金融不良资产的主体，应当优先采取支持实体经济发展，挽救困境企业卸下债务包袱的处置方式。对于陷入困境且有继续经营希望的实体经济企业，应通过债务延期、豁免、兼并重组等使该企业能够继续经营的金融不良资产处置手段，使该企业恢复健康状态。从而体现金融服务于实体经济的大原则，避免在经济下行周期由于无计划地大量追索造成对实体经济的伤害，防止无计划地大量处置资产造成市场价格大幅偏离资产价值，冲击市场稳定。[①] 但是如果通过法定批准程序将此类资产流转到市场，则必须确定平等原则。否则在此类资产转让至市场主体后，再通过特殊规定限制市场主体主张权利，会损害国家信用，这才是真正的国有资产流失。

金融不良资产管理公司基于跨周期处置策略而制定的处置方式，不仅能够实现资产公司的商业性目标，而且也十分有利于实体企业减轻负担。首先，在金融风险急剧增加、经济增速大幅减缓的时候，可以说绝大部分资产的价值都会或多或少地出现贬损，对于在此过程中受到影响而面临清偿、破产风险的问题资产和企业，金融资产管理公司以债权收购方式对这类企业采取以债务削减和延期为核心的债务重组以及流动性支持，以此来最大限度化解实体企业的信用和流动性风险。日后，经济逐步回升，金融环境也会随之放宽松，这些存续下来的实体企业可以通过经营收入和新的融资偿还资产管理公司的债权。其次，在经济下行时期，金融不良资产多集中于产能过剩行业，资产管理公司通过实施增量融资、破产重整、债转股等措施，对产能过剩行业中的优质企业进行盘活整合。随着经济周期进入复苏阶段，资产管理公司将获得较高长期投资回报。最后，经济下行阶段是产业以及经济结构调整的战略机遇期，特别是针对那些处于产业成熟期而又有升级意愿的企业，资管公司要积极地运用资本注入、并购融资等综合手段，帮助这类企业合并重组有效产业资源，提升市场竞争力，并为资产管理公司带来债务重组和投资收益。例如，中国长城资产管理公司主导完成的中国首例公募债违

---

① 特别是对于政策性贷款债务人、国有企业债务人、关系国计民生的企业债务人所涉金融不良资产处置，宜制定特殊规则，非经主管部门或监管部门审批，不得将此类金融不良资产面向非国有买受人及外资主体转让，应尽量采取债务重组、债转股、核销等手段予以处置。

约事件"超日债"项目，通过介入企业破产重整，引入财务投资人和产业重整方，长城资产管理公司不仅获得了债权处置回收和投资收益，也帮助那些马上要破产的"超日债"企业恢复生产，重新获得持续经营的可能。而更加关键的是，"超日债"项目的处置，还有效地推动了中国光伏行业的资源整合与转型升级。①所以，金融不良资产管理公司的处置行为可以实现资产管理公司与债务人实体企业的共赢。

以非营利性为目的的国有金融不良资产管理公司对减轻实体经济债务负担的效果更为明显。在经济下行期间，国有不良资产管理公司是收购金融系统大规模金融不良资产的主力军，特别是在收购关系国计民生的企业债权上，其在政策上是唯一收购和处置主体。国有资产管理公司具有的资金和政策优势可以充分发挥向金融机构进行大幅度打折收购债权以及对债务人企业债权采取核销、豁免、削减和延期等手段的功能，为流动性暂时出现问题的企业卸下沉重的债务包袱。不仅直接救助了困境企业，也有效修复了实体企业供应链条上的信用断裂问题，这极大地缓解了经济周期的波动对于实体经济所造成的巨大冲击。对于能够向国际发展的实体企业，资产管理公司可以利用投资和融资手段，帮助实体企业在因债务负担缺乏资金的情况下，通过国际并购取得世界经济周期下行期间他国陷入困境企业所持有的有效资源，增强国内实体企业的国际竞争力，以金融不良资产处置支持本国的逆经济周期发展战略。

三、优化资源配置

通过法律手段将陷入困境企业占有的、不能得到有效利用的资源从金融不良资产债务人主体中转让给真正有资源需求且能够发挥资源效用的市场主体，可以提高整个社会的资源利用效率。这种优化配置主要通过三种手段得以实现。

（一）司法拍卖

传统金融不良资产处置手段中最常见的方式之一就是通过诉讼确认债权人与债务人之间的权利义务关系以后，在债务人不能按照判决履行还款义务的前提下，由债权人申请司法机关对债务人的财产采取强制处分行为，即以司法拍卖的方式对债务人持有的财产性资源予以拍卖。在目前的中国，司法拍卖主要通过网络交易平台进行。根据中国商务部数据，2019 年法院委托拍卖以及破产清算组委托拍卖的成交额近 500 亿元人民币。在中国法院拍卖政策调整为主要以网络方式进行拍卖之后，法院委托的拍卖业务比重从政策调整前的 25% 下降到了

---

① 周礼耀. 不良资产处置的周期策略［J］. 中国金融，2016（7）：55-57.

5.42%。运用好网络司法拍卖以及线下司法拍卖的手段，将巨量的社会资源释放出来，给了效率较高的实体企业取得被困境企业占有的宝贵资源的机会。

（二）兼并重组

对于陷入困境而难以由现有股东和管理团队持续经营的实体经济企业，如果有机会通过更换股东或管理团队保持继续经营的，政府的策略选择应当是"多兼并重组，少破产清算"。由同行业利用资源效率更高的企业兼并重组效率低下的企业，可以保持企业的组织价值不因为分拆资产而贬损。金融不良资产处置中一个主要的手段即对于这类债务人企业向法院申请进行破产重整。破产重整制度在世界许多国家都有设定，如美国、日本、英国、法国等都有各自的破产重整法律规定。中国在2007年修订《企业破产法》时，也引入了该项制度，其针对即将或已经陷入破产困境的企业，由企业本身或债权人进行申请，认为该企业虽然具备破产原因，但仍有持续经营价值和经调整后的再生希望。在司法机关的主持和介入下，引入重整投资人，对该企业进行重整，在股权结构、管理架构、业务模式、资产负债结构上进行重组。一般会对重整企业的债务进行调整，包括债转股、打折偿还、调整偿还金额和期限后留债等方式。通过引入利用该企业占有资源效率较高的重整投资人作为控股股东，帮助破产重整的债务人摆脱债务困境，恢复其正常经营。众所周知，一个企业的价值并不仅仅是其占有资源价值的简单叠加，还有这些资源组合在一起的整合价值，以及企业长期经营形成的诸如商誉等无形资产。如果破产清算或者通过司法拍卖将部分资产分拆出售，就会降低这些资源组合的整体价值。所以破产重整制度是对破产清算和司法拍卖的有效补充。另外，对于兼并重组，金融不良资产处置机构也可以通过拍卖股权的方式促成交易。

（三）破产清算

对于没有重整价值且需要集中处置其占有资源的企业，诸如无效率地占用有限的市场要素资源，产出的产品却是落后于市场需求的僵尸企业，破产清算就是释放其占有资源的唯一办法。面对这类企业，要有壮士断腕的决心，要把清理僵尸企业的认识提高到优化资源配置、促进经济健康持续发展的层面上来。具体到金融不良资产处置中，就是要求金融不良资产处置机构运用法律和市场化手段，积极稳妥地采取诉讼追索、申请破产、拍卖资产等方式将被占有的市场要素资源，包括土地、厂房、设备、特许经营权、人力资源等全部财产性权益从僵尸企业中剥离出来，配置到更加高效的市场主体中去，提高整个社会利用资源的效率。对于金融不良资产处置主体而言，在经济下行期间通过申请破产清算债务人企业，会造成大量资产涌入市场而市场无力消化的问题。在这种情况下，要考虑在破产清算中的以物抵债或以股抵债。因为如果金融资产管理公司不愿意采取以物抵债或以股抵债的方式，会造成大量资产由于市场原因缺乏流动性，长时间滞留在债务人名下，既不能得到有效利用，又使破产程序长时间无法终结。所以应当鼓励金融资产管理公司在此情况下接受以物抵债或以股抵债。同时也要通过设定一些以物抵债的条件，防止该措施被滥用为逃债工具。此外，现在中国法律规定税款在破产分配中属于优先受偿，甚至在执行中还优先于抵押债权，造成金融不良债权在处置中，为了以物抵债还需要支付税费的情况，或者因为税款优先受偿而遭受更大的损失。如果考虑到金融不良资产处置的效果可以优化资源配置和化解金融风险，政府应当制定政策，对于破产清算中的税费予以减免，从而切实保护债权人的利益，维护整个社会的公平。

四、构建诚信环境

从金融不良资产产生的角度看，部分是由于经济周期影响和市场主体经营不善，部分是因为金融企业自身管理不善以及工作人员玩忽职守，还有部分是由于债务人恶意逃废金融债权。从金融不良资产处置环节看，也存在着金融企业违法违规处置，造成金融资产价值贬损和不当流失的情况。其中比较突出的是逃废金融债权和贱卖金融资产两个问题。

债务人逃废金融债权，不仅损害了储户等资金所有权人的权益，也损害了金融体系的安全，更为严重的是损害了诚信的市场环境。债务人违反合同约定，以挥霍、转移资产的方式拒不偿还债务；同时，期望通过被认定为金融不良资产而享受延期、减免等政策利益。这对于守法依约的其他债务人而言会产生极其恶劣的负面示范效应，从而拉低整个社会的诚信水平。

金融企业中的工作人员不按照规定公开处置不良资产，而是与买受人串通，将不良资产贱价出售，或者与不良资产债务人串通，以不良资产处置的方式帮助债务人逃废债，其行为直接损害的是金融企业自身的利益，也影响了金融不良资产处置行业的形象，不利于行业发展。

一个诚信缺失的社会是不健康的，金融的本质就是建立在信用基础上的。信用风险是金融体系的最大风险，诚信缺失不利于经济发展，维持一个较高诚信水平的社会和国家，才能够有序地发展经济，应对经济周期的波动。而大多数国家的诚信水平的高低，也直接影响到世界经济是否能够平稳持续健康发展。针对上述不诚信的情况，金融不良资产处置政策应从以下几个方面予以制定：

（一）以法律手段对不诚信行为予以惩罚

首先，在立法上对于恶意逃废金融债权的行为予以明确，对于涉及金融不良资产的债务人以及金融企业工作人员相关的违法行为予以严惩，不给债务人或债务人串通金融企业工作人员以形成金融不良资产的方式谋求非法利益的行为留下法律漏洞。对恶意通过虚假出资、抽逃出资、不按用途使用贷款、转移财产、毁损抵押物价值等行为以立法的方式予以禁止，同时要求金融企业放贷时就这些可能造成资产风险的事项予以特别审查。对于金融企业工作人员玩忽职守以及违规处置金融不良资产的行为制定更为严厉的处罚标准，对相关人员应当设立行业禁入规则。

其次，对于不诚信的债务人，在执法上应当严格依法处理。如通过在特定前提下举证责任倒置的方式要求金融不良资产纠纷案件中的被告对于贷款用途和流向符合合同约定、没有发生损害借款企业偿债能力的不当行为、无力偿债是经营亏损等问题承担举证不能的不利后果。对于那些拒不履行法院判决、裁定的金融不良资产债务人，要进一步加大对其处罚的力度等。

（二）制定有利于金融不良资产债权人追偿的规则

应当通过司法、行政、税收等手段，鼓励金融不良资产的持有方积极追责。如以报纸公告等便捷的方式维护诉讼时效，以降低诉讼费率和简化诉讼程序等方式鼓励债权人运用法律手段维护权利。对于金融不良资产受让人通过追偿获得的收益减免所得税，可以鼓励金融不良资产处置方积极挖掘逃废债务的债务人财产线索以及法律责任，以市场的方式解决打击金融市场的不诚信行为。

（三）严格金融不良资产认定标准和公开处置原则

防止金融企业将不符合金融不良特征的正常资产纳入金融不良资产中，同时确立金融企业对外处置金融不良资产必须公开的原则，以提高处置透明度的方式杜绝暗箱操作。以市场化的手段防止金融债务人与金融企业工作人员串通，以金融不良资产处置的方式逃废债务。

（四）建立完善的征信系统

对于不诚信的金融不良资产债务人，应当通过完善的征信系统予以公示，向全社会包括有可能和这些企业和个人发生信用关系的机构和人员公开不诚信企业和个人的信息。让不诚信行为曝光在公众中，让公众了解到不诚信行为所要承担的后果。另外，也要区分确属经营失败而无力偿还债务的企业和人员，不将这些主体错误地列入不诚信名单中。同时，给予不诚信企业和人员以信用修复的出口，从而劝导所有的社会主体应当遵循诚信原则，通过金融不良资产处置的工作提高整个社会的诚信水平。

第二节　构建政府主导和市场化协同配合的
金融不良资产处置机制

由于金融不良资产处置效果直接关系到一个国家的经济全局，特别是在熨平经济周期上作用显著，所以政府有义务和责任在金融不良资产处置上发挥应有的作用。但仅仅依靠政府的力量是无法有效地解决金融不良资产问题的，金融不良资产这个市场的问题，同样需要依靠市场的力量予以解决。传统上，市场化水平比较高的国家总体上鼓励市场化处置不良资产，如美国和日本。理论上，当经济周期发展到复苏和繁荣阶段时，随着经济增长和信贷扩张，金融不良率会随着经济上行而下降。然而，在经济周期进入衰退和萧条阶段时，受经济发展速度放缓和信贷紧缩等因素的影响，金融不良资产会大量累积，且难以通过市场的手段快速消化。金融不良资产增量累积的速度大于市场手段可以处置金融不良资产存量的速度，就会形成系统性金融风险，从而加剧经济周期下行的速率，造成经济危机的出现。所以当经济周期处于下行空间，金融不良资产余额和不良率出现双增的情况时，不能仅仅依靠市场的力量，而且也需要政府进行干预来积极化解金融不良资产问题。根据 Balgova 等的研究可知，通过市场的自我调节来处理系统性资产不良率的增加显然不是一个合适的选择。在其研究的 60 多个案例里面，有超过六成的金融资产不良率下降和不良额的降低密切相关。由此可见，尽管通过经济增长、信贷扩张等方式确实对降低金融资产不良率更为理想，但是在实践中，"不作为"的代价却往往十分的高，而作为的方式除了利用市场的力量，在经济周期下行期间，政府主导的措施效率最高。虽然政府干预可能在短期内产生一定的负面影响，如处置价格低于资产的真实价值、没有真正处罚违反金融纪律的金融企业、引发一些不诚信的债务人借机逃债等，但从整个经济大局来看，是利大于弊的。因为金融不良资产处置行业不是一个完全市场化的行业，其中主流的市场主体不应以营利作为主要企业目标，需要考虑前文所述的金融不良资产处置的功能定位当中公共性的目标。所以政府主导的国有性质金融不良资产处置主体必须在金融不良资产处置方面担负主要责任。传统上市场化水平比较高的美国和日本相比较，美国在政府果断出手干预金融不良资产处置的力度上明显高于日本，其结果也是美国比日本更高效地解决了金融不良资产问题，从而推动经济较快地走出经济周期的低谷。

我们说金融不良资产处置应当坚持政府主导，并不是忽视市场的作用，而是说在传统上市场经济比较发达的国家，应当强调政府在金融不良资产处置，特别是经济周期下行期间在金融不良资产处置中的主导作用。而对于本身市场经济欠发达，传统上政府比较强势的国家来说，则应当强调市场化手段处置金融不良资产的作用。特别是在经济周期上行期间，政府应当尽量少地干预金融不良资产处置，从而发挥和培育市场化金融不良资产处置主体的能力。金融不良资产处置是一个宏大的系统工程，单独靠政府的力量难以完成，需要借助社会力量共同处理，而能够吸引社会力量参与金融不良资产处置的前提，是使金融不良资产处置行业具有市场化特征，市场化主体因为能从该项工作中获取收益，才会积极地参与其中，从而通过市场化竞争手段，提高金融机构处置金融不良资产的回收率，减少损失。同时提高金融不良资产处置行业主体的效率，从而更好地实现金融不良资产处置平抑经济周期波动的功能。坚持政府主导和市场化并重主要可以从以下几个方面实现：

一、明确政策性主体与市场化主体的职责划分

市场这只"看不见的手"无处不在，只要政府不加以绝对禁止，就总是在各个经济领域和所有经济阶段发挥着自己的巨大力量。但由于金融不良资产处置是一项具有公共性的工作，一方面政府应当发挥主导作用，同时鼓励各类市场化主体参与到此项工作之中；另一方面政府有责任也有需求在一些领域限制市场化主体的进入，同时填补市场化主体不愿或无力进入的领域。为此，在金融不良资产市场准入规则方面，应当明确地把这个特征揭示出来，同时区分政策性主体和市场化主体，给两类主体分别建立适应各自特征发挥的市场和规则。而且，在一些中性地带设置两类主体合作的规则，以利于发挥各自的优势和弥补各自的不足，共同把金融不良资产行业的功能发挥充分，从而达到熨平经济周期波动的公共性政策目标。

（一）区分政策性主体和市场化主体各自的职能范围

金融不良资产的处置主体可区分为政策性或称国有金融不良资产管理公司和市场化或称非国有金融不良资产管理公司。国有金融不良资产管理公司由政府出资设立或是从国有金融企业中分离出来的"坏银行"，非国有金融不良资产管理公司由市场化主体出资设立或是从非国有金融企业分离出来的"坏银行"。两者的设立都需要符合国家关于金融不良资产的法律规定，并接受政府行政监管政策

的监督。不同之处在于国有金融不良资产管理公司主要按照政府的公共经济政策要求收购和接管金融不良资产，其不应以营利为目的。而非国有金融不良资产管理公司主要以市场化手段收购政府不禁止的金融不良资产，其一般是以营利为目的的。所以，国有金融不良资产管理公司处置金融不良资产是职责，其做决策的时候要以当时的政策要求为导向。国有金融不良资产处置主体应当是金融不良资产行业的主力军，其承担了托底金融风险的艰巨任务。当经济处于下行区间，由于金融不良资产转让价格磋商达成一致需要时间，面对大量金融不良资产涌向市场的艰难时刻，依靠市场化主体难以满足金融不良资产处置"快"且"好"的要求。保障国家金融和经济安全是政府的责任，要求市场化主体托底金融风险是错误的，所以只能由国有金融不良资产处置主体担负起这个责任。如美国的RTC、日本的国有债权整理回收机构、中国的四大资产管理公司和国有地方资产管理公司等。其股本金由国家或者地方财政资金形成，享受低息且长期的贷款，其工作目标就应当是按照国家稳定金融和救市的意图接管金融不良资产。中国在最初按照1:1的价格以财政资金购买国有银行的金融不良资产交由四大资产管理公司处置就是这一意图的体现。当然，在市场化环境下，也应当由经营失败的金融机构自负其责，托底价格应当符合其真实的损失情况，抹平价格分歧的基础是国有金融不良资产管理公司的低资金成本和非营利需求。国有主体为了时刻具备完成任务的能力，一方面其不能长期脱离金融不良资产处置行业，以防造成能力的丧失；另一方面其不应过度关注市场化主体可以进入的金融不良资产领域，以防出现政府投资对民间投资的挤出效应，并且保有政府为实现政策目标而提供给国有金融不良资产管理公司低成本的资金和资源。中国目前存在着国有金融不良资产管理公司长时间脱离主业，处置能力下降且追求营利性目标，而损害其基于政府给予的优惠政策而积累的资本和资源的情况。如中国近年来国有金融资产管理公司利用在金融不良资产一级市场的垄断优势，向实际收购金融不良资产但没有一级市场收购资格的市场化主体收取"通道费"的金融乱象时有发生。这不仅没有化解金融风险，还因为对垄断利益的追求损害了真正处置金融不良资产的市场化主体和金融企业的利益。甚至出现了金融企业与国有金融不良资产管理公司串通"假出表"，由资产管理公司向金融企业收取"通道费"的完全违背政府设立金融不良资产管理公司初衷的怪象。这种情况应当由政府予以纠正，使中国的国有金融不良资产管理公司回归到设立之初的职责目标上来。

市场化金融不良资产管理公司不享有政府赋予国有金融不良资产管理公司处置金融不良资产的特权和优惠政策，甚至在很多领域和阶段还遭受一些政策的限制。但是由于金融不良资产处置行业也具有市场化属性，且是一个可以运用资本和技术在经济周期变动过程中取得较高收益的行业，所以政府只要不禁止，就一定会有市场化主体参与其中。但是，由于金融不良资产处置行业是一个资金密集加技术密集型的行业，需要形成较大资金规模且具有长期行业经验积累的市场化主体，所以政府对于市场化金融不良资产处置主体的态度不应当仅仅是不禁止，而是需要采取措施鼓励和引导市场化主体积极地参与到金融不良资产工作中。一方面，给市场化主体尽可能大的市场空间，不仅仅是在经济下行期间借助大量市场化力量消化金融不良资产，更多应该在经济上行期间限制国有金融不良资产管理公司与非国有金融不良资产管理公司争利，保障市场化金融不良资产管理公司凭借自己出色的投资和处置工作，在经济任何阶段都能够获得超过市场平均收益率的回报，而这种对于收益的预期权需要得到国家一以贯之的平等保护。另一方面，政府在经济下行阶段，为了吸引更多的市场化主体共同参与到金融不良资产处置工作中，作为国有主体的补充，应当适当给予规模化高效率的市场化主体在某些方面——如低利率长期限融资、税收优惠——与国有金融不良资产管理公司相似的政策。

（二）限制政策性金融不良资产处置主体从事其他金融业务

把政策性金融不良资产处置主体定位为一个无经营期限的企业，是金融不良资产会长期存在的现实需要。历史证明，将政策性金融不良资产处置主体定位为解决阶段性金融不良资产的具有特定经营期限的企业，不利于金融不良资产主体积累资本、资源和经验。但是，企业都有自我发展的需求，特别是在金融不良资产问题不严重、金融不良资产管理公司工作任务不多的时期，本身作为金融企业一员的政策性金融不良资产管理公司很自然就倾向于从其他金融业务上求发展。如中国在2006年之后，由于1999~2000年政策性金融不良资产处置接近尾声，而2004~2005年半商业化收购也已完成，市场上可见的金融不良资产供应非常少，完全不能容纳四家大型金融不良资产管理公司的发展需求。而当时的基本导向是四大资产管理公司不会在2009~2010年按照原来制度设计之初的规定回归四大国有商业银行或解散。因为这时四大资产管理公司通过金融不良资产处置，特别是处置陷入困境的金融企业，拿到了多张金融牌照。从企业发展的需求出发，沿着四大金融资产管理公司的人员几乎全部来自金融企业的路径依赖，四家资产管理公司都走上了追求"金融全牌照"的发展之路。如中国华融，自2009年始进行了所谓的转型，实际上就是严重偏离金融不良资产收购和处置的主业，将从政府低成本拿到的长周期资本金以及从历史上处置金融不良资产获得的累积资金投入其并不擅长的其他金融业务中。特别是以赖小民为首的部分国有资产管理公司工作人员，出于私利及能力上的缺失，造成了本应用于金融不良资产收购的大量资金流向了不符合国家信贷政策的行业和企业，形成数千亿元金融不良资产。本应当聚焦于处置金融不良资产的主体，成为了产生金融不良资产的主力军，与国家设立金融资产管理公司的初衷背道而驰。所以，中国正在纠正这种状况，要求国有金融不良资产管理公司回归主业。但是，由于金融不良资产管理公司在处置不良资产，特别是陷入破产困境的金融企业过程中，不可避免地有可能持有金融企业的股权，这时所谓的金融全牌照就可能存在，而金融不良资产管理公司出于自身发展考虑也倾向于成为多个金融企业相互配合的金融控股集团。国家必须牢记设立金融不良资产管理公司的初衷，即国有金融不良资产管理公司是非营利性机构，虽然按照现代公司制进行治理，但并非一般的金融企业，而应当类似于中国和其他国家设立的政策性银行等金融企业。所以对这类国有金融不良资产管理公司不要求其在除金融不良资产处置主业以外做大做强。其可以在处置金融不良资产过程中以债转股的方式持股甚至控股其他类型的金融企业，但是必须限制其持有的期限以及股权的份额，主营业务非金融不良资产处置的企业不能由国有金融不良资产管理公司长期持有和管理，而应当在通过不良资产处置手段清理完毕之后，交由营利性的同类型专业机构进行收购和管理。只有完全禁止或严格限制国有金融资产管理公司进入其他行业特别是其他类型金融行业，才能保障其聚焦主业，发展主业能力，从而能够真正解决国家的金融不良资产问题。就中国的情况来看，限制政策性金融不良资产管理公司进入其他金融领域，首先应当解决同类型政策性金融不良资产管理公司之间的同质化竞争问题。如四大资产管理公司之间除了设立之初脱胎于不同的国有银行外，其他方面几乎没有区别。如果从把这四家国有资产管理公司都定位为非营利性质机构的角度上而言，这四家国有资产管理公司之间的竞争是没有意义的，完全可以通过合并成为一家政策性金融不良资产管理公司来解决这种无效竞争，而代之以设立不同的政策性金融不良资产管理公司分别针对不同类型的金融企业产生的不良资产进行收购和处置。如针对银行业、保险业、证券业、信托业分别设立四家国有金融不良资产管理公司，这些资产管理公司只能收购和处置本行业的金融不良资产，可以由相应行业的保障基金作为出资人，由政府负责金融稳定的部门进行统一管理。这样既符合金融分业经营的要求，也避免了同业竞争，更重要的是可以要求这类政策性金融不良资产管理公司专心从事本行业的金融不良资产收购和处置，不要出于自身商业化发展需求而从事削弱自身处置金融不良资产能力的其他工作。

二、鼓励市场化主体作为政策性主体的补充参与市场竞争

（一）审慎放开关系国计民生类金融不良资产的市场准入

金融不良资产处置的一项重要功能是支持实体经济发展，其中特别是要支持关系国计民生的实体经济发展。而关系国计民生的经济主体，如基础设施、军工、能源、交通和通信信息等行业的企业，也可能成为金融不良资产债务人。如果简单地放开了这类金融不良资产的市场准入，使市场化主体取得了相应债权，就不能禁止市场化主体采取任何合法手段处置这类金融不良资产，从而造成关系国计民生的债务人企业无法继续正常经营，而可能因为债务追索陷入停产停业的境地。政府有责任和义务保障这些企业的持续经营，国有金融不良资产管理公司可以按照政府的要求采取相应不影响这些企业持续经营能力的措施处置金融不良资产，而市场化金融不良资产处置方主体则没有这种责任和义务，其完全以市场化的手段处置这类资产会与政府的本意相背离。所以这类金融不良资产应当由国有金融不良资产管理公司收购和持有，而不应流向市场。另外，对于自然人金融不良资产债务人，在经济周期下行区间可能会形成较大规模的累积，而金融不良资产处置会关系到大量个体债务人的生存问题，这些个体一旦形成群体就是民生问题。所以个人金融不良资产批量转让的受让人资格也应当有所限制，由国有金融不良资产管理公司进行受让，且应当限制金融不良资产管理公司将受让的这类资产批量转让给市场化主体。如果允许上述金融不良资产由市场化金融不良资产管理主体受让，则不能够以牺牲国家信用的方式限制市场化主体追求利润的需求，而应当以法制化的手段明确这类资产的受让条件以及处置方式，让市场化主体对于收购这类资产实现收益的方法以及可能遭受的限制都能够预先得知，这样基于其自身的预知而做出的投资决策就应当由市场化主体自行负责。

（二）在一般性金融不良资产处置领域鼓励市场化主体参与

对于一般性金融不良资产来说，即除关系国计民生等不适宜转让到市场化主体进行处置以外的金融不良资产，不应当设置市场准入的障碍，应当由所有的金融不良资产市场主体平等竞争，尽量防止形成买方对市场的垄断。所以对于被界定为一般性的金融不良资产市场准入应当完全放开，不仅不需要设置国有资产管理公司优先购买的条件，还应当尽量鼓励非国有金融不良资产处置主体参与到该市场当中。特别是在经济周期上行期间，市场供应的金融不良资产比较少，应当约束国有金融不良资产管理公司，尽量将市场份额留给市场化主体，使市场化主

体在经济周期上行期间也能够获得发展。当经济周期进入下行区间时,才能够有数量足够多、规模足够大的市场化主体以协助国有金融不良资产管理公司共同应对庞大的市场供应。中国曾经在鼓励市场化主体参与金融不良资产处置上力度较轻,甚至于很多政策是限制非国有主体参与的,这与广泛运用社会资本处置金融不良资产的国际成功经验是相悖的。所以中国在鼓励市场化主体参与金融不良资产市场方面主要应采取以下措施:

一是改革金融不良资产一级市场牌照发放制度,准予符合条件的主体,特别是国内民营主体,在获得审批后,从事相关金融行业全类型不良资产一级市场的收购和处置。科学制定不良资产一级市场分类准入标准,对关系国计民生的金融不良资产类型进行枚举式规定,未明确列明的都属于一般性金融不良资产,全面放开市场准入,各类市场化主体都可以对这类资产进行收购和处置。这样既可以通过减少中间流转环节,最大限度地发现资产价值、提高处置速率、降低处置成本、减轻实体经济负担,也可以有效地把落后产能行业占据的资源配置到符合国家产业政策的行业中,实现不良资产出售方、不良资产处置方、资源需求方和政府的多方共赢。

二是鼓励市场化主体上市融资。金融不良资产处置行业不仅是技术密集型,更是资本密集型行业。大部分的市场化主体面临的发展瓶颈就是资金。而资本市场是获得低成本资金的良好渠道。金融不良资产是个社会化问题,不仅需要政府出力,也需要全社会共同的力量。而优秀的金融不良资产市场化处置主体,可以通过自身的处置工作,获得相应的投资回报。社会资金在经济周期下行期间,可选择的投资方向是越来越少的,而金融不良资产处置行业是逆经济周期的行业,当经济下行,其他绝大多数行业的收益下降时,金融不良资产处置行业的营利机会反而增大,对资金的需求也越大。鼓励优秀的金融不良资产处置市场化主体上市融资,既解决了处置主体的资金需求,也为社会投资提供了一个优化出口,可以让更多的投资人分享经济周期在财富再分配过程中的收益。

三是鼓励国有主体、民营主体、外资主体组建以收购、处置金融不良资产为目标的混合所有制主体,充分发挥国有主体的政策优势、资本优势、风控优势和市场化主体的效率优势。这种混合所有制主体可以采取基金方式,即由基金管理人发行金融不良资产基金,对接银行、信托、资管计划、财富管理机构,由多种类型市场化主体认购基金份额,通过与具有金融不良资产收购资质的金融不良资产管理公司合作投资,由专业化机构对收购的金融不良资产进行管理和处置,最后向所有投资人进行分配的方式完成基金募投管退的所有环节。如东方前海基金作为基金管理人,通过募集基金并以其母公司中国东方资产管理股份有限公司为金融不良资产受让人,收购不良资产后交由基金的劣后级投资人以及资产处置服务商上海文盛资产管理股份有限公司进行处置,从 2014 年至今收购了数百亿元本金的金融不良资产,且都为基金投资人获得了较好的投资回报。其具体架构如图 6-1 所示。

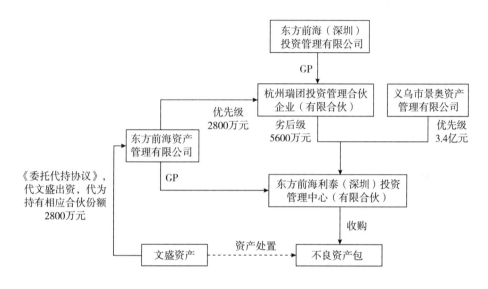

图 6-1　不良资产处置基金架构

另外,也可以采取信托计划的方式。① 其具体架构如图 6-2 所示。

还可以借鉴公共基础设施项目融资中的 PPP（Public-Private-Partnership）,即公私合作模式,鼓励民营资本、外资机构与政府进行合作,由国有资产管理公司对关系国计民生的金融不良资产进行收购和处置。而资金来源则根据国有资产管理公司与民营资本和外资机构的协议,由市场化主体来投入,待处置完毕后,按照协议向市场化主体支付投资回报。

图 6-3 是笔者对本轮金融不良资产周期下,政策性主体与市场化主体在中国金融不良资产当前和未来环境中,应当如何进行分工与合作的设想。

---

①　如中国国内首个民营资本介入不良资产处置的集合信托计划是 2016 年由国民信托发行的,信托公司作为受托人,江苏成安基金作为最终的处置角色,通过设立合伙企业用以受让国有资产管理公司的资产包。

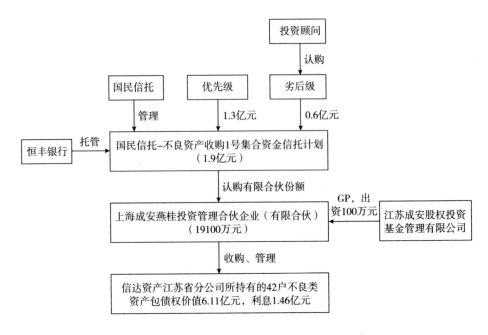

图6-2 不良资产处置信托计划架构

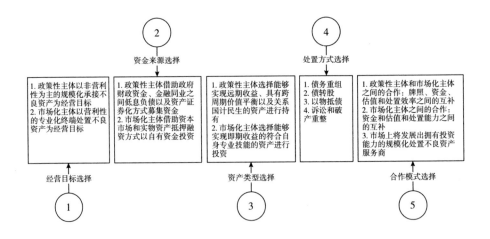

图6-3 行业主体经营模式的选择

三、以监管标准引导市场需求导向

金融不良资产市场化程度的另一个重要指标是金融企业作为产品供给方是否以市场的需求为导向提供产品。在市场化程度比较低的国家，金融企业对于通过资产转让把金融不良资产从体内转移的需求并不大，并且在根据监管要求进行转让时，转让价格是否符合资产价值的敏感性也不高。所以其提供给市场的产品往往是从其自身需求出发，而基本不考虑市场的接受程度。中国曾经就是这种状况，由于受让金融不良资产的主体都是国有的，其非营利性决定了对于金融企业提供的产品也不需要判断是否符合其投资偏好。所以金融企业进行资产转让时只是根据自身的便利，如在每年度结束前组包转让，留给资产受让方进行尽职调查判断资产价值的时间非常短且集中；又如基本上以省为单位进行组包，因为卖方组织者基本是省分行，买方的分支机构只在省级设立了分公司。这种完全不考虑市场化主体投资偏好和需求的方式是不能适应金融不良资产市场发展的，不利于发挥市场化主体在金融不良资产处置工作中的功效。所以一个成熟的金融不良资产市场，其监管机构应把处置金融不良资产速率和效率，以及通过金融不良资产处置盘活存量资金用于支持实体经济的情况作为考核指标，引导商业银行和其他金融企业以市场需求为导向设计和提供不良资产产品，将金融不良资产真正从自身体系中处置出去。

（一）优先采取大规模组包方式批量转让金融不良资产

在各国的经验中，需要大规模迅速处置金融不良资产的时候，规模化组包进行资产转让是效率最高的处置手段。因为在经济周期下行期间，大量累积的金融不良资产往往是以万亿元为单位的，要将这么大规模的金融不良资产快速处置，无论是靠金融企业自身的力量或者是其他分散处置的方式，都无法奏效。只有大规模将金融不良资产组合成资产包进行出售才是首选。金融不良资产供给方不选择该方式的原因主要有以下两个方面：一是"惜售心理"，觉得资产在自己的体内还有希望实现预期收益，即认为"不良资产"是"优良资产"，不舍得卖掉；二是"鸵鸟心理"，不愿意或者不能够接受损失的显性化，因为批量转让金融不良资产的价格一定是小于资产的账面价值的，一旦出售就形成了确定的损失。有些金融机构不愿意看到这种损失显现出来，特别是不愿意在管理层自身当政期间显现出来，所以采取掩饰的办法留在体内。有些金融机构无法承受这种损失，一旦显现就可能对自身产生毁灭性的影响，最严重的就是金融机构破产，所以这类机构不得不掩饰金融不良资产。但正如前文所述，金融不良资产得不到迅速处置，在金融机构体内大量累积，可能形成金融系统性风险。而将金融不良资产通过转让配置到处置效率更高的主体中去，特别是在经济周期下行区间内，一方面是拆了金融系统性风险的"雷"，另一方面也能够让专业化的处置主体实现金融不良资产的真实价值。

（二）按照行业、区域组包

金融不良资产买方一般关注两个方面：第一，组包的资产在行业上是否具有相关性，自身是否具备处置该行业金融不良资产的能力；第二，组包资产所分布的区域是不是在自身具备处置能力和处置经验的区域。因为金融不良资产处置的本地化因素是非常重要的，很少有处置机构具有跨区域处置的能力和经验。资产包越符合买受人关于行业和区域的偏好，就越有可能以最贴近于市场价值的价格快速出售。同时，这类买受人对于终端处置这些金融不良资产也是最有优势的，更能充分发挥金融不良资产处置的功能。所以在金融企业准备处置自身不良资产的时候，充分了解市场上不良资产买方的投资偏好是十分重要的。在充分市场调研和前期磋商的基础上，向市场提供最符合投资者偏好的金融不良资产产品，向潜在的投资人详细介绍金融企业已经掌握的全部资产信息，并且给相应投资主体留出充分的时间对资产进行尽职调查，才有可能将自身的不良资产出售给最能实现资产价值的投资人，而金融企业也可以最快速度地以市场能够给出的最高价格将不良资产予以转让。

（三）给投资人提供分期付款和配套融资等金融支持

如果说按照行业和区域组包，是满足金融不良资产处置技术密集的需求，那么为资金不足的市场化投资人提供分期付款、配套融资等金融支持，就属于解决具备金融不良资产处置技术的主体资金缺乏的痛点。对于有意向规模化收购金融不良资产的非国有投资人而言，自有资金永远满足不了市场上金融企业快速处置不良资产的需求。而通过融资收购不良资产，一是成本较高，最终需要通过价格磋商转嫁给不良资产的卖方；二是通过负债的方式收购不良资产，就是将金融企业的风险转移到不良资产买受方，其承受风险是需要对价的，而这种对价最终也是通过价格磋商由不良资产卖方承担了。而作为金融不良资产供给方的金融企业，一方面本身应承担不良资产带来的风险，另一方面恰恰具备资金优势。所以通过分期付款和配套融资给具备金融不良资产处置技术的市场化主体，鼓励其参与更大规模的金融不良资产包交易，既有利于金融企业快速出清自身累积的金融不良资产，同时也培育了金融不良资产处置行业，并且解决了金融机构自身资金投放的需求。

（四）提供金融不良资产证券化产品

由金融企业将自身金融不良资产以证券化的方式吸纳社会资本分担金融风险，并将金融不良资产交给更加专业的机构进行处置。它是对金融不良资产处置方式的一种创新。与传统的金融不良资产处置方式相比，其创新在于突破了金融企业处置不良资产的两难：要么将资产留在体内，从而忍受风险不断累积的危险以及大量资金无法用于放贷的损失；要么将资产卖断，接受买方提出的价格来确定自身的经营损失。

金融不良资产证券化作为多数国家金融机构低成本融资以及金融不良资产快速处置的重要工具，其优势主要表现在：

首先，实现金融不良资产风险与金融企业的隔离，由于进行了资产证券化，金融不良资产的持有人从原金融企业转化成了证券投资人。所有权转移风险也随之转移。这时金融企业因不良资产遭受的损失通过证券化产品的交易确定化了。

其次，金融不良资产证券化增加了金融企业的资金流动性。金融企业①如果因为流动性不足而引发挤兑是非常危险的。金融不良资产证券化可以为金融企业提供充裕的现金流以应对因金融不良资产而造成的流动性不足问题。

最后，金融不良资产证券化有利于金融企业资产价值的真实体现。资产证券化时，金融企业通过引入市场竞争与定价机制，获得了一次资产价值实现。其后，金融企业可以通过资产处置服务费以及投资证券化产品劣后级两种方式获得二次资产价值实现。资产证券化第一次价格磋商时，金融企业作为资产持有方与投资人在资产价值方面存在信息的不对称，而快速处置的时间限制使得双方难以通过信息对称的方式实现资产的真实价值。作为资产持有方的金融企业，是最接近资产价值信息真相的一方，其可以通过由证券化产品投资人反委托金融企业继续处置，以取得基础处置服务费和超额激励服务费的方式获得处置金融不良资产所得高于投资人成本和固定收益部分的资产价值；也可以通过购买证券化产品中劣后份额的方式，委托更加专业的服务商对金融不良资产进行处置，金融企业作为劣后投资人对服务商的处置工作进行有效监督，从而获得处置金融不良资产所得高于优先级投资人成本和固定收益部分的资产价值。

金融不良资产证券化在实施过程中要注意以下三个方面的问题，以保障该制度真正起到应有的作用：第一，完善金融不良资产证券化的相关制度和具体政策。如入池金融不良资产价值评估、定价过程、参与者的资格和权利义务、处置服务商的选定等都需要有具体的法律法规细则保障。一方面不允许出现非真实出表的现象，即金融不良资产风险仍然留在金融企业体内的情况，另一方面也不应当出现金融企业利益严重受损的情况。第二，确保信用评级的真实性以及虚假评级的责任承担。信用评级机构对于入池金融不良资产的等级评定，是证券化产品

---

① 金融企业的行业经营特点是资产负债率高，其主要资金来源为吸收公众存款，大多为活期或短期存款。

投资者了解收回本金和获取收益可能性的主要渠道。金融不良资产的非标准性，使得对信用评级机构的要求更高。应当致力于对该类信用评级机构的监管，由其对评级的真实性负责，防止出现本身是解决信用修复问题的金融不良资产证券化产品二次沦为金融不良资产。第三，建立包容统一的金融不良资产证券化产品资本市场。证券化产品的特征即具有流动性，但金融不良资产证券化产品由于其非标准性，造成了相对于其他类型证券化产品的流动性较弱，需要政府引导建立包容且统一的资本市场交易规则。只有建立了包容性强、统一有序的资本市场体系，才能够保障金融不良资产证券化产品的流动性，从而使金融企业利用资产证券化手段实现大规模高效率金融不良资产处置成为可能。

（五）建立金融不良资产交易专门市场

金融不良资产作为一个特殊且十分重要的金融产品，其交易要实现政府主导和市场化并重，需要建立由政府监管的专门市场。专门市场可以通过特定化的规则设定实现金融不良资产在市场内的优化配置。金融企业以及金融不良资产管理公司作为卖方借助专门交易市场挂牌转让不良资产。可以发挥专门市场公开、公平、公正的规范化交易优势，与各类金融不良资产的需求方进行充分价格磋商，为不良资产处置打造了一个公开透明的交易渠道，既提升不良资产的受让率，进一步保证金融企业和投资人的利益，也有利于监管机构通过执法确保金融不良资产交易的合规性。金融不良资产交易专门市场，应具备以下几个方面的元素：

第一，充分的信息披露。金融不良资产的特征之一是其非标准化，与一般标准化产品不同，由于信息掌握的程度不同，市场上的卖家以及不同的买家对于资产价值的判断也是不同的。所以金融不良资产市场上最大的难题就是估值和定价。金融不良资产市场难以形成标准化的价格磋商机制，一般需要通过卖方与买方分别磋商，形成一定价格共识之后再通过公开竞价的方式确定最终的交易对象。而买卖双方的价格磋商以及最终买方的报价都基于买方对卖方披露金融不良资产信息的尽职调查。金融不良资产交易的特殊之处在于资产卖方一般不对出售资产的合法性和权利可实现性承担瑕疵担保责任，且在交易过程中就明示了此条件。买方要认可金融不良资产属于瑕疵资产，是否能够实现投资预期完全基于自身对卖方披露资产信息以及自身通过调查获取信息的判断。所以卖方应该也能够为其披露资产信息的真实性负责，而买方也必须基于这些信息的真实性来判断资产价值并进行报价。所以，金融不良资产市场要形成，必须建立有效的信息披露制度，使金融不良资产交易的各方主体能够获取到进行价格磋商的必备信息资料。这些必备信息资料主要包括表6-1的内容。

表 6-1 信息披露事项与内容

披露事项	具体内容
交易主体	卖方基本情况介绍、适格受让人范围或名单、中介机构情况介绍、处置服务商情况介绍
交易客体	债务人的主体情况介绍、资产账面价值（债权本金以及截至基准日的利息等从权利）、担保措施以及对应资产情况、资产的法律状况、中介机构的价值评估报告和法律意见书、资产风险提示等
交易规则	相关概念的定义、交易各方的基本权利与义务、金融不良资产免责条款、违约触发条件及解决机制、价格形成方式和确定交易双方的方式、专门市场收取的交易费用、中介机构收费标准、服务商处置不良资产的收费标准、信息适用范围和保密规定

第二，足够数量的交易主体。金融不良资产的规模足够大，但要形成统一的专门市场，需要买卖双方的数量都足够大。一方面，监管机构要引导金融企业将自身的不良资产提供到专门市场上。这可以通过监管手段要求所有金融企业将产生的不良资产全部公示到市场平台进行招商，也可以通过设置一些有利于金融企业的规则吸引金融企业将不良资产都放到市场平台进行展示。如可以通过立法规定，将不良资产的基本信息公示于市场平台可以起到催收债权的效果，只要该不良资产的信息可以在平台上被查询到，就具有中断诉讼时效的效力。另一方面，由于金融不良资产信息本身具有商业价值，且金融不良资产买方应当具有一定资质，所以对于金融不良资产的适格受让人范围应当有所限定。只有经过相关资质认可且经过市场认证的主体，才有资格获取相应不良资产的信息资料，且这种获取可以设定一些收费标准，以维持市场运转。同时，如前文所述，应当尽量放宽一般性金融不良资产的市场准入，吸引更多的市场化主体进入金融不良资产市场进行投资。

第三，竞价以公开为原则，非公开为例外。公开是最好的防腐剂和试金石。金融不良资产交易中存在买卖双方串通压低价格以及抬高价格掩盖不良资产损失的违法违规行为。而信息的不透明，是金融不良资产价值不能得到真实体现的主要原因。公开竞价可以有效地解决这两个方面的问题。但是，金融不良资产处置并非价高者得就是金融企业和社会利益最大化的唯一方式。金融不良资产处置的其他功能有赖于特定主体持有和处置才能体现，在这种情况下，就可以排除公开竞价的规则，而采取定向磋商的方式确定交易价格。

第四，以全国性线上交易市场平台为主，专业性区域化线下交易平台为补充。金融不良资产的性质属于无形财产权，其交易和交付都是通过规则和协约实现的。以目前的互联网技术手段，所有交易环节都可以在线上完成。相较于传统的线下实体交易所方式，线上交易优势明显。首先，相对于实体交易所，在线交易平台将海量金融不良资产信息有效导入金融不良资产市场，有效解决了信息不对称和传播成本问题，降低了买卖双方的信息交换成本，吸引更多潜在投资人。其次，在线交易平台具有公开透明的特征，可以有效避免线下交易存在的道德风险。而且，线上交易平台可以运用大数据等科技手段，对交易价格趋势、交易主体偏好等进行研判，为监管层决策提供数据支持，为金融企业实现精准营销，为金融不良资产买受人筛选最合适的资产，促进金融不良资产市场的健康发展。最后，线上交易平台的优化更新速度优于实体交易所，可以根据市场需求引入更多的服务内容，如第三方尽职调查服务、资产评级、买方融资服务、金融不良资产第三方处置服务等。通过拓展各类金融不良资产收购和处置主体，最终充分对接各类社会资本，形成多层次主体的充分竞争，提高社会整体处置金融不良资产效率。所以，一般性金融不良资产由于交易对象的市场化，应当利用互联网技术建立全国性甚至是面向世界的金融不良资产及其证券化产品网络交易平台。部分特定金融不良资产由于其特殊性，不适合在线上面向公众进行交易，可以交由专业性、区域化的实体交易所等平台进行交易。如关系国计民生的国有金融不良资产，由于其收购和处置主体的特定性，可以交由国有产权交易所按照其规则进行交易。这样也有利于监管部门有针对性地制定政策，以防范和控制这类金融不良资产流向市场而产生的风险。

第三节　完善金融不良资产处置法律体系

金融不良资产处置是系统性工程，其长期存在的特点决定了其相关的政策措施也需要一以贯之，而只有法律是相对稳定和体系统一的。完善而统一的法律体系是金融不良资产处置顺利进行的重要因素之一，同时也为金融不良资产相关行为监管提供了必要的依据。通过建立完善的金融不良资产处置法律制度体现政府的主导性是法制化国家干预金融不良资产处置活动的主要方式。因为法律的指引作用，可以通过法律的明确规定指引金融不良资产的各个相关主体，如金融企业、债务人、金融不良资产监管主体、金融不良资产处置主体等按照规定的行为要求进行相关金融不良资产处置行为，而法律的规定恰恰体现了政府的意图。法律的评价作用，可以使金融不良资产相关方确定哪些金融资产符合金融不良资产的标准，以及哪些行为应当被金融不良资产监管机构评判为不当行为而加以规制。法律的预测作用，可以使理性人都可以判断自身行为在金融不良资产相关规定中应当承担的后果，从而趋利避害。法律的教育作用，可以用遭受法律制裁的案例教育其他金融不良资产相关主体依法合规地进行金融不良资产处置。法律的强制作用，则使所有的金融不良资产相关主体，都必须按照政府的指引为一定行为，否则将遭受法律的处罚。世界各国都在历史上不断根据自身的经济发展情况制定各自的金融不良资产专项法律规定。① 中国的金融不良资产处置法律制度② 尚不完善，要发挥政府在金融不良资产处置中的主导作用，在法律制度方面需要从以下两个方面着手：

一、形成金融不良资产处置法律体系

（一）制定《特殊金融资产处置法》

建议中国借鉴国外的金融不良资产立法经验，改变以往在金融不良资产处置方面专项法律规定层级较低且不统一的情况，代之以制定《特殊金融资产处置法》，将执政党和政府在金融不良资产处置方面的方针和政策以立法的方式表现出来并加以落实。新的立法可以将金融不良资产定义扩展至特殊金融资产，原因在第一章中已经论述。原法律规定中金融不良资产定义范围比较狭窄，建议通过立法的形式将调整范围界定为特殊金融资产，包括陷入困境的金融企业持有的资产以及金融企业持有的不能实现预期收益的资产。通过设定具体标准明确哪些类型的金融资产可以被认定为特殊金融资产，从而用相关手段予以处置。③ 建议一并将之纳入特殊资产的供给侧进行规制，根据各类主体的性质和情况，制定符合实际情况的处置审批权限和规则。既不能因噎废食，害怕国有资产流失而将金融不良资产留存在金融体系之内不断累积，也不能一放了之，对金融机构处置特殊资产予以事前规范、事中监管、事后检查是十分必要的。

---

① 如美国颁布的《金融机构改革、复兴与实施法案》，在撤销联邦储贷保险公司的同时，通过设立重组托管公司，负责管理和销售破产金融机构的资产。日本颁布的《金融再生法》和《尽早健全金融企业机能紧急措施法案》，对处置金融不良资产保护金融企业予以规定。欧洲央行通过发布《银行不良贷款的指引草案》，明确具有高额不良贷款的银行如何根据实际情况制定处置时限、方案选择等战略目标，并就贷款逾期、不良贷款的认定和处理、不动产抵押品价值确定等事项进行了详细规定。韩国颁布《金融机构不良资产有效管理及有关韩国资产管理公社的设立法》，对金融不良资产的管理以及金融不良资产处置机构的治理结构、经营目标及职责权限等作出明确规定。

② 中国现有的专项法律包括《金融资产管理公司条例》和最高人民法院法释〔2001〕12号《关于审理涉及金融资产管理公司收购、管理、处置国有银行不良贷款形成的资产的案件适用法律若干问题的规定》等行政规章和司法解释。

③ 可能产生金融不良资产的机构主要包括银行业存款类金融机构、银行业非存款类金融机构、证券业金融机构、保险业金融机构、交易及结算类金融机构、金融控股公司以及新兴金融机构。

（二）围绕基本法制定相关下位法

建议中国通过全国人大及其常委会进行立法，或委托国务院以行政法规的形式进行立法。在基本法领衔下制定相关下位法，以形成金融不良资产处置的法律体系。将目前已经考虑到的涉及特殊金融资产处置的问题以立法的方式予以确定，改变该领域立法问题司法化的情况。在有法可依的基础上，确定司法机关只能在法律适用问题上进行司法解释。提高法律的确定性和权威性，使社会主体能够准确地通过法律对自身行为可能产生的法律效果进行预测，以法律指引金融不良资产相关主体的行为符合党和国家的方针政策。

1. 以枚举式加开放性条款对金融不良资产处置方式予以明确

目前中国金融不良资产处置方式主要包括：核销、诉讼追偿、债务重组、资产转让、资产证券化、收益权转让、债转股等。有必要对上述各种处置方式的适用范围和适用条件予以明确，使金融机构可以根据明确的标准选择最有效的方式处置不良资产。以开放性条款的方式鼓励金融机构不断创新，探索新型的金融不良资产处置方式，特别是借鉴美国处置金融不良资产中的经济适用房方案，解决中国目前存在的大量金融不良资产对应的抵押资产为闲置的房产和土地，与城市化过程中解决低收入人群的住房困难之间的矛盾。

2. 规定逃废债等金融违法行为的惩处标准

债务人逃废金融债权，不仅损害了储户等资金所有权人的权益，也损害了金融体系的安全，更为严重的是损害了诚信的市场环境。金融企业中的工作人员不按照规定处置金融不良资产，而是与买受人串通，将不良资产贱价出售，或者与不良资产债务人串通，以不良资产处置的方式帮助债务人逃废债，其行为直接损害的是金融机构自身的利益，也实际损害了全体储户的利益。立法时，应当考虑对金融不良资产相关的违法行为予以严厉惩处，制定有利于债权人追偿的规则，如以报纸公告等便捷的方式维护诉讼时效，以降低诉讼费率和简便诉讼程序等方式鼓励债权人运用法律手段主张权利，制定更为有效的规则对逃废债主体予以惩罚。如通过在特定前提下举证责任倒置的方式要求金融不良资产纠纷案件中的被告对于贷款用途和流向、没有发生财产混同、无力偿债是经营亏损等问题承担举证不能的不利后果。对于金融机构工作人员玩忽职守以及违规处置金融不良资产的行为制定更为严厉的处罚标准，同时确立金融不良资产处置必须公开的原则。

3. 建立金融不良资产监管法律制度

近年来，金融不良资产处置中出现了一些市场乱象。如金融不良资产供给方仅从自身短期利益考虑，对于风险尚未完全暴露的不良资产有以各种不合规手段加以掩盖，造成数据失真的风险；又如国有金融不良资产管理公司偏离主业。中国的四大资产管理公司通过十余年的累积，逐步积累了大量资本，同时基本实现了"金融全牌照"，在一段时间内为了自身规模和利润增长，大量从事非金融不良资产处置的其他金融业务，不仅有害于国有四大资产管理公司聚焦主业的能力，而且由于其他金融业务产生了数千亿元规模的"内生不良"，扩大了金融不良资产的总体规模。省级地方资产管理公司由于处置经验缺乏、收购范围受限、处置手段受限，绝大部分地方资产管理公司有政府、国资和四大资产公司背景，与四大资产公司同质化程度较高，市场化程度不够。很多地方资产管理公司没有从事金融不良资产处置工作，而是将一些非金融不良资产"包装"成金融不良资产，实际仍然是从事不具备资质的金融业务，不仅没有释放金融风险，反而加剧了金融风险的累积。针对上述情况，有必要通过建立金融不良资产监管法律制度促使金融监管机构在金融不良资产领域规范监管。

4. 金融不良资产处置主体行为的规范化

按照法律的精神制定金融不良资产处置方案，确保处置过程的合法性①，是对金融不良资产处置主体的要求。处置主体为了实现其利益的最大优化，往往都会通过各种规范以及有利于操作的法制原则和法律细则来约束与指导处置方案的制定与实施，并且确保整个过程的合法性。如金融不良资产转让，买卖双方的行为必须合法。具体表现在：一是必须签订金融不良资产转让协议或合同。二是买卖双方主体必须适格，特别是买方需要具有法律认可的受让人资格。三是双方签订的协议内容应当符合金融不良资产相关法律规定，符合国家处置金融不良资产的有关政策方针。只有处置主体都严格按照法律的规定制定金融不良资产处置方案并予以实施，才能体现政府主导的意图，否则所有的法律规定和政府指导都只是一纸空文。

二、做好金融不良资产处置法律体系与其他法律的衔接

《合同法》《物权法》《破产法》《民事诉讼法》《刑法》等现行法律中很多方面的内容是与金融不良资产处置相关的，并不需要通过特别立法来进行规制。如《合同法》中关于债权转让的相关规定解决了金融不良债权从金融企业流转到其他金融不良资产处置主体去的问题，也解决了金融不良资产债务人应当如何向债权人承担还款责任和违约责任的问题。《物权法》解决了抵押物权对主债权的保障问题。《破产法》解决了金融不良资产处置中破产清算分配和破产重整等

---

① 马海松. 法律视角中的不良资产处置［J］. 金融理论与实践，2006（2）：87-88.

问题。国外运用破产手段解决金融不良资产问题早于中国①，中国的《破产法》需要在金融不良资产处置中发挥更大的优势，有必要从优化破产重整的规定以解决困境实体企业的重生问题、修改税款在破产清算程序中的受偿顺序以保护金融债权人问题、增设金融企业破产特别规定使金融企业的破产和资产管理更加具有可操作性问题这三个方面进行修改，从而提高金融不良资产的处置效率。

本章小结

　　本章主要基于前文对中国、美国以及日本金融不良资产处置的历史经验与教训，提出了在未来世界经济周期环境下，各国应当采取何种策略处置金融不良资产，特别是对中国金融不良资产处置改革与发展方面提出了一些具体的策略设想。这些策略设想主要从两个大方向展开：

　　第一，以平抑经济周期波动为核心确立金融不良资产处置的功能定位。本书的核心观点即金融不良资产处置并非仅仅是个金融问题，更是一个关系经济全局的问题。其处置效果不仅要看对金融企业的作用，更要看其是否能够通过平抑经济周期波动来促进经济健康发展。所以围绕金融不良资产处置在平抑经济周期波动的四个方面进行功能定位，分别提出了具体的策略选择。从化解金融风险的角度来看，金融不良资产处置的第一要素就是速度，只有快速地将不良资产从金融体系中移除出去才能化解金融风险的累积，从而防止出现经济危机这一金融系统性风险的极端情况。从减轻实体经济债务负担的角度来看，金融不良资产处置通过债务重组，使具有经营价值的实体企业卸下债务包袱，得以继续经营，减轻了实体经济受债务危机的冲击，使经济发展相对平稳。从优化社会资源配置的角度来看，金融不良资产可以通过破产、司法拍卖等手段，将低效率主体占有的社会经济资源释放出来，配置到效率更高的主体中去，使整个社会在结构化转型中减少因摩擦遭受的发展限制。从构建诚信市场环境角度来看，金融不良资产处置通过惩戒失信债务人，净化了市场环境，使经济在更健康的市场环境中得以发展。

　　第二，构建政府主导和市场化并重的金融不良资产处置机制。政府主导首先

---

　　① 如美国1978年破产法规定，由破产财产托管人清理破产公司的资产，通过拍卖获得资金分配给全体债权人。被申请重整的公司在重整程序中仍可照常运营，但公司重大经营决策需要得到破产法庭批准。欧盟《关于预防性重构框架、提高重构破产和清算程序效率的措施及修改指令的建议》从法律角度明确了预防性重组框架的核心要素和降低企业债务进行清算的条件。通过制定单一市场策略，消除成员国之间企业在重组和破产制度上的差异。

是通过立法将其意志体现出来，而不能采取过度行政干预的方式解决金融不良资产问题。立法、司法、行政相统一，才能保障政府的政策意图一以贯之地在金融不良资产市场中发挥效用。政府主导的另一个方面是成立政策性金融不良资产管理公司作为金融不良资产行业的主力军，实现金融不良资产处置的非营利性公共政策目标。市场化主要体现在处置不关系国计民生的一般性金融不良资产上，应当放宽这类资产的一级市场准入，鼓励各类市场化主体积极参与金融不良资产收购和处置。政府应当通过监管引导金融企业向不良资产专门市场提供符合投资人需求的产品来吸引更多的社会资本和力量通过投资和处置金融不良资产获得收益，这样才能在经济周期下行期间，辅助政策性金融不良资产管理公司消化大规模的金融不良资产，实现政府通过金融不良资产处置平抑经济周期波动的政策目标。

第七章　结论与展望

第一节　结论

世界经济从第一次工业革命完成至今，发展已历近两百年，其间经历了四个长经济周期，目前正在向第五个经济周期过渡。在当前世界经济周期处于从衰退期向萧条期下行的区间内，金融不良资产处置对于世界各国而言都是一个需要认真对待并有效解决的问题。中国正在经历从世界 GDP 总量第二向第一迈进的过程中，虽然经济前景优于世界上其他大国，但在经济转型升级、经济结构调整、经济增速放缓的多重压力下，如何处置好当前日益累积的巨量金融不良资产，也是中国政府需要采取有效措施予以解决的。对于市场化比较充分的国家而言，要特别重视政府在经济下行区间处置金融不良资产的主导作用；而对于传统上政府参与经济和金融比较深的国家而言，无论经济周期处于何种区间内，都要强调市场化对于政府主导处置金融不良资产的补充，甚至在经济上行、金融不良资产不严重的情况下，要更加重视鼓励和引导市场化主体参与金融不良资产收购和处置，通过对金融不良资产行业市场规则的法制化，保持对市场化处置金融不良资产的政策一致性。对于中国这样传统上政府主导金融不良资产处置的经济体而言，需要根据金融不良资产市场已发生根本性变化的背景，将金融不良资产处置的功能定位调整为化解金融风险、减轻债务负担、优化资源配置、构建诚信环境，从平抑经济周期波动这个宏观经济问题上进行金融不良资产处置的政策选择。在借鉴国际先进经验并吸取失败教训的基础上，结合中国实际情况，在中国坚持政府主导的成功经验基础上，对金融不良资产处置政策和规则进行如下调整：全面深化金融不良资产市场化改革。具体包括：平等保护国有和民营金融企业和金融不良资产债务人的权利；打破国有金融不良资产公司的垄断竞争，全面放开一般性金融不良资产市场准入；充分利用资本市场以投行手段消化金融体系累积的金融不良资产风险；以监管规则引导金融不良资产产品供给市场化；建立金融不良资产交易专门市场；等等。在此基础上，建议立法、司法、行政机关梳理、完善以往涉及金融不良资产处置的具体市场配套政策。同时，严格执行惩戒失信债务人的法律法规，构建诚信守约的信贷市场环境。

第二节　展望

不管是传统的金融抑或是现代的金融，只要有金融活动的存在，不良资产就不会消失。从世界各国处置金融不良资产的历史经验来看，随着经济的发展，无论周期处于何种区间内，金融不良资产问题始终存在，只有问题的严重程度和金融不良资产数量多寡的区分。而运用良好的金融不良资产处置方法，是防范和化解金融不良资产风险、促使经济健康发展的重要措施。好的金融不良资产处置方法，既要由政府运用直接手段化解风险，也要由政府实施好的政策，引导市场主体运用整个社会资源共同解决金融不良资产问题。金融不良资产处置实质上是政府主导和市场化并重的，在不同的经济周期阶段，要始终坚持这一原则，明确政府和市场各自的职责和任务，一以贯之，才能够在跌宕起伏的经济周期中保持经济趋势持续向上发展。

对于中国而言，随着外资和国内民间资本越来越关注中国的金融不良资产处置问题，也有越来越多有能力的机构参与到中国金融不良资产处置行业中。这将会使中国的金融不良资产市场更加活跃，有助于提升中国金融不良资产处置的速率和效率，许多困扰中国金融不良资产市场的问题有望通过市场化的手段得以解决。展望未来，中国的金融不良资产处置的司法环境和诚信环境将会逐步提高；税收、准入门槛等行政方面的制约因素会越来越少；中国金融不良资产处置行业的理念将越来越先进，处置能力将不断提升。随着金融不良资产行业处置容量和效率的增加，中国经济发展中累积的金融风险将逐步得以化解，从而熨平经济周期波动带来的负面影响，将经济要素资源进行不断优化配置，推动经济趋势稳步向上健康发展。在中国金融不良资产处置行业的不远未来，有可能在金融分业经营的基础上，由每个金融行业的保障基金设立一家也是行业内唯一一家全国性国有金融不良资产管理公司，作为常设的政策性金融不良资产处置机构。各省级或经济体量足够大的地方政府出资，在本行政区划内设立一家也是唯一一家地方性国有金融不良资产管理公司。这类国有金融不良资产管理公司，将单纯地按照政府公共性经济政策目标，收购和处置市场主体无法承受的金融不良资产。利用政府提供的财政资金和募集到的中长期社会资金，提高自身跨周期处置金融不良资产的能力。同时中国将大力发展市场化金融不良资产处置主体，作为国有金融不良资产处置主体的补充。通过提升市场化主体的金融不良资产处置效率，扩大自身收购和处置规模，最终在国内市场形成在经济周期上行期间市场化主体为主，在经济周期下行期间作为国有主体补充的，政府主导和市场化并重的平衡型金融不良资产行业格局。而作为即将成为世界第一大经济体的中国的金融不良资产处置主体，在解决国内问题的前提下，要学习国际成功的金融不良资产投资和处置经验，以市场化手段参与到世界经济周期的大环境中去，通过收购和处置他国金融不良资产，在实现企业自身发展的同时，促进世界经济的平稳健康发展。

参考文献

英文著作

Federal Deposit Insurance Corporation. Managing the Crisis: The FDIC and RTC Experience 1980 – 1994 ［M］. Washington: Federal Deposit Insurance Corporation, 1998.

英文期刊/报告

［1］Ameni Tarchouna, Bilel Jarraya, Abdelfettah Bouri. Shadow Prices of Non‐Performing Loans and the Global Financial Crisis: Empirical Evidence from US Commercial Banks ［J］. The Journal of Risk Finance, 2019, 20 (5) .

［2］Andrea Miglionico. Restructuring Non‐Performing Loans for Bank Recovery: Private Workouts and Securitisation Mechanisms ［J］. European Company and Financial Law Review, 2019, 16 (6) .

［3］Anju Goswami. Non‐Performing Assets in the Indian Banking Industry: Evolution, Policy Narratives, and a Way Forward ［J］. Asian Journal of Research in Banking and Finance, 2019, 9 (12) .

［4］Bernanke B. , Gertler M. The Financial Accelerator in a Quantitative Business Cycle Framework ［R］. NBER Working Papers, 1998.

［5］Bishnu Prasad Bhattarai. Effects of Non‐Performing Loan on Profitability of Commercial Banks in Nepal ［J］. European Business & Management, 2020, 6 (6) .

［6］Borio C. The Financial Cycle and Macroeconomics: What Have We Learnt? ［J］. Journal of Banking & Finance, 2014 (8) .

［7］Brave S. A. , Butters R. Monitoring Financial Stability: A Financial Conditions Index Approach ［J］. Economic Perspectives, 2011 (1) .

[8] Caprio, Gerard, Daniela Klingebiel. Episodes of Systemic and Borderline Financial Crises [R]. Financial Sector Policy and Strategy Group, World Bank, Washington D. C., 2002.

[9] Cerutti E., Claessens S., Rose A. K. How Important Is the Global Financial Cycle? Evidence from Capital Flows [R]. NBER Working Paper, 2017.

[10] Changjun Zheng, Probir Kumar Bhowmik, Niluthpaul Sarker. Industry-Specific and Macroeconomic Determinants of Non-Performing Loans: A Comparative Analysis of ARDL and VECM [J]. Sustainability, 2019, 12 (1).

[11] Claessens S., Kose M. A., Terrones M. E. Financial Cycles: What? How? When? [R]. IMF Working Papers, 2011.

[12] Claessens S., Kose M. A., Terrones M. E. How Do Business and Financial Cycles Interact? [J]. Journal of International Economics, 2012 (1).

[13] Coimbra N., Hélène Rey. Financial Cycles with Heterogeneous Intermediaries [R]. NBER Working Paper, 2017.

[14] Corporate Governance Practices and Non-Performing Loans of Banking Sector of Bangladesh: A Panel Data Analysis [J]. International Journal of Accounting and Financial Reporting, 2019, 9 (2).

[15] Drehmann M., Borio C. E. V., Tsatsaronis K. Characterising the Financial Cycle: Don't Lose Sight of the Medium Term! [R]. BIS Working Papers, 2012.

[16] Dziobeck, Claudia, Ceyla Pazarbasioglu. Lessons from System Bank Restructuring: A Survey of 24 Countries [R]. International Monetary Fund Working Paper, Washington, D. C., 1997.

[17] Eleonora Broccardo, Maria Mazzuca. New Development: Can "public" Market-Based Solutions Restore the Banking System? The Case of Non-Performing Loans (NPLs) [J]. Public Money & Management, 2017 (7).

[18] International Monetary Fund. Financial Sector Crisis and Restructuring: Lessons from Asia [J]. Washington, D. C., 1999 (9).

[19] Islam F. Non-Performing Loans and Its Impact on Profitability: An Empirical Study on State Owned Commercial Banks in Bangladesh [J]. Journal of Advances in Economics and Finance, 2019, 4 (4).

[20] Jennifer Betz, Steffen Krüger, Ralf Kellner, Daniel Rösch. Macroeconomic Effects and Frailties in the Resolution of Non-Performing loans [J]. Journal of Bank-

ing and Finance, 2017.

［21］Kawai, Masahiro. A Comparative Study of Financial and Corporate Sector Restructuring in East Asia ［J］. World Bank, Washington, D. C. , 1999.

［22］Kenourgios D. , Samitas A. , Paltalidis N. Financial Crises and Stock Market Contagion in a Multivariate Time-Varying Asymmetric Framework ［J］. Journal of International Financial Markets, Institutions and Money, 2011（1）.

［23］Klingenbiel, Daniela. The Use of Asset Management Companies in the Resolution of Banking Crises: Cross-Country Experiences ［R］. Policy Research Working Paper No. 2284, World Bank, Washington, D. C. , 2000.

［24］Muhammad Umar, Gang Sun. Determinants of Non-Performing Loans in Chinese Banks ［J］. Journal of Asia Business Studies, 2018（3）.

［25］Rey H. Dilemma not Trilemma: The Global Financial Cycle and Monetary Policy Independence ［R］. NBER Working Paper, 2018.

［26］Tatarici Luminita Roxana, Kubinschi Matei Nicolae, Barnea Dinu. Determinants of Non-Performing Loans for the EEC Region. A Financial Stability Perspective ［J］. Management & Marketing, 2020, 15（4）.

中文著作

［1］阿瑟·刘易斯. 经济增长理论 ［M］. 郭金兴等译. 北京：机械工业出版社，2015.

［2］曹凤岐. 中国金融：改革、发展与国际化 ［M］. 北京：经济科学出版社，1999.

［3］曹军新. 中美金融关系研究 ［M］. 北京：中国金融出版社，2013.

［4］池元吉等. 世界经济概论 ［M］. 北京：高等教育出版社，2013.

［5］格罗斯罗，赫尔普曼. 全球经济中的创新与增长 ［M］. 何帆等译. 北京：中国人民大学出版社，2009.

［6］高铁梅，陈磊，王金明，张同斌. 经济周期波动分析与预测方法 ［M］. 北京：清华大学出版社，2015.

［7］亨利·威廉·斯皮格尔. 经济思想的成长 ［M］. 晏智杰译. 北京：中国社会科学出版社，1999.

［8］贾俊雪. 中国经济周期波动特征及原因研究 ［M］. 北京：中国金融出版社，2008.

［9］凯恩斯．就业、利息和货币通论［M］．徐毓枏译．北京：译林出版社，2011.

［10］罗伯特·M.索洛．经济增长理论：一种解说（第二版）［M］．朱保华译．上海：上海世纪出版股份有限公司，2015.

［11］麦迪森．世界经济千年史［M］．伍晓鹰等译．北京：北京大学出版社，2003.

［12］M. P.涅米拉，P. A.克莱茵．金融与经济周期预测［M］．邱东等译．北京：中国统计出版社，1998.

［13］南亮进．日本的经济发展［M］．毕志恒，关权译．北京：经济管理出版社，1992.

［14］彭文生．渐行渐近的金融周期［M］．北京：中信出版社，2017.

［15］桥本寿朗等．现代日本经济［M］．上海：上海财经大学出版社，2001.

［16］阿瑟·刘易斯．增长与波动［M］．梁小民译．北京：华夏出版社，1987.

［17］阿沙夫·拉辛，埃弗瑞·萨德卡．全球化经济学［M］．王根蓓，陈雷译．上海：上海财经大学出版社，2001.

［18］盛松成，刘西．金融改革协调推进论［M］．北京：中信出版社，2012.

［19］田国立．好银行？坏银行！中国信达资产管理股份有限公司资产管理案例［M］．北京：经济科学出版社，2011.

［20］王舒健．世界经济［M］．天津：天津大学出版社，2013.

［21］谢拉·C.道．经济学方法论［M］．杨培雷译．上海：上海财经大学出版社，2005.

［22］杨小凯．当代经济学与中国经济［M］．北京：中国社会科学出版社，1997.

［23］约瑟夫·熊彼特．经济发展理论［M］．郭武军等译．北京：华夏出版社，2015.

［24］中国世界经济学会．世界经济与中国［M］．北京：人民出版社，2003.

［25］周小川．重建与再生——化解银行不良资产的国际经验［M］．北京：中国金融出版社，1999.

中文期刊/报纸/报告

[1] 安世友，罗瑞玲．金融资产管理公司转型投资银行的实现路径［J］．中国银行业，2020（11）．

[2] 巴曙松，杨春波，陈金鑫．中国不良资产管理行业的发展新趋势［J］．当代金融研究，2018（3）．

[3] 曹东坡，赖小鹏．当前形势下不良资产基金化运作模式、障碍与对策［J］．金融发展研究，2019（2）．

[4] 曹永琴，李泽祥．中国金融经济周期与真实经济周期的动态关联研究［J］．统计研究，2009（5）．

[5] 曹永琴．金融市场缺陷：加速器还是缓冲器［J］．经济学家，2009（10）．

[6] 陈军辉．简析国际比较视角下的不良资产处置方法［J］．金融经济，2019（12）．

[7] 陈昆亭，周炎，龚六堂．中国经济周期波动特征分析：滤波方法的应用［J］．世界经济，2004（10）．

[8] 陈浪南，刘宏伟．我国经济周期波动的非对称性和持续性研究［J］．经济研究，2007（4）．

[9] 陈乐一，李星．国际经济周期理论新进展［J］．经济学动态，2010（3）．

[10] 陈晓莉，张方华．中国与东亚、东南亚国家和地区金融周期趋同性研究［J］．国际金融研究，2017（11）．

[11] 陈雨露，马勇，阮卓阳．金融周期和金融波动如何影响经济增长与金融稳定？［J］．金融研究，2016（2）．

[12] 陈云，王浩．经济周期识别模型的构建及实证测度［J］．统计与决策，2011（6）．

[13] 陈云．人民币汇率与中美股市之间的信息溢出效应——基于内生结构突变的实证研究［J］．经济评论，2013（2）．

[14] 程惠芳，岑丽君．FDI、产业结构与国际经济周期协动性研究［J］．经济研究，2010（9）．

[15] 程商政．新形势下金融资产管理公司的机遇与挑战［J］．新金融，2017（5）．

[16] 程商政．中国不良资产基金的投资模式研究［J］．现代管理科学，2018（5）．

[17] 戴金平，朱鸿．金融周期变量如何影响宏观经济稳定波动？［J］．南开学报（哲学社会科学版），2018（5）．

[18] 邓创，徐曼．中国金融周期与经济周期的交互影响作用分析——基于动态溢出指数方法的实证研究［J］．上海财经大学学报，2018，20（6）．

[19] 邓创，徐曼．中美金融周期波动的溢出效应与传导机制研究［J］．当代财经，2019（10）．

[20] 邓创，徐曼．中美金融周期的协动性及其传导途径分析［J］．世界经济研究，2015（11）．

[21] 邓创，徐曼．中国的金融周期波动及其宏观经济效应的时变特征研究［J］．数量经济技术经济研究，2014（9）．

[22] 邓蜀珺．金融资产管理公司在市场化债转股中的机遇与挑战［J］．财政监督，2019（20）．

[23] 刁节文，魏星辉．基于FCI将我国货币政策纳入麦卡勒姆规则的实证研究［J］．上海金融，2013（7）．

[24] 杜清源，龚六堂．带"金融加速器"的RBC模型［J］．金融研究，2005（4）．

[25] 段云华．并购重组在商业银行不良资产处置领域的应用［J］．中国银行业，2020（12）．

[26] 东方资产《2016：中国金融不良资产市场调查报告》课题组．2016：中国金融不良资产市场调查报告［R］．2016.

[27] 东方资产《2017：中国金融不良资产市场调查报告》课题组．2017：中国金融不良资产市场调查报告［R］．2017.

[28] 东方资产《2018：中国金融不良资产市场调查报告》课题组．2018：中国金融不良资产市场调查报告［R］．2018.

[29] 东方资产《2019：中国金融不良资产市场调查报告》课题组．2019：中国金融不良资产市场调查报告［R］．2019.

[30] 范良．我国商业银行不良资产现状分析及解决对策［J］．福建师大福清分校学报，2000（4）．

[31] 范小云，袁梦怡，肖立晟．从金融周期看中日资产价格泡沫［J］．国际经济评论，2017（2）．

［32］方天中．商业银行处置不良资产的策略及手段［J］．当代金融家，2019（11）．

［33］封思贤，蒋伏心，谢启超，张文正．金融状况指数预测通胀趋势的机理与实证——基于中国 1999—2011 年月度数据的分析［J］．中国工业经济，2012（4）．

［34］冯雪莲，朱艳苹．金融不良资产证券化运营机理及规范化发展路径［J］．现代经济信息，2019（21）．

［35］傅强．从次贷危机看美国商业银行经营模式的变化［J］．风险管理，2010（2）．

［36］高蓓．不良资产处置与不良资产证券化——国际经验及中国前景［J］．国际经济评论，2018（1）．

［37］高峰．地方 AMC 多元化融资模式探讨［J］．中国总会计师，2020（11）．

［38］高炜．不良资产证券化理论与实践探析［J］．西南金融，2016（6）．

［39］葛丽娜．中国商业银行不良贷款成因及影响分析［J］．经济视野，2013（22）．

［40］管迪．关于我国金融资产管理公司运作与发展的思考［J］．中外企业家，2019（33）．

［41］郭晔，杨娇．货币政策的指示器——FCI 的实证检验和比较［J］．金融研究，2012（8）．

［42］郭子源．金融资产管理公司坚守金融风险"防火墙"角色——不良资产处置模式再创新［N］．经济日报，2018．

［43］广发证券．多元金融行业深度不良资产管理行业：卖方格局渐成，处置能力成为核心竞争力［R］．2018．

［44］韩强．从银企改革的非对称性看国有商业银行不良资产的防范［J］．金融科学，2000（4）．

［45］韩田．金融周期的国际趋同性比较研究［J］．经济问题探索，2018（10）．

［46］何德旭，张捷．经济周期与金融危机：金融加速器理论的现实解释［J］．财经问题研究，2009（10）．

［47］何福林，彭秋玲．地方国有 AMC 不良资产处置风险问题探讨及防范［J］．营销界，2020（47）．

[48] 何力军，刘原，宋鹏程．中国非金融机构不良资产市场的特点、行业分布与发展趋势［J］．金融论坛，2014（7）．

[49] 河合正弘，刘利刚．中国经济面临的三元悖论困境［J］．新金融，2015（6）．

[50] 洪艳蓉．资产证券化与不良资产处置——中国的实践与反思［J］．证券市场导报，2018（12）．

[51] 侯亚景，罗玉辉．"供给侧结构性改革"背景下我国金融业不良资产的"处置之道"［J］．经济学家，2017（1）．

[52] 侯亚景．中国金融业不良资产处置策略研究［J］．上海经济研究，2017（1）．

[53] 胡建忠．发挥金融资产管理公司在经济下行周期的特殊作用［J］．中国金融家，2015（6）．

[54] 胡建忠．以市场化基金提升不良资产全产业链服务［J］．中国银行业，2017（3）．

[55] 黄飞雪，寇玲，杨德礼．金融危机前后中英美股票市场间波动溢出效应比较［J］．数理统计与管理，2012（4）．

[56] 黄红梅，石柱鲜，李玉梅，邓创．中日经济政策协调性对经济周期协动性的影响［J］．现代日本经济，2009（2）．

[57] 蒋冰冰，张建华．中国与世界经济协动性的影响因素［J］．中国科技论坛，2012（3）．

[58] 金融资产管理公司改革和发展课题组．我国金融资产管理公司的改革和发展［J］．金融研究，2006（4）．

[59] 靳纯平．美日商业银行不良资产处置方式比较［J］．时代金融，2012（33）．

[60] 靳晓．金融不良资产评估的现状及解决建议［J］．时代金融，2018（17）．

[61] 荆珂．新下行周期下商业银行不良资产处置的机制及其构建［J］．银行家，2019（12）．

[62] 景月姿．浅谈不良资产处置新思路［J］．财会学习，2018（6）．

[63] 李翠平．不良资产不同处置模式之比较［J］．中国乡镇企业会计，2020（7）．

[64] 李翠平．浅谈互联网环境下不良资产处置的新思路［J］．商讯，2019

（35）.

［65］李磊，张志强，万玉琳．全球化与经济周期同步性——以中国和 OECD 国家为例［J］．世界经济研究，2011（1）.

［66］李玲．不良资产处置的国际经验［J］．中国金融，2014（24）.

［67］李玲．我国金融不良资产的发展趋势、监管政策与处置机制——兼论大型资产管理公司的战略取向［J］．新金融，2015（11）.

［68］李沐．新形势下我国商业银行不良贷款资产证券化风险分析［J］．时代金融，2020（34）.

［69］李世福．世界经济周期研究成果综述［J］．太原师范学院学报，2007（1）.

［70］李文政，宗良．瑞典运用资产管理公司处理银行危机的经验［J］．国际金融研究，1999（3）.

［71］林代秦，孙文．不良资产认定的国际比较和启示［J］．中国农村金融，2019（23）.

［72］刘佳，刘原．出售式破产重整与不良资产处置创新［J］．上海金融，2018（1）.

［73］刘金全，隋建利，闫超．金融危机下我国经济周期波动态势与经济政策取向［J］．中国工业经济，2009（8）.

［74］刘书晨．商业银行不良资产证券化完善路径探究［J］．时代金融，2020（36）.

［75］刘孝俊，刘文．新冠肺炎疫情下我国地方 AMC 债券融资路径探讨［J］．特区经济，2020（12）.

［76］路婕彤．金融不良资产评估方法研究［J］．现代商业，2020（33）.

［77］吕晓．韩国不良资产处置经验对中国金融机构债务重组的启示［J］．世界经济研究，2003（4）.

［78］罗洪波，夏翰，冯诗杰，饶丽．美国银行业不良资产处置的经验及启示［J］．西南金融，2016（9）.

［79］罗瑞．中国金融形势指数的构建——基于主成分分析法的创新视角［J］．中国商贸，2013（36）.

［80］罗玉辉，张志．中国银行业不良资产的长效防控策略——基于金融监管的视角［J］．经济体制改革，2018（1）.

［81］马书宇．浅谈政府对资产管理行业政策制定原则［J］．现代商业，

2019（10）.

[82] 马勇，冯心悦，田拓．金融周期与经济周期——基于中国的实证研究 [J]．国际金融研究，2016（10）.

[83] 马勇，谭艺浓．金融状态变化与货币政策反应 [J]．世界经济，2019 （3）.

[84] 马勇，姚驰．监管压力、经济周期与宏观审慎政策效果 [J]．经济理论与经济管理，2017（10）.

[85] 孟潭．不良资产网络司法拍卖成交价分析 [J]．国有资产管理，2019 （12）.

[86] 苗文龙．中国金融周期的特征分析 [J]．统计与信息论坛，2005 （5）.

[87] 欧阳胜银，许涤龙．多维视角下金融状况指数的构建与比较研究 [J]．当代财经，2018（12）.

[88] 庞小凤，庞小鹏．资产管理公司不良资产处置模式及策略探析 [J]．金融理论与实践，2017（2）.

[89] 彭斯达，陈继勇．中美经济周期的协动性：研究基于多宏观经济指标的综合考察 [J]．世界经济，2009（2）.

[90] 彭文生．2019：重构周期 [J]．新金融，2019（2）.

[91] 强力，任海燕．不良资产投资基金的法律构架及问题与对策 [J]．法律适用，2017（13）.

[92] 任彤．我国上市公司资产重组的分析与研究 [J]．经营者，2017 （6）.

[93] 任志祥，宋玉华．中外产业内贸易与经济周期协动性的关系研究 [J]．统计研究，2004（5）.

[94] 宋玉华，方建春．中国与世界经济波动的相关性研究 [J]．财贸经济，2007（1）.

[95] 苏惠霞．债转股类金融不良资产价值评估方法研究 [J]．农村经济与科技，2016（3）.

[96] 孙国峰．后危机时代的全球货币政策新框架 [J]．国际金融研究，2017（12）.

[97] 孙国峰．中央银行的逆周期调节作用与资产管理公司在宏观审慎管理框架中的角色 [J]．新金融评论，2014（6）.

［98］谭杨靖，陈麟．资产管理公司不良资产处置业务研究［J］．西南民族大学学报（人文社科版），2017（4）．

［99］唐棣．商业银行不良资产证券化的法律分析［J］．新金融，2000（12）．

［100］王博，李昊然．中国金融周期测度及国际比较研究［J］．经济学动态，2018（6）．

［101］王长伟，李少霞．我国金融不良资产评估探讨［J］．会计之友（上旬刊），2010（9）．

［102］王劲松，任宇航．中国金融稳定指数构建、形势分析与预判［J］．数量经济技术经济研究，2021，38（2）．

［103］王亮亮．地方 AMC 参与不良资产处置的运行机制及政策建议［J］．浙江金融，2020（11）．

［104］王茂瑞．论国际资产管理公司处置不良资产的经验［J］．现代工贸工业，2008（5）．

［105］王茜萌，谭帅．我国重启不良资产证券化的进展、问题与对策建议［J］．现代管理科学，2018（11）．

［106］王蓉，贾佳．商业银行不良资产证券化分析及对 AMC 经营的建议［J］．武汉金融，2017（11）．

［107］王晓霞．浅谈资产管理公司处置不良资产的改进思路［J］．商讯，2019（35）．

［108］王雅婧．搭建统一信息披露平台 提升不良资产市场效率［J］．金融世界，2019（12）．

［109］王元璋，涂晓兵．试析我国资产证券化的发展及建议［J］．当代财经，2011（3）．

［110］王悦．世界经济周期与区域经济周期的存在性研究［J］．统计与决策，2012（6）．

［111］王志成．论债转股企业不良资产的处理［J］．兰州学刊，2000（6）．

［112］王志苹．中国不良资产管理行业的发展与挑战［J］．北方金融，2019（6）．

［113］巫云仙，吴莹．美联储"美登兰式"危机救助研究［J］．武汉金融，2020（11）．

［114］吴太普，江波．关于对城市商业银行历史不良资产进行置换的操作构想［J］．上海金融，2000（12）．

［115］吴伊倩．商业银行不良资产现状及对策分析［J］．长江丛刊，2017（3）．

［116］谢峻峰，沙鹏．"互联网＋不良资产处置"新模式探讨［J］．银行家，2016（6）．

［117］谢易和．我国商业银行不良贷款处置问题研究［J］．北方经济，2020（12）．

［118］徐巧红．商业银行信贷不良资产成因及应对之策［J］．福建金融，2020（12）．

［119］薛敬孝，张兵．论东亚地区经济周期的同期性与非同期性［J］．南开经济研究，2001（4）．

［120］薛水明．国有商业银行未剥离不良资产的管理对策［J］．国际金融，2000（12）．

［121］伊楠，张斌．度量中国的金融周期［J］．国际金融研究，2016（6）．

［122］应文锴．银行不良资产处置法律风险及防范对策分析［J］．法制博览，2020（32）．

［123］于津梁．金融资产管理公司重组业务的发展演变［J］．现代管理科学，2019（12）．

［124］于震，张超磊，朱祚樟．信贷周期与经济周期关联性研究：中日比较及其启示［J］．世界经济研究，2014（12）．

［125］袁涌波，范方志．经济全球化下经济周期波动的新特征［J］．华南农业大学学报（社会科学版），2004（2）．

［126］张爱玲．国有商业银行不良资产的化解［J］．安庆师范学院学报（社会科学版），2000（6）．

［127］张兵．长波框架下美国经济走势分析［J］．世界经济研究，2011（8）．

［128］张兵．中美经济周期同步性及其传导机制分析［J］．世界经济研究，2006（10）．

［129］张超，任志宏．我国金融周期与经济周期的联动效应研究［J］．南方金融，2018（8）．

［130］张金城，李成．银行信贷、资本监管双重顺周期性与逆周期金融监管
［J］．金融论坛，2011（2）．

［131］张乔，杜凯华．日本银行业不良资产处置的启示［J］．日本问题研
究，2007（1）．

［132］张同斌，高铁梅．中国经济周期波动的阶段特征及驱动机制研究——
基于时变概率马尔科夫区制转移（MS-TVTP）模型的实证分析［J］．财贸经
济，2015（1）．

［133］张晓晶，王宇．金融周期与创新宏观调控新维度［J］．经济学动态，
2016（7）．

［134］张旭辉．金融不良资产收购处置中的障碍及对策［J］．时代金融，
2018（36）．

［135］郑挺国，王霞．中国经济周期的混频数据测度及实时分析［J］．经
济研究，2013（6）．

［136］郑彤明．中国银行业不良资产证券化：现况与展望［J］．金融与经
济，2018（1）．

［137］中国东方资产管理公司福建省分公司课题组，丁宁，陈雯雯．不良资
产市场现状及处置对策研究——基于福建辖区视角［J］．福建金融，2016
（12）．

［138］周礼耀．不良资产处置的周期策略［J］．中国金融，2016（7）．

［139］周微微．不良资产处置的财务效应研究［J］．中国中小企业，2020
（12）．

［140］周小川．金融政策对金融危机的响应——宏观审慎政策框架的形成背
景、内在逻辑和主要内容［J］．金融研究，2011（1）．

［141］周炎，陈昆亭．金融经济周期理论研究动态［J］．经济学动态，
2014（7）．

［142］周炎，陈昆亭．金融经济周期模型拟合中国经济的效果检验［J］．
管理世界，2012（6）．

［143］朱满洲，刘潇，苏桐．不良资产集中处置的国际经验及启示［J］．
金融市场研究，2020（12）．

［144］朱珠，张博．中国金融周期波动与不良资产管理行业的发展［J］．
税务与经济，2019（6）．

［145］祝蔚．金融不良资产风险缓释的制约因素与对策分析［J］．金融经

济, 2019 (4).

[146] 邹义祥. 我国金融不良资产评估问题研究 [J]. 前沿, 2012 (18).

[147] 中央国债登记结算有限责任公司研发中心. 2017 年资产证券化发展报告 [R]. 2018.

附录 1

1961～2020 年中国、美国和日本的 GDP 年度增长率变化情况

年份	中国 GDP 年度增长率（%）	美国 GDP 年度增长率（%）	日本 GDP 年度增长率（%）
2020	2.3	-3.4	-4.8
2019	6.11	2.33	0.65
2018	6.75	2.93	0.79
2017	6.95	2.22	2.17
2016	6.85	1.57	0.52
2015	7.04	2.88	1.22
2014	7.42	2.45	0.37
2013	7.77	1.84	2.00
2012	7.86	2.25	1.50
2011	9.55	1.55	-0.12
2010	10.64	2.56	4.19
2009	9.40	-2.54	-5.42
2008	9.65	-0.14	-1.09
2007	14.23	1.88	1.65
2006	12.72	2.85	1.42
2005	11.40	3.51	1.66
2004	10.11	3.80	2.20
2003	10.04	2.86	1.53
2002	9.13	1.74	0.12
2001	8.34	1.00	0.41
2000	8.49	4.13	2.78
1999	7.67	4.75	-0.25
1998	7.84	4.48	-1.13

年份	中国 GDP 年度增长率（%）	美国 GDP 年度增长率（%）	日本 GDP 年度增长率（%）
1997	9.23	4.45	1.08
1996	9.93	3.77	3.10
1995	10.95	2.68	2.74
1994	13.05	4.03	0.99
1993	13.87	2.75	-0.52
1992	14.22	3.52	0.85
1991	9.29	-0.07	3.42
1990	3.91	1.89	4.89
1989	4.19	3.67	4.86
1988	11.23	4.18	6.79
1987	11.69	3.46	4.73
1986	8.94	3.46	3.33
1985	13.44	4.17	5.23
1984	15.14	7.24	4.50
1983	10.84	4.58	3.52
1982	8.93	-1.80	3.31
1981	5.17	2.54	4.21
1980	7.81	-0.26	2.82
1979	7.60	3.17	5.48
1978	11.33	5.54	5.27
1977	7.57	4.62	4.39
1976	-1.57	5.39	3.97
1975	8.72	-0.21	3.09
1974	2.31	-0.54	-1.23
1973	7.76	5.65	8.03
1972	3.81	5.26	8.41
1971	7.06	3.29	4.70
1970	19.30	3.21	0.40
1969	16.94	3.10	12.48
1968	-4.10	4.80	12.88
1967	-5.77	2.50	11.08
1966	10.65	6.50	10.64

年份	中国 GDP 年度增长率（%）	美国 GDP 年度增长率（%）	日本 GDP 年度增长率（%）
1965	16. 95	6. 40	5. 82
1964	18. 18	5. 80	11. 68
1963	10. 30	4. 40	8. 47
1962	-5. 58	6. 10	8. 91
1961	-27. 27	2. 30	12. 04

资料来源：中国国家统计局网站，http：//www. stats. gov. cn/查询整理；美国商务部网站，https：//www. commerce. gov/查询整理；日本内阁府网站，https：//www. cao. go. jp/statistics/index. html 查询整理。

附录 2

中国（2000~2020 年）、美国（1989~2020 年）和日本（1993~2020 年）
银行不良率变化情况

年份	中国银行不良率（%）	美国银行不良率（%）	日本银行不良率（%）
2020	1.96	1.60	1.10
2019	1.86	1.40	1.20
2018	1.83	1.70	1.20
2017	1.74	1.13	1.19
2016	1.74	1.32	1.40
2015	1.67	1.47	1.53
2014	1.25	1.85	1.75
2013	1.00	2.45	2.13
2012	0.95	3.32	2.43
2011	0.96	3.78	2.45
2010	1.13	4.39	2.46
2009	1.60	4.96	2.40
2008	2.40	3.00	2.40
2007	6.20	1.40	1.50
2006	7.10	0.80	1.80
2005	8.60	0.70	1.80
2004	13.20	0.80	2.90
2003	20.40	1.10	5.20
2002	26.00	1.40	7.20
2001	29.80	1.30	8.40
2000	22.40	1.10	5.30
1999	—	2.21	5.80

续表

年份	中国银行不良率（%）	美国银行不良率（%）	日本银行不良率（%）
1998	—	2.28	5.40
1997	—	2.31	5.40
1996	—	2.53	6.90
1995	—	2.55	2.50
1994	—	3.12	2.90
1993	—	5.80	2.60
1992	—	6.31	—
1991	—	5.52	—
1990	—	5.10	—
1989	—	5.11	—

资料来源：美国联邦存款保险公司网站，https：//www.fdic.gov/整理；日本金融厅网站，https：//www.fsa.go.jp/common/paper/index.html/整理；中国银行保险监督管理委员会网站，http：//www.cbirc.gov.cn/cn/view/pages/index/index.html/整理。

后 记

    2021 年 5 月 17 日，是母校 69 周年校庆的第二天，在中国政法大学科研楼 A201 教室里，我通过了博士论文答辩。感谢巫云仙教授、张丽教授、王珏教授、陈明生教授、李景华教授对我的指导，特别是巫云仙教授在当天晚上还将她的相关文章发给我，以利于我从中汲取知识用于本书的修改。更要感谢的是我的博士生导师李晓教授自 2012 年相识以来对我孜孜不倦的教导。在李晓教授的言传身教下，我终于学有所成，获得人生中的最高学位——经济学博士。博士学位，在我的人生字典中，很长一段时间是与我无关的遥远词汇。经济一词，在年少读《红楼梦》时，因为贾宝玉一句"姑娘请别的屋里坐坐罢，我这里仔细腌臜了你这样知经济的人！"而被我在很长的时间里归为另册。随着人生漫步至成熟期，在读完法学硕士学位，略览上层建筑的框架后，一窥经济基础的全貌，成为了自己追求学识进步的又一目标。在这个目标达成之际，恰逢本书出版，使我可以在后记部分将我的学习经历做一回顾，向所有帮助过我的老师和亲友表达感恩之情，促使我坐下来静静回味曾经的人和事，并将记忆中的美好穿成一串念珠，留待未来予以歌颂！

    如果把幼儿园作为学习的开始，我是不成功的，我对老师和小伙伴没有任何记忆。只在后来母亲的叙述中得知我每次都哭，好像最后是不了了之。幼儿园肄业？在这一点上，我女儿姜佩瑶和儿子姜慕尧显然都比爸爸要优秀得多。我小学读了四所，一年级和二年级的一部分在安徽六安的空军部队子弟学校。记忆中刚开始是跟着大孩子去上学，后来留恋上路途溪水中的小鱼，就跟不上大孩子的趟了。部队子弟学校人很少，一个年级就一个班，全校师生二十多个，我的班上一个老师带三个学生。我不知道人生中的第一个老师的名字，因为她是唯一的，所以只要称呼她"老师"就好。我能记得小学一年级全班同学的名字，这一点十分难得，他们分别是葛芳和孙森。我学生生涯中唯一的班长职务是通过普选的方式产生的。虽然当时已经学了一篇关于选举的文章《我选我》，我还是把自己的票投给了孙森。最终我在失去了一张选票的情况下，高票当选为班长。多年过去了，我还记得他俩儿时的样子，却不知该如何才能获知他们的近况，想来应当一切安好吧！二年级随父亲转业回到家乡江西省乐平市，最初短暂在我的祖居乐平市十里岗镇丰源村小学借读。据家谱记载，祖上是白石道人姜夔，其号的来源据说是因为他与"白石洞天"为邻，"日煮白石食之"。白石就是瓷土，家乡确实仍有瓷土矿，但"吃土"的窘境与姜夔汉阳知县之子的身份不太相符，看来丰源小学的娃娃们应该都会遗传先祖的清廉之风。我在老家住的时间很短，以至于记忆都很模糊了。但在多年以后，内心起伏的时候，总想回到那个并不熟悉的地方，到祖父、祖母长眠的山间，呼吸一阵带着泥土和松叶芬芳的空气，就能获得一时的宁静。很快我就转学到了乐平四小，进入全新的环境。原来一个班会有几十个同学，他们说的乡音对我这个学语前就离开家乡的孩子来说简直就是一门陌生的外语。环境转变的不适应使我变成一个经常不完成作业的"坏学生"，母亲说当时学校老师经常让同学来我家告诉她，我因为又没交作业而被关学了。我想作为当时和我一样来到陌生环境的年轻妈妈而言，这样的信息对她来说一定造成了很大的困扰。以至于在我转学到乐平一小后，能够"按时完成作业"就已经成为我父母看到儿子学习态度改善的起点。四小的时间不长，我对老师和同学没有留下很深的印象，但应该是在这一年多的过程中通过和他们的交流学会了家乡话。为了改变我作为坏学生的成见，父母为我办理了转学，转到了乐平一小86级（2）班，班主任是蒋巧英老师。在这里我度过了小学的最后两年。印象最深的是我们班有一个特别严厉的女班长，总是在最后一节课结束的时候来到讲台上，细数当天不遵守纪律的同学名单，并采取连坐的方式把绝大多数同学关学，好像在那两年里，关学是常态，放学就回家成为非常态。从那个时候知道了什么叫"法不责众"，其实不是多数人犯规就不能进行处罚，而是对多数人的处罚和奖励都不足以达到其制度设计的初衷。小学阶段是人生的第一课，在这堂课上，懂得了什么是"规则"，只有尊重规则才能获得人生中最重要的"自由"。

我的中学阶段是由初中和中专两个部分组成的。初中在乐平市二中（4）班，班主任是吴国新老师。教我们时吴老师已经五十多岁了，记得他在我们作业和试卷上的评语和签名，由于他拿笔的手有些颤抖，因此写出来的字如同他脸上的皱纹般总是有些蜿蜒，但一笔一画都一丝不苟，每个字都端端正正。吴老师评价我作文的特点是风趣幽默，引人入胜，他的鼓励使我一直这么要求自己。如果说文如其人，我也希望自己一直能够保持乐观的心态并尽量不给别人造成压力。初中毕业时面临了人生的第一次重要选择，读高中还是中专？中考的成绩刚刚够得上重点高中的分数线，但可以想见一去高中就会排名垫底。而中专在当时是各地尖子生的选择之一，因为可以在毕业时分配一个很好的工作。由于父母工作的原因，如果报名江西省工商行政管理学校，有降低二十分的内招名额。父母把这个选择题交给了十四岁的我。感谢我的父亲姜义和母亲毛冬英，让我在这样的年龄就能选择自己的人生，这不仅让我有机会走一条有别于大多数人的求学之路，也让我在中专遇到了我两个孩子的母亲饶赟。如果不是这个选择，不仅我自己的人生路会截然不同，我生命得以延续的路径也会完全不同。多年以后的我真正认识到，自己选择的人生路才是值得走的。每个人一辈子都是走在歧途的孩子，"快乐""无悔"对于身在歧路的人来说，如果能够获得，那他一定是在人生道路分岔口上可以自己进行选择的人。十四岁离开父母去南昌，让我在集体生活中度过了自己的青春期。好像我的青春期特别短暂，一下子就从孩子变成了需要独立生活的成年人。所以在为人父之后，我不太会处理自己孩子的青春期问题。在我的记忆中，青春期是那么短暂而美好，哪来的这么多烦恼？在江西省工商行政管理学校的三年是记忆最为丰富的，以至于现在想起来很多的人和事都历历在目。关于知识的学习，那三年几乎是一无所获，造成在本科阶段的学习过程中，我需要找家教老师从初中英语开始补习，高等数学更是一头雾水，对于现在女儿的高中试卷完全不敢开卷受虐。但对于社会的学习，让我一下子进入了成年人的世界。九四（2）班的班主任陈敏，是刚大学毕业分配来学校的老师。他让我意识到三年毕业后，十七岁的我也要开始工作了。所学知识和即将面对的工作会有多大的关系呢？教西方经济学的老师在校门口开了一个餐馆，味道一般却从不缺少顾客。教统计学的老师身着西服，足蹬解放鞋，似乎与他考试前所说"四个题每个二十五分，错一个符号或涂改就全题没分"的严谨不太一致。在考试后心怀忐忑的我们从学长那里得知这个老师喜欢收集香烟，当我们带着几包香烟登门，看到老师三岁的孩子在房间里把一堆香烟当积木玩耍时，似有所悟。当时的我觉得社会与自己的所想差距很大，原以为的蓝天白云变得有些混沌，而这种混沌让我们并不十分反感。反而是通宵不睡，在学校院墙内蹲守夜不归宿学生的书记，他对规则的执着让我们更加恐惧。多年以后，当其中一个老师打电话向我求助，说到这些年经历的种种困难，我也终于在中年阶段理解了成年人的无奈和妥协。执两用中，是中国人的处世哲学，世人都曾经在两端倔强挣扎后选择了回头是岸。就如同经济周期一般，无论是高涨还是低潮，曲线波动最终还是要回到长期发展趋势的中轴上。

中专毕业后，原本应当按部就班的工作安排，因为乐平市公安局的一次招考而改变。不知道是不是很多男孩都有警察梦或者军人梦的原因，我和三岁的儿子说起自己曾经是一名警察时，他会懵懵懂懂地说："长大了我也要当警察。"还记得当时的入职考试是写一篇议论文《小议公与私》，得益于语文老师的鼓励，我在作文方面还是很有信心的。我第一个交卷，揭榜之后居然名列第一。多年以后，曾经的同事还和我说起这件事，我问他怎么记得这么清楚，他告诉我他考了第二名。而我在当时的喜悦和激动下，居然根本没有关注后面的是谁。看来只有落榜的人才会记住"孙山"的名字确实是符合常情的。公安工作五年间，我当过派出所管片的警长，也干过刑侦重案中队的刑警。还记得在准备专升本考试的时候，正值被抽调到景德镇市公安局侦办 2002 年中国公安部挂牌督办的第一号刑事重案。那几个月，白天、晚上办案，凌晨就在宾馆大堂副理的桌子上复习。可能是宾馆大堂的昏黄灯光照亮了我的学习之路，原本成绩平平的我，在 2002 年专升本考试中居然得了个全省最高分，再后来硕士研究生考试、司法考试、博士研究生也是名列前茅，仿佛突然开了窍。其实是通过工作以后明白了，如果目标是自己选择的，那就要竭尽全力去完成。自己给的压力才是真动力，困境中的奋发才有可能成就卓越。相对于破案而言，破题容易得多，靠自己的努力就很有可能完成。但考得好不一定能进目标中的学校。在这一点上，破案相对而言更容易一些。那年，我参与的一号刑事重案破了；报考的公安大学因为没有收到本应收到的复试通知，错过了。

如果说专升本考试的好成绩告诉我自己，我的学习能力是可以的，在中央司法警官学院的两年则不断强化了我在这方面的自信。这一阶段，法律知识的积累来自自学和老师的教学。之所以把自学放在前面，是因为警察院校对于纪律的重视程度大过学业。只需要拿出大约 1/10 的学习时间用于课堂教授内容，就可以在全班近两百人中保持前列。在学校收获的更多的是友情。同学中成为好朋友的人数在我所有学习阶段中是最多的。现在仍清楚地记得由于毕业时我要留下来考研，所以送别次数最多的也是我，"挥手泣下谁最多，姜郎泪洒站台湿"。甚至与班主任李石也在毕业后准备第二次考研的过程中因为同租一套房而成为了好朋友，退房时从床底清理出的一百多个酒瓶见证了我们的友情。专升本两年，加上毕业后留保定复习一年是我最专注于学业的三年，法学专业知识的基础在此夯实。这三年不仅收获了知识，爱情也开花结果。毕业那年结婚，毕业后在 350 元一个季度租金的小屋里孕育了我们的女儿。原本厚厚的电话卡和火车票换成了二十块从修车摊买来不知道几手的自行车；原本用于贴近时尚生活的《精品购物指南》贴上墙头成为了壁纸；原本蒸小两口米饭的电饭煲成为了招待朋友时需要手动按着开关的电火锅。当时不觉得苦，现在想起来可能是人生中最甜的一段。多年以后回到保定，仍然会去楼下仰望顶楼的小屋，凭吊"斯是陋室，惟吾情馨"的时光。都说学海无涯苦作舟，我在读研之前的那程，算是经历了挺多风雨的，是妻子的情感推动着这条小船踏浪而行，终于在拼搏之后驶入了坦途。

虽然第一年考研由于经验不足，把英语考试的作文写在了试卷而不是答题卡上，造成单科未过线，但第二年则一举通过了中国政法大学民商法学硕士的入学考试和司法考试两项大考。当年司法考试419分在全省属于前几名的好成绩了。在参加中国政法大学复试的时候，才得知民商法是法大最难考的专业，即使是本校的优等生也是要反复权衡才敢报考的，而我作为一个外校生误打误撞地选择报考，在事后想想还有些后怕。在复试的候考期间，听其他考生议论，复试老师一定会问本科是哪个学校的，如果不是本校的就会追问很多问题，让考生知难而退。轮到我的时候，复试老师的第一个问题确实就是"你本科哪个学校的？"我当时赌气似地回答："中央司法警官学院，成人教育。"果然后面的问题是"揭开公司面纱"这个在当时还比较前沿的问题，以及随之而来的连续追问，以至于最后出来的时候其他考生问我怎么这么长时间。好在最后收到了录取通知书，使我有了和中国政法大学这深深的缘分。感谢复试的老师们，有教无类、不拘一格，严格把关才能形成标准的统一性和群体的一致性。我在中国政法大学硕士读了三年，博士读了六年，这是我学习生涯中最高的阶梯，也是最长的阶梯，终于在不惑之年"揭开了自己学习能力的面纱"。考入中国政法大学后，我的学习之路变得平坦了许多，反而没有了如同之前那般深刻的记忆。直面困难，解决问题，证明自己的过程也许才是回首时灯火下最闪耀的宝石。在法大的日子里，感谢我的硕士导师李显冬教授，跟随他我系统性地深入学习了民商法学知识，也在老师的督促下参与了多本学术著作的写作。其中作为《民法债权法案例重述》的副主编、《股东的权利》的第二作者，将自己对相关学术问题的观点予以表达。感谢我研究生会的老师邹顺，由于他的鼓励，使我在工作六年以后，下定决心报考博士研究生。感谢我的博士导师李晓教授，在三年考博的时间里，一直给我教导和鼓励。六年的读博期间，更是坚定了我的研究方向，并在中国政法大学成立金融不良资产研究中心，为我在这个领域的学习提供了丰富的资源和高端的平台。其间在老师的指导下，我参与写作的《关于深化金融不良资产处置市场化改革的意见和建议》得到时任中共中央政治局委员、国务院副总理马凯同志的批示；《关于明确最高人民法院关于审理涉及金融不良债权转让案件工作座谈会纪要适用范围　完善不良资产处置立法的建议》连续两次在全国人民代表大会上由张红健等15名人大代表联名提交。有了上述积累，才使我最终能够完成此书，将自己十余年学习和工作中形成的对金融不良资产处置的观点付诸出版。也使我有机会利用此书出版之机，将我对学习之路上一直给予我支持和帮助的老师、父母、岳父母、妻子、儿女和亲朋好友的感激之情付于笔端。李晓老师在我毕业之际问我："还有计划再读个博士学位吗？"我说："学位不读了，但向老师和贤者们学习的路还有很长，我会用一生坚定地走下去，并永远保持着一颗感恩的心！"金融不良资产处置行业之路同样也很漫长而艰难，感谢上海文盛资产管理股份有限公司董事长周智杰先生，引领我走上了这条职业之路。我也将在这条蜿蜒曲折但于国于民意义重大的道路上坚定地走下去，虽只是萤火，也学皓月，为同行者照亮脚下的路。

　　此后记！

中国政法大学金融不良资产研究中心副主任

上海文盛资产管理股份有限公司董事

姜涛博士

辛丑年中秋节于北京冬奥村旁